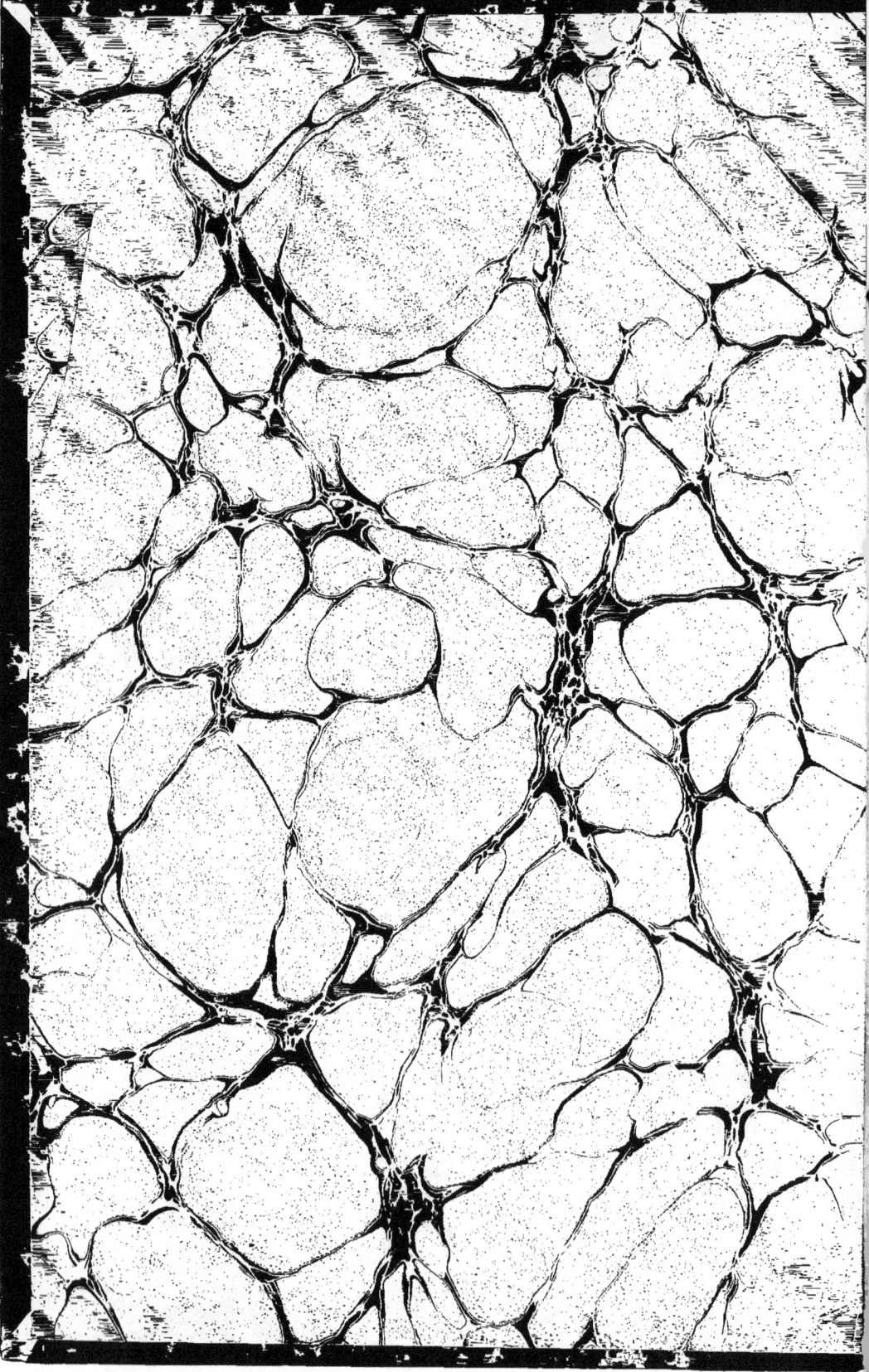

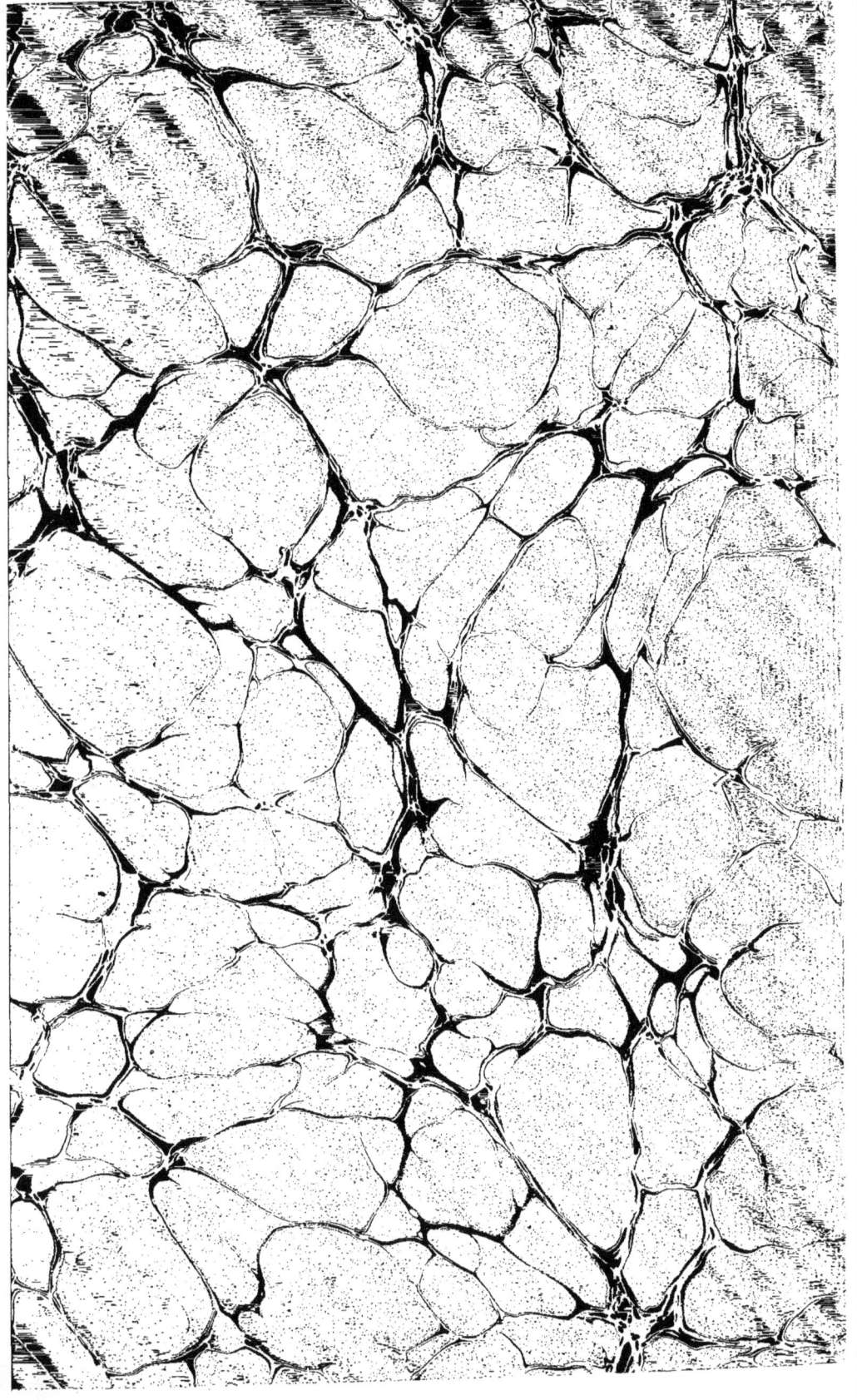

LES
MUSICIENS CÉLÈBRES

2ᵉ SÉRIE IN-4'.

LES
MUSICIENS
CÉLÈBRES

PAR

Fr. DESPLANTES

RÉDACTEUR
au Ministère de l'Instruction publique

ILLUSTRÉ DE 19 GRAVURES

LIMOGES
EUGÈNE ARDANT ET Cie
ÉDITEURS.

LES
MUSICIENS CÉLÈBRES

I. — La musique en France.

La musique, — lisons-nous dans un article fort bien fait sur l'histoire de cet art, article auquel nous ferons d'ailleurs de larges emprunts; — la musique, à proprement parler, n'existe que depuis la découverte de l'harmonie, que l'on peut définir : accord agréable de différents sons entendus en même temps; c'est à l'orgue que nous le devons. Le premier instrument de cette nature fut envoyé à Pépin, père de Charlemagne, en 757, par Constantin VI, empereur d'Orient. On s'en servit d'abord pour accompagner le chant à l'unisson; mais la possibilité de faire entendre plusieurs sons à la fois fit inventer une sorte d'harmonie pour accompagner le chant, que l'on appela *diaphonie, triphonie* et *tétraphonie* en Italie et en Allemagne, suivant qu'elle était à deux, trois ou quatre parties. Cet accompagnement grossier, et qui serait insupportable aujourd'hui, reçut en France le nom de *déchant*, et jouit longtemps d'une grande faveur. Ce n'est qu'au XVIe siècle que de notables améliorations furent introduites dans l'harmonie. A cette époque, Francon, musicien flamand, conçut la division des temps musicaux, et inventa des signes pour la désigner. Ce perfectionnement immense fut adopté par les musiciens de tous les pays. Les instruments anciens acquirent plus d'étendue et de perfection, de nouveaux instruments furent inventés, des écoles de chant furent établies, et nos rois introduisirent d'heureuses réformes dans la musique de leurs chapelles.

Jusqu'à la fin du xviie siècle, on ne conçut guère en France d'autre musique de chant, outre celle d'église, que des *lays*, romances et chansons, d'abord à une, plus tard à deux, trois et quatre voix. Les plus fameux musiciens de France furent : au xiiie siècle, Adam de Lehale, qui se distingua comme auteur de chansons et de motets à trois parties; au xve siècle, Josquin Desprez, maître de chapelle de Louis XIII; au xvie siècle, Jean Mouton, maître de chapelle de François Ier; Albert, fameux joueur de luth; Clément Jannequin; Claude Gondinel; Ducaurroy, maître de chapelle de Henri IV; les frères Couperin, fameux organistes. Les instruments le plus en usage au commencement du xviie siècle furent le luth, la viole, le violon et le clavecin.

Ce fut en 1581, pour les noces du duc de Joyeuse avec Mlle de Vaudemont, que l'on fit pour la première fois en France l'essai d'une espèce de drame musical. En 1671, un nouvel opéra intitulé *Pomone*, fait à l'instar des opéras italiens qui existaient déjà depuis un siècle, fut joué à Paris. Le public prit goût à ces sortes d'ouvrages; et Lulli, l'année suivante, commença à écrire pour l'Opéra, où ses compositions occupèrent longtemps le premier rang.

Après la mort de Lulli, la musique décrut sensiblement en France jusqu'en 1733, époque où Rameau fit représenter à l'Opéra *Hippolyte et Aricie*, ouvrage où l'on remarque une puissance d'harmonie bien supérieure à ce qu'avaient produit ses prédécesseurs. Dans les vingt-deux partitions que Rameau fit exécuter en dix-sept ans, il se montra toujours grand harmoniste, mais il faut avouer qu'il perfectionna peu les formes mélodiques : ce ne fut qu'en 1752, c'est-à-dire lorsque la première troupe de chanteurs italiens vint à Paris, que l'on commença à comprendre ce qu'elles pouvaient être. Il résulta de la comparaison du chant français avec le chant italien une guerre d'opinion. Le public se partagea; les Italiens furent renvoyés dans leur pays, puis rappelés. Enfin, après une longue guerre durant laquelle le goût et les progrès de la musique s'accrurent, le mérite des compositions de Pergolèse fut généralement reconnu; l'Opéra-Comique fut fondé, et joua d'abord des ouvrages traduits de l'italien, parmi lesquels la *Servante maîtresse* obtint un succès qui ne fut démenti à aucune de ses reprises. Duni, Philidor (1) et Moncigny s'essayèrent dans ce genre, jouirent d'une grande vogue, et furent suivis de Gétry dont les succès furent prodigieux.

Tandis que la musique faisait ainsi des progrès à l'Opéra-Comique, le grand Opéra conservait fidèlement les antiques allures. Glück enfin fut appelé de Vienne par Marie-Antoinette, donna, en 1774, son *Iphigénie en Aulide*, et dès lors son empire fut établi. Piccini survint et établit avec Glück une rivalité favorable à l'art. L'arrivée de Viotti en France, à cette époque, contribua beaucoup au progrès du violon; la musique instrumentale prit un immense développement. De nouveaux *Bouffons* vinrent en France en 1779, et firent entendre les meilleurs ouvrages de Cimarosa, Guglielmi, Sarti et Paisiello.

Dominique Cimarosa, né à Aversa en 1754 et mort à Venise en 1801, après avoir fait ses études musicales au Conservatoire de Naples, composa avec une étonnante facilité une foule de pièces auxquelles il dut une célébrité méritée. Quoique ses opéras sérieux renferment des beautés de premier ordre, il excella surtout dans le genre bouffe, dans lequel rien n'égala son originalité et sa verve caustique.

Pierre Guglielmi, né à Massa-Carrara en 1727 et mort à Rome en 1804, élève également du Conservatoire de Naples, s'est illustré dans différents genres. « Son style se distingue par la pureté, la simplicité, beaucoup de clarté et d'unité dans

---

(1) François-André DAMICAN, *dit* PHILIDOR, né à Dreux en 1726 et mort à Londres en 1795, fut aussi célèbre comme joueur d'échecs que comme compositeur de musique. Ses nombreux opéras sont presque tous oubliés aujourd'hui. Ses meilleurs opéras-comiques sont le *Sorcier*, le *Maréchal-ferrant* et *Tom Jones*.

la pensée musicale ; il a de la gaieté et de la verve, de l'entraînement dans le genre bouffe : ses morceaux d'ensemble sont du plus bel effet. » Son oratorio intitulé *Débora* est une des plus belles productions du xviii° siècle.

Jean Paisiello, né à Tarente en 1741 et mort à Naples en 1816, commença par remporter de nombreux succès en Italie, puis fut appelé en Russie, en 1776, par la Czarine Catherine II, qui le retint neuf ans à sa cour. Napoléon Ier le traita plus tard avec magnificence, et son frère Joseph le nomma directeur du Conservatoire de Naples en 1806. « Si Paisiello eut moins de verve que Guglielmi, moins d'abondance que Cimarosa, il l'emporta sur ces maîtres dans le style d'expression. » On lui doit aussi d'excellente musique religieuse.

Après l'audition à Paris des divers ouvrages de ces célèbres compositeurs italiens, Chérubini, Méhul, Berton, Lesueur, introduisirent à notre Opéra-Comique une manière plus large et plus énergique dans leurs opéras des *Deux Journées*, *Joseph*, *Montano*, la *Caverne*, tandis que, dans des ouvrages d'un ordre moins élevé, ils marchaient sur les traces de Grétry, qu'ils parvenaient à surpasser. Dalayrac produisit un nombre infini de ces petits ouvrages, et Della Maria (1) dans le *Prisonnier*, laissa en mourant, si jeune encore, un chef-d'œuvre de chant gracieux. Nicolo se distingua parmi tous ces maîtres par la suavité de ses mélodies tout italiennes, et Boïeldieu obtint plus qu'eux tous encore la faveur populaire.

Un autre compositeur italien, Ferdinand Paër, né à Parme en 1771, amené en France par Napoléon Ier en 1806, mérite lui aussi d'être mentionné parmi les maîtres de l'Opéra-Comique du commencement de ce siècle. Il avait déjà remporté un grand nombre de succès en Italie, lorsqu'il fit représenter à Paris divers ouvrages, au nombre desquels le *Maître de chapelle*, en 1824, qui depuis est demeuré au répertoire. La

---

(1) Dominique Della Maria, né à Marseille vers 1764 et mort à Paris en 1800, était d'origine italienne. Elève de Paisiello, il eut du succès par son style facile et élégant. Son meilleur ouvrage, le *Prisonnier*, représenté en 1796, « excita un véritable enthousiasme. »

verve comique est le trait distinctif de ses œuvres. Paër fut tour à tour directeur de notre Théâtre-Italien et de l'Académie royale de musique : il fut également professeur de composition au Conservatoire et membre de l'Institut. Il mourut à Paris en 1839.

A l'Opéra, les auteurs qui suivirent Glück obtinrent de grands succès sans le faire oublier ; Sacchini, entre autres, donna des ouvrages où l'on trouva d'admirables chants, pleins d'une expression noble et touchante ; son opéra d'*Adipe* ne vieillira jamais. Spontini a donné au commencement de ce siècle deux chefs-d'œuvre : la *Vestale* et *Fernand Cortez*.

C'est d'ailleurs au xixe siècle que la musique dramatique a fait chez nous les progrès les plus grands et les plus rapides. Il nous suffira, pour en convaincre nos lecteurs, de citer ici quelques-uns des maîtres avec qui ils vont bientôt faire connaissance dans le cours de ce livre : — Rossini, Meyerbeer, Auber, Halévy, Adam, Hérold, Victor Massé, Berlioz, etc.

Et maintenant peut-on dire que la musique est chez nous arrivée à son point culminant?... qu'elle ne progressera plus?... Non, certes. Pas plus que les autres arts, la musique n'est destinée à demeurer stationnaire. Chaque jour elle se transforme et se perfectionne peu à peu, chez nous aussi bien que chez les autres peuples qui la cultivent et qui l'aiment. Après avoir exposé que chaque peuple a commmencé par posséder tout d'abord une musique qui lui était propre, sa musique nationale, *sa musique maternelle*, pourrait-on dire, M. Léon Halévy — le frère de l'illustre auteur de *la Juive*, — écrivait en effet il y a quelques années :

« Faites entendre les airs écossais les plus chéris des *highlanders* aux *lazzaroni* de Naples ou de Palerme, ils n'y trouveront que des intonations incompréhensibles, barbares. Ce qui est populaire a des racines profondes et se transplante difficilement ; et puis, il faut le temps de l'acclimatation. Il n'y a pas longtemps que les Italiens n'admettaient pas les compositeurs allemands, qui le leur rendaient bien, ni les compositeurs français, plus tolérants cependant, et dont le cœur ne garde pas de rancune; car si le musicien français se montre parfois, comme musicien, sceptique, exclusif et railleur, comme Français, il est curieux, ami de la nouveauté, éclectique et hospitalier. Les trois branches principales de la musique européenne sont très-caractérisées; chaque peuple aime de préférence sa musique, parce qu'il l'a faite à son image. Une mélodie de Cimarosa est de la même famille, du même sang qu'une strophe du Tasse. Le Français aime que le chant soit transparent, qu'il laisse voir la pensée, qu'il en dessine le contour. La phrase allemande, puissante et fortement tissue, a le ton lumineux d'un nuage. Mais aujourd'hui l'avenir de la musique n'est plus douteux; l'éducation musicale se complète dans tous les pays et dans toutes les classes de la société. La France seconde ce mouvement et lui donne une impulsion salutaire. L'harmonie n'est plus une science mystérieuse, réservée aux habiles : elle se dévoile à tous. La musique sera bientôt ce qu'elle doit être, une poésie universellement comprise; et déjà des beautés réputées jusqu'à ce jour inaccessibles au vulgaire se sont ouvert le chemin d'intelligences étonnées et charmées de ces jouissances nouvelles... La peinture, l'architecture, la musique, tous les moyens dont l'homme dispose pour exprimer sa pensée ou lui donner un corps ont été soumis à des influences semblables, et ont reçu l'empreinte profonde des époques et des races. Ces influences diverses n'ont jamais touché que l'aspect, l'apparence de l'art, sans s'attaquer au fond, qui est invulnérable, puisqu'il n'est autre que la pensée elle-même et le sentiment poétique que Dieu a mis dans nos cœurs. Elles s'exercent encore aujourd'hui; mais, grâce à la facilité merveilleuse des communications, elles n'ont plus rien d'exclusif; on les discute, mais on les admet; on les combat, mais on les respecte. Elles se prêtent un secours mutuel : les idées ont constitué à leur profit le libre échange. »

II. — Palestrina; Roland de Lassus et Michel de Lalande.

Au XVIe siècle, la musique fut en péril, dit M. Amédée Méreaux; « l'art musical était tout entier dans l'art religieux : les progrès s'y faisaient lentement par la science seule, au moyen des combinaisons du contre-point. Le rhythme n'existait pas..... En prenant pour point de départ le besoin tout naturel de faire de l'effet, les compositeurs du XVIe siècle furent entraînés et firent fausse route. Il y avait dès lors des *chercheurs*, des aspirants à une musique de l'avenir. Ils étaient dans le vrai à cette époque, mais ils se trompaient sur ce que cet avenir devait être... En 1550, un homme parut, qui rétablit l'ordre dans les tendances artistiques, qui entreprit et réalisa une réforme musicale. Tous les arts, dans ce siècle de rénovation intellectuelle, eurent leur renaissance : le plus jeune de tous, l'art musical, à peine né, eut sa renaissance aussi, et ce fut PALESTRINA qui l'accomplit. A force de chercher l'effet et les moyens d'attirer les fidèles à l'audition des offices en musique et de leur complaire, on commit des énormités musicales, dont la plus incroyable était de composer des messes sur des airs populaires, dont les compositeurs se servaient au lieu et place des plains-chants qu'ils avaient l'habitude de prendre pour thèmes de leurs travaux harmoniques. La messe portait le titre de la chanson; le public chantait l'air avec les paroles en langue vulgaire, pendant que l'office était chanté en contre-point sur les paroles latines du **texte liturgique.** »

Cet indécent et ridicule mélange du profane et du sacré, qui s'était introduit dans la musique d'église dès le XIIIe siècle, avait déjà été l'objet des censures du Concile de Bâle, puis de celui de Trente, et le pape Pie IV « allait peut-être interdire tout emploi de la musique à l'église, lorsque Palestrina écrivit d'après ses idées particulières le célèbre ouvrage appelé, on ne sait pour quelle raison, la *Messe du pape Marcel*. Il sauva ainsi la musique religieuse de l'anathème dont on voulait la frapper, et ses créations servirent désormais de modèles aux compositions du même genre. »

Jean FIERLINGI, déjà surnommé PALESTRINA, du nom de la ville de Palestrina, en Italie (province de Rome), où il était né en 1529, reçut en outre de ses contemporains le surnom glorieux de *Prince de la musique*. Il fut successivement, à Rome, maître de chapelle de Saint-Jean-de-Latran, de Sainte-Marie-Majeure et de Saint-Pierre-du-Vatican. Il est mort en 1594.

On connaît de Palestrina, dit M. Th. Bachelet, « treize livres de messes, six livres de motets, une foule d'hymnes, de litanies, d'offertoires, de madrigaux, etc., sans compter les pièces qui sont restées manuscrites. Partout on admire la faculté d'invention, l'habileté dans l'art d'écrire pour les voix, la variété du style, une harmonie large et simple, un caractère de douceur angélique. »

* *

Quelque dégradée, incomprise, négligée ou massacrée que soit aujourd'hui cette ancienne musique nommée plain-chant, écrivait en 1860 un érudit critique d'art, il en est plusieurs morceaux, ceux qu'une exécution et un usage fréquent ont fixés dans la mémoire du peuple, dont l'audition émeut profondément et révèle la valeur...

Il n'y en avait pas d'autre avant le xvie siècle; mais à cette époque le perfectionnement, sinon la découverte, de l'harmonie et du contre-point, introduisit de grandes modifications dans les moyens de l'art en général et dans la musique religieuse en particulier. On ne pouvait pas renoncer aux effets si neufs, si piquants, si riches, qui s'obtenaient par l'audition simultanée des voix et par la marche savante des parties. L'art devint alors une science dont on usa et dont on abusa; mais l'abus fut réprimé, et, profitant avec juste mesure des ressources de cette science nouvelle, des hommes d'un immense mérite créèrent, dans la seconde moitié du xvi° siècle, d'immortels chefs-d'œuvre. Deux hommes de génie, comblés de gloire et d'honneurs, furent nommés, par acclamation universelle, princes de la musique : ce furent *Palestrina* et *Roland de Lassus*, qui mérite véritablement d'être associé à la gloire du compositeur italien.

Orlando ou Roland DE LASSUS, qui en réalité se nommait *Roland de Lattre*, fut digne en effet d'être mis en parallèle avec Palestrina. Né à Mons en 1520, Roland s'était, avant l'âge de douze ans, rendu si célèbre par la beauté de sa voix à l'église Saint-Nicolas-de-Mons, qu'il fut plusieurs fois exposé à être enlevé par Ferdinand de Gonzague, vice-roi de Sicile. Ce violent amateur de musique parvint à décider les parents du jeune chanteur à le laisser venir en Italie. Là, il travailla sous la direction des maîtres italiens de l'époque et devint pendant quelque temps maître de chapelle à Saint-Jean-de-Latran, puis il abandonna ces fonctions pour retourner vers son pays. Successivement maître de chapelle à Notre-Dame d'Anvers et à la cour de Bavière, il mourut à Munich en 1595. « Ses messes, psaumes, hymnes, motets, chansons, madrigaux, etc., s'élèvent à plus de deux mille. Un choix en fut publié par son fils sous le titre de *Magnum opus musicum* (Munich, 1604, sept volumes in-folio). Mons lui a élevé une statue. »

Les œuvres de Palestrina et de Roland de Lassus, dans le style d'église, dit encore le critique cité plus haut, feront l'admiration des connaisseurs tant que la musique existera... Ces chefs-d'œuvre furent le dernier mot de l'art de l'ancienne tonalité. Une nouvelle constitution de la gamme, une nouvelle harmonie naissait, et cette révolution entraîna l'art dans un ordre d'idées et dans une tendance d'expression devant laquelle disparaissait ce quelque chose dont Mortimer a cherché la raison. Néanmoins, il ne faut pas croire que, malgré l'absence de ce quelque chose, il n'ait plus paru, après le xvi° siècle, des compositions musicales dignes de l'Eglise. En Italie, Carissini, Scarlatti, Benevoli, Caldara, Lotti,

Durante, Marcello; en Allemagne, Schulze, Léon Hassler, Gumpelzhaimer, Schutz, Fux, les auteurs peu connus des mélodies des chorals luthériens, ont tous laissé d'admirables morceaux dans le style d'église.

* * *

Entre le xvii⁰ et le xviii⁰ siècle, la France a eu ce qu'on peut appeler un grand musicien, le maître de la chapelle de Louis XIV, Michel DE LALANDE. Ses huit gros volumes de motets, gravés aux frais du roi, renferment des beautés du premier ordre. Toutes les générations du xviii⁰ siècle ont connu et admiré ces beautés, parce que les œuvres de Lalande étaient le fondement du répertoire des maîtrises. Aujourd'hui, à l'exception de quelques érudits musiciens, les Français ignorent même le nom d'un artiste qu'on peut considérer certainement comme une des gloires de la France : les Allemands exécuteraient encore aujourd'hui les compositions de Lalande si, dans le même style, elles n'avaient été, immédiatement après leur apparition, suivies de celles de Haendel et de Sébastien Bach, qui les ont surpassées.

Michel-Richard DE LALANDE, né à Paris en 1657, était, tout enfant, doué d'une voix remarquable qui le fit choisir pour être enfant de chœur à l'église Saint-Germain-l'Auxerrois. Avant l'âge de quinze ans, il avait appris sans maître à jouer du violon, du clavecin, de la basse de viole et de plusieurs autres instruments. Un de ses beaux-frères ayant eu l'idée d'organiser de petits concerts où de Lalande se fit entendre, la réputation du jeune artiste grandit rapidement. Nous venons de voir que ses talents musicaux lui valurent plus tard d'être nommé maître de la chapelle de Louis XIV.

IL PASSAIT SES INSTANTS DE LOISIR A SE DISTRAIRE EN JOUANT SUR UN MAUVAIS VIOLON. (P. 15.)

III. — Lulli.

Un seigneur français, le chevalier de Guise, voyageant en Italie vers 1646, fit aux environs de Florence la rencontre d'un jeune garçon de douze ou treize ans dont la physionomie agréable, la mine intelligente et éveillée lui plurent au premier abord. Or, mademoiselle de Montpensier avait fait promettre au chevalier, à son départ de France, de lui ramener un petit Italien — caprice de grande dame que le gentilhomme tenait fort à satisfaire. Sans plus tarder, celui-ci proposa au jeune garçon de l'accompagner à Paris, ce qui eut lieu, après avoir toutefois obtenu l'autorisation du père, simple meunier, suivant les uns, gentilhomme florentin, selon d'autres biographes.

Le jeune Italien s'appelait Jean-Baptiste LULLI ou DE LULLI (1). Il était né à Florence en 1633. Toute son éducation avait consisté jusqu'alors à recevoir les leçons d'un vieux cordelier, qui lui avait appris à lire et à écrire, donné quelques leçons de musique et enseigné à jouer de la guitare.

Ses débuts à Paris ne furent point brillants. Mlle de Montpensier le plaça dans ses cuisines en qualité de marmiton. Là, passait ses instants de loisir à se distraire et à amuser ses cammarades en jouant sur un mauvais violon : le comte de Nogent entendit par hasard le jeune virtuose, remarqua son jeu et le signala à Mlle de Montpensier, qui donna des maîtres de violon et de clavecin à l'apprenti cuisinier. Admis bientôt au nombre des musiciens ordinaires de la princesse, Lulli passa de la cuisine au salon où il se fit rapidement remarquer par son talent. Trois maîtres complétèrent alors son éducation musicale : Métra, Roberdet, Gigault, tous les trois organistes à l'église Saint-Nicolas-des-Champs.

(1) Plusieurs biographes écrivent LULLY (avec un Y) : le musicien signait d'ailleurs de cette façon. Mais, comme au XVIIe siècle l'Y était souvent à la fin des mots employé pour l'I (icy, voicy), nous avons cru devoir écrire par un I le nom du grand musicien d'origine italienne, naturalisé français en décembre 1661.

Lulli avait déjà acquis une certaine réputation de violoniste lorsqu'il encourut la disgrâce de sa protectrice d'une assez bizarre façon. Les grandes dames recevaient alors dans leur chambre à coucher leurs visiteurs ordinaires. Or, un jour que plusieurs personnes se trouvaient dans celle de Mlle de Montpensier, celle-ci, sans doute un peu incommodée, passa dans un cabinet voisin où un bruit particulier trahit malencontreusement le motif de son absence momentanée. La société de la princesse s'égaya beaucoup de l'*accident*, mais ne sut pas en garder le secret. L'histoire courut la cour et la ville; on en fit des couplets, et Lulli les mit en musique — ce qui excita tellement la colère de Mlle de Montpensier qu'elle mit incontinent son jeune protégé à la porte de sa maison.

* * *

Fort heureusement pour lui, Lulli était homme de ressources. Une fois sur le pavé, il ne demeura point longtemps embarrassé. En effet, il réussit bientôt à se faire recevoir parmi les vingt-quatre violons de la chambre du roi. Cette nouvelle situation lui permettait d'approcher le souverain, alors seul dispensateur de toutes les faveurs et de tous les emplois. Lulli sut en profiter : il composa des airs qui plurent tellement à Louis XIV que celui-ci, en 1652, le nomma inspecteur-général de ses violons; puis, créa même une nouvelle troupe d'instrumentistes exprès pour le jeune musicien florentin qui eut la liberté de les former à sa façon. Cette nouvelle troupe fut appelée les *Petits violons* ou la *Bande des Seize*, afin de la distinguer de la *Bande des Vingt-quatre violons* ou *Grande bande*. Lulli n'avait alors que dix-neuf ans.

La direction du chef des *Petits violons* fut si habile que bientôt ceux-ci firent passer la *Grande bande* au second rang. Lulli, comme nous l'allons voir, sut d'ailleurs obtenir rapidement la faveur de Louis XIV, qui lui conféra, en 1653, la charge de compositeur de sa musique instrumentale, vacante par suite du décès de Lazarin.

Si Lulli était, comme musicien, parvenu à acquérir un indiscutable talent, nous devons remarquer que son talent de courtisan n'était pas moindre. Spirituel et insinuant comme un Italien, dit un de ses biographes, il sut fort bien se mettre dans les bonnes grâces du roi et des seigneurs de la cour en s'ingéniant à embellir leurs plaisirs. L'Opéra n'existait pas encore à Paris; l'on ne connaissait point alors, en France, ce genre de spectacle; mais de grands ballets pouvaient à la rigueur en tenir lieu. Ceux-ci, il est vrai, n'étaient exécutés qu'à la cour, où, tous les ans, Louis XIV donnait à ses courtisans le plaisir de représentations de ce genre. Ces ballets ou *mascarades* se composaient d'entrées de danse, mêlées de récits chantés, sans liaisons entre eux, mais dont les paroles se rapportaient d'ordinaire au roi. D'abord, Lulli n'écrivit que quelques airs pour certaines pièces; puis il obtint de faire la musique entière de ces *divertissements*, — notamment de celui d'*Alcidione*, représenté à Saint-Germain en 1658. Non seulement il devint le musicien habituel de tous ces ballets, mais encore il figura, comme chanteur, acteur et même danseur, dans presque tous ceux qui furent donnés jusqu'en 1660. Bouffon par nature, autant que par calcul, il se rendit vite indispensable à la cour qu'il amusait par ses saillies. Il en était l'idole. Les seigneurs le tutoyaient et l'appelaient *Baptiste* : on ne le connaissait plus que sous ce nom (l'un de ses prénoms), ainsi qu'en témoigne le passage suivant de la *Gazette* de Loret (décembre 1660) :

> Ensuite on dansa le ballet,
> Peu sérieux, mais très-follet,
> Surtout dans un récit turquesque,
> Si singulier et si burlesque,
> Et dont *Baptiste* était l'auteur,
> Que sans doute tout spectateur
> En eut la rate épanouie
> Tant par les yeux que par l'ouïe...

Baptiste sut profiter de l'engouement dont il était l'objet : il obtint rapidement charges, faveurs et sinécures grassement rétribuées. En mai 1661, Louis XIV le gratifie des charges de compositeur et de surintendant de la musique de sa cour.

En décembre de la même année, il obtient du souverain des lettres-patentes de naturalisation (enregistrées à la Chambre des Comptes au mois de juin suivant). En juillet 1662, le roi le nomme maître de musique de la famille royale à la place de Michel Lambert : et Lulli épousa presque aussitôt la fille unique de son prédécesseur, bien et dûment pourvue d'une dot de vingt mille livres sur la cassette royale. Le mariage eut lieu à Saint-Eustache. — Michel Lambert (né à Vivonne, près de Poitiers, en 1610 ; mort à Paris en 1696), avait, à ses débuts, été protégé par le cardinal de Richelieu. « Il a laissé des *Motets*, des *Leçons pour les Ténèbres*, des cantates et des chansons sur des paroles de Benserade, Bois-Robert, Perrin et Quinault. Son gendre Lulli le fit oublier. »

En effet, Louis XIV ne voulait plus d'autre musique que celle de Lulli, dont les compositions étaient exécutées partout, à la Chambre du roi ; au théâtre, dans les églises et dans les régiments. Lulli, lié alors avec Molière, fit la musique de la *Princesse d'Élide*, de l'*Amour médecin*, de *Monsieur de Pourceaugnac*, etc., etc. Il joua même le rôle de Pourceaugnac dans cette dernière pièce et celui du Muphti dans le *Bourgeois gentilhomme*.

Et les faveurs royales ne cessaient de pleuvoir sur l'heureux musicien. Non seulement lui, mais encore sa femme, ses enfants, furent successivement pensionnnés par le roi, qui accepta d'être parrain de son fils aîné et qui, en 1668, accorda d'avance la survivance des trois charges dont Lulli était gratifié à celui de ses enfants que le compositeur lui désignerait avant de mourir.

— « *J'ai failli attendre !* » s'écriait un jour, dit-on, Louis XIV, — le *Roi Soleil*, — manifestant ainsi son royal mécontentement à cet égard. Lulli fut peut-être le seul, dans tout le cours de ce long règne, qui osa faire réellement *attendre* le Grand-Roi sans encourir sa disgrâce. Voici en quelle circonstance :

Lors de la représentation à Versailles de l'Opéra-ballet le *Temps et la Paix*, Lulli s'aperçut au dernier moment que les décorateurs avaient peint une chouette au fronton d'un décor représentant le Temple de Minerve, ainsi d'ailleurs que le prescrivait la couleur locale. Mais notre musicien-courtisan ne s'inquiétait guère de la vérité mythologique : pour lui il s'agissait surtout de flatter le maître, et, dans cette intention, c'était un *soleil* qu'il fallait faire resplendir au sommet de l'édifice. Pendant que Lulli fait diligence pour le remplacement hâtif de la chouette par un soleil, le *Roi-Soleil* en personne arrive dans la salle avant l'achèvement du changement. Vite on en prévient Lulli ; on lui répète qu'il faut immédiatement commencer la représentation ; — sans quoi, ajoute-t-on anxieusement, *le Roi va attendre !...*

— *Il en est bien le maître*, répond Lulli en faisant continuer la besogne : *qu'il attende tant qu'il lui plaira...*

La boutade eut du succès auprès de Louis XIV, intérieurement flatté de l'attention de son musicien pour ce Soleil qu'il avait orgueilleusement pris pour emblème de son pouvoir absolu.

En 1672, Louis XIV concéda à Lulli le privilège d'établir à Paris une *Académie royale de musique*. Ce fut le commencement de notre Grand-Opéra.

Pendant quinze ans, Lulli ne cessa d'écrire de la musique dramatique pour son théâtre. Il y fit représenter dix-neuf opéras : les principaux sont : *Alceste* en 1674, *Thésée* en 1675, *Atys* en 1676, *Bellérophon* en 1679, *Proserpine* en 1680, *Persée* en 1682, *Armide* (considérée comme son chef-d'œuvre) en 1686, etc. Quinault fournissait habituellement les paroles — car Lulli s'était brouillé avec Molière, — et tous ces opéras eurent un grand succès. « Malgré le défaut de variété dans les formes, le sentiment dramatique a longtemps soutenu ces ouvrages, dont le récitatif est remarquable par la vérité de la déclamation. Lulli a écrit aussi une multitude de symphonies, de trios et d'airs de violon, et plusieurs grandes compositions pour l'église. » Il est l'auteur de la musique de : *au clair de la lune,* la chanson populaire que tous nos lecteurs connaissent.

Le privilége d'une *Académie royale de musique* — qui mit le comble à la faveur de Lulli, — avait déjà été accordé en 1669 à un poète assez médiocre nommé Perrin. Celui-ci, qui s'était borné à imiter en français les opéras italiens, n'avait pas réussi auprès du public, et Lulli profita de cet insuccès pour se faire attribuer le privilége « de faire chanter des pièces de théâtre, tant à Paris que dans d'autres villes du royaume. » Jusque-là Lulli n'avait été que musicien habile et heureux; il put alors se montrer créateur en abordant la musique dramatique et conquérir de la sorte une réputation légitime et durable.

Il fut non moins remarquable comme organisateur et administrateur, et l'on doit de toute façon le considérer comme le véritable créateur de notre théâtre de l'Opéra. Alors en effet tout était à créer. Non seulement il lui fallut écrire la musique des pièces à représenter, mais encore il eut à rechercher, trouver et former les acteurs, les chanteurs, les choristes, les musiciens de l'orchestre, les danseurs pour les ballets, les décorateurs pour l'ornementation et l'agencement de la scène, etc. Il pourvut à tout et s'établit rue de Vaugirard, dans le jeu de paume du Bel-Air, auprès du Luxembourg. Ce fut là que furent joués avec grand succès tous ses opéras, dont Molière, Quinault, et même Corneille, lui fournirent successivement les paroles.

Lulli s'occupait d'organiser la représentation d'un opéra intitulé *Achille et Polyxène* lorsque, le 8 janvier 1687, il fut victime d'un léger accident dont les suites occasionnèrent sa mort. Il faisait répéter ce jour-là, à l'église des Feuillants de la rue Saint-Honoré, un *Te Deum* qu'il venait de composer à l'occasion de la convalescence du roi. Dans la chaleur de l'exécution, il se frappa violemment le bout du pied avec sa canne qui lui servait à battre la mesure, et se fit une douloureuse meurtrissure. Celle-ci donna bientôt naissance à un abcès qu'envahit la gangrène. Lulli mourut le 22 mars 1687, laissant une fortune considérable à ses six enfants (trois filles et trois fils). Deux de ces derniers furent musiciens comme leur père, mais sans grand talent.

D'après le portrait que nous en ont laissé les contemporains, Lulli était petit et assez gros. Sous des cheveux très-noirs, de tout petits yeux pétillants de malice surmontaient un gros nez et une bouche assez grande. Malgré une myopie très-forte, il était aussi vif d'allure que de conversation. Tel fut, au physique, l'auteur d'*Armide*, le créateur de notre Académie de musique. Quant au moral, nous devons constater avec regret que l'égoïsme était la *dominante* de sa nature. Fort habile musicien et non moins habile courtisan, il fut un ami peu fidèle, se brouillant tour à tour avec chacun pour ne s'occuper que de ses intérêts. Il se fit de la sorte de nombreux ennemis qui ne se privèrent point de le cribler d'épigrammes. C'est Lulli que La Fontaine dépeint dans le passage suivant :

> Le Florentin
> Montre à la fin
> Ce qu'il sait faire.....
> C'est un mâtin
> Qui tout dévore,
> Happe tout, serre tout, il a triple gosier.

IV. — Jean-Sébastien Bach.

Aucune famille ne produisit autant de musiciens remarquables, de compositeurs de talent ou de génie, que celle des Bach. Dans le cours de trois cents ans, cette incomparable famille de musiciens a donné à l'Allemagne plus de cinquante artistes. Le présent volume ne suffirait pas à les faire tous connaître à nos lecteurs. Nous nous bornerons donc à parler ici du plus célèbre d'entr'eux, *Jean-Sébastien*, et à consacrer quelques lignes à trois de ses fils, à qui leur talent a également valu une grande notoriété.

Jean-Sébastien Bach, né à Eisenach le 21 mars 1685, fut un organiste d'un prodigieux talent d'exécution et est considéré comme l'un des meilleurs compositeurs du siècle dernier. Orphelin à dix ans, il fut élevé par son frère Jean-Christophe, qui lui donna les premières leçons de clavecin. L'enfant fit de rapides progrès, montrant de bonne heure un vif amour pour la musique, ainsi que le témoigne le fait suivant que rapporte M. Fétis :

Son frère Jean-Christophe possédait un recueil des œuvres les plus estimées des organistes alors en renom : parfois, il exécutait quelques-uns de ces morceaux devant l'enfant enthousiasmé. Les fragments que Jean-Sébastien avait entendus de la sorte lui avaient inspiré un vif désir de connaître toutes les compositions du recueil : mais il avait beau supplier son frère de lui prêter le précieux livre, celui-ci répondait toujours par un refus aux pressantes sollicitations de l'enfant ; sans s'en douter, il avivait ainsi et aiguillonnait le désir obstiné qui hantait cette jeune imagination. C'est que dans ce volume se trouvaient les plus beaux morceaux de Frohberger, (né à Halle en 1637 et mort à Mayence en 1695), le plus grand organiste du XVIIe siècle, de Buxte-hude, (né à Elseneur en Danemark vers 1635, mort en 1707), de Fischer et de quelques autres organistes non moins célèbres. Un jour, le frère aîné omet d'enfermer sous clef le livre tant désiré ; il le laisse par mégarde à la portée de l'enfant. Celui-ci s'en empare aussitôt dans l'intention d'en prendre copie et cache précieusement son larcin momentané. Le travail du jeune copiste dura six mois, car Jean-Sébastien n'avait point de chandelle à sa disposition et c'était seulement la nuit, quand la lune brillait et que tout le monde dormait au logis, qu'il pouvait se mettre à l'œuvre. Mais aussi quelle joie quand il eut terminé !... Il allait pouvoir étudier en secret tous ces morceaux !... Hélas ! la joie fut de courte durée. Surpris par son frère dans un moment où il étudiait sa copie avec le plus d'amour, celle-ci lui fut confisquée sans pitié. Il ne rentra en possession du cahier qui lui avait coûté tant de veilles et de peine à écrire qu'à la mort de Jean-Christophe, survenue peu après.

Son frère mort, Jean-Sébastien demeura livré à lui-même ;

il devenait pour ainsi dire une seconde fois orphelin. Il ne devait maintenant compter que sur lui seul pour gagner sa vie. Dans cette intention, il se rendit à Lünebourg en compagnie d'un camarade : là, tous les deux s'engagèrent comme choristes à l'église Saint-Michel de cette ville et suivirent le cours d'études du Gymnase. Son existence fut de la sorte modestement assurée. Mais, quelque faibles que fussent ses revenus, Bach, toujours poussé par le désir de s'instruire, trouvait encore le moyen d'aller de temps en temps à Hambourg entendre le célèbre organiste Reinke, alors dans tout l'éclat de sa réputation et de son talent.

De Lünebourg, Jean-Sébastien passa à Weimar, où il fut nommé musicien de la cour en 1703. Mais sa prédilection pour l'organe lui fit bientôt (en 1704) abandonner cette place pour remplir les fonctions de maître de chapelle à l'église d'Arnstadt. Dès lors, il gagna plus largement sa vie : il profita de cette amélioration dans sa situation pour étudier avec un surcroît d'ardeur. Arnstadt n'était pas très-éloigné de Lubeck, où résidait Buxtehude : Jean-Sébastien mit à profit ce voisinage et alla pendant trois mois étudier la manière de ce maître. Et cependant Bach avait déjà conquis une certaine notoriété à cette époque où il n'hésitait pas à sacrifier une partie de ses occupations et de son revenu afin de pouvoir étudier encore et augmenter ses connaissances musicales.

* * *

Appelé comme organiste à l'église Saint-Blaize à Mulhausen en 1707, Jean-Sébastien se vit offrir, l'année suivante, la même place auprès de la cour de Weimar par le Grand-Duc régnant qui venait de l'entendre. Dix ans plus tard, ce prince le nommait en outre maître des concerts de sa cour. Jean-Sébastien avait alors trente-deux ans et était déjà très-célèbre, ainsi que le prouve le fait suivant.

A cette époque, Louis Marchand (1), habile organiste fran-

(1) Né à Lyon en 1669, Louis Marchand vint se fixer à Paris vers 1698 et fut attaché à la chapelle royale de Versailles. Il mourut en 1732. On a de lui un *Livre de musique pour le clavecin*, de nombreuses *Pièces de clavecin* formant deux volumes, douze *Sonates* pour flûte traversière, et un opéra de *Pyrame et Thisbé*.

çais, alors exilé de Paris, vint à la cour d'Auguste, roi de Pologne, où il obtint un tel succès que le Souverain voulait le retenir auprès de lui. Dans ce but, il lui offrit des appointements considérables. Mais l'engouement dont Marchand paraissait devoir bénéficier ne faisait guère l'affaire du maître des concerts de la cour de Pologne. Celui-ci, appelé Volumier, ne pouvait s'empêcher de considérer comme un intrus le musicien français et, par suite, était fort jaloux de la faveur qu'on lui témoignait.

Dans cette occurrence, Volumier écrivit à Jean-Sébastien, l'invitant instamment à venir à la cour de Pologne. Dès qu'il fut arrivé, le maître des concerts le conduisit entendre Marchand et l'engagea à lui porter un défi musical ; — ce qui fut fait. Bach s'engageait à improviser sur tous les thèmes que Marchand lui soumettrait, et naturellement, il fallait que Marchand en fît ensuite autant sur les thèmes proposés par Bach. La date et le lieu de ce tournoi artistique furent fixés par le roi. Au jour dit, considérable fut le nombre des auditeurs et nombreuse l'assemblée devant laquelle allaient se mesurer les deux organistes. Mais Bach parut seul. Marchand n'avait point osé entrer en lutte avec un maître aussi renommé : il s'était prudemment éclipsé. — Volumier put dès lors respirer à son aise. Quant à Bach, son triomphe fut célébré dans toute l'Allemagne comme une victoire nationale.

Parvenu à la célébrité, Jean-Sébastien put vivre dans une aisance qui lui paraissait d'autant plus grande que ses goûts étaient plus simples. Les charges lucratives et les honneurs venaient le trouver. Le prince Léopold d'Anhalt-Cœthen lui fit offrir une place de maître de chapelle, — qu'il accepta. En 1733, il fut nommé directeur de musique à l'école de Saint-Thomas de Leipsick : ce fut là qu'il passa toute la fin de sa vie. Enfin, le roi de Pologne lui conféra le titre de Compositeur royal en 1736.

Jean-Sébastien était, pour la deuxième fois, retourné à Hambourg en 1722 et s'était fait entendre du vieux Reinke, qui lui dit ces flatteuses paroles :

— *Je croyais notre art perdu; mais je vois que vous le faites revivre.*

En 1767, il alla à Berlin, où il fut l'objet d'un hommage encore plus flatteur. Tous les soirs, à la cour du roi de Prusse, avait lieu un concert dans lequel le souverain jouait quelques morceaux sur la flûte. Au moment où allait commencer l'un de ces concerts, Frédéric reçoit d'un officier la liste des étrangers, arrivés dans la journée à Postdam. Il y jette les yeux et s'écrie :

— Messieurs, le vieux Bach est ici !

Aussitôt, le concert est suspendu, et le roi envoie chercher Jean-Sébastien que l'on amène sans même lui donner le temps de remplacer son vêtement de voyage par un habit de cour. Sur la demande du roi, le vieux compositeur essaye tous les pianos du palais et improvise sur chacun d'eux. Puis, à son tour, il prie Frédéric de lui donner un sujet de fugue et le développe de façon à charmer tous les musiciens présents. Le lendemain, Bach improvise sur tous les orgues de Postdam.

De retour à Leipsick, le vieux maître conserva toujours le souvenir des honneurs et des marques de déférence dont l'avait gratifié le roi de Prusse. Il composa une fugue à trois parties sur le thème que lui avait fourni ce souverain, ainsi que plusieurs canons et quelques autres morceaux, auxquels il joignit un trio pour flûte, violon et basse, intitula le tout : *Offrandes musicales*, et le dédia à Frédéric.

A la suite de son voyage à Berlin, la santé de Jean-Sébastien s'altéra rapidement. Ses facultés s'affaiblissaient; sa vue baissait; il eut peur de devenir aveugle et se fit opérer deux fois par un oculiste anglais, établi à Leipsick, qui ne réussit point à lui conserver la vue. Le vieillard ne la recouvra subitement que dix jours avant sa mort, occasionnée par une attaque d'apoplexie. Il avait plus de quatre-vingt-deux ans.

Jean-Sébastien s'était marié deux fois et avait eu vingt enfants, — neuf filles et onze garçons. Ces derniers furent presque tous musiciens. Quelques-uns sont demeurés célèbres :

nous consacrons un peu plus loin quelques lignes à trois d'entre eux.

* * *

L'œuvre de Jean-Sébastien Bach est immense : il se compose de deux cent cinquante-trois grandes cantates religieuses, sept messes, cent quarante-neuf psaumes, cent cinquante chorals. Son habileté comme organiste était des plus remarquables : il possédait une extraordinaire agilité de pieds aussi bien que de doigts. « Doué d'un prodigieux talent d'exécution sur l'orgue, » dit M. Th. Bachelet, « il surpassa Reinke et Buxtehude, et découragea Marchand. Ses compositions, très-nombreuses, se distinguent par une rare élévation de style, une originalité parfois bizarre, une surprenante richesse de mélodies et d'effets. On peut citer spécialement son recueil de quarante-huit préludes et fugues pour le clavecin, une messe en *Si mineur*, les oratorios de la *Nativité de Jésus-Christ* et de la *Passion*, comme les plus fortes conceptions de l'art musical. »

Jean-Sébastien était très-doux de caractère et avait des goûts fort simples. Il était la bonté même, largement hospitalier pour tous. C'était un véritable patriarche. Comme on lui demandait un jour comment il avait pu acquérir son immense talent, il répondit simplement :

— En travaillant beaucoup ; et tous ceux qui voudront travailler de la même manière y parviendront comme moi.

Malgré la grande réputation dont il avait joui durant sa vie, Jean-Sébastien n'avait point encore été estimé à sa juste valeur par ses contemporains, qui ne connaissaient d'ailleurs qu'une faible partie de ses compositions musicales. Après sa mort il demeura même assez longtemps oublié, — et cela jusqu'au jour où, en 1788, Mozart, alors dans toute la force de son génie, entendit à Leipsick un motet de Jean-Sébastien Bach et s'écria enthousiasmé :

— Grâce au ciel, voilà du nouveau, et j'apprends ici quelque chose.

Ce fut une révélation. On s'occupa alors des œuvres du

vieux maître. Elles ne furent cependant entièrement publiées qu'en 1850.

***

Trois fils de Jean-Sébastien, avons-nous dit plus haut, acquirent plus particulièrement, comme musiciens, une célébrité méritée. D'abord son aîné, Guillaume-Friedemann BACH, né à Weimar en 1710 et mort en 1784 à Berlin, qui fut surnommé *Bach de Halle,* à cause du long séjour qu'il fit dans cette ville. « C'était un profond harmoniste et un improvisateur plein de feu. » On n'a publié de lui que deux sonates et douze polonaises.

Puis, Charles-Philippe-Emmanuel BACH, son deuxième fils, dit *Bach de Berlin.* Celui-ci, né en 1714 également à Weimar, mourut en 1788. « Il fit partie pendant vingt-neuf ans de la musique du Grand-Frédéric, et dirigea ensuite l'orchestre de Hambourg. Le nombre de ses compositions instrumentales et vocales est considérable : on remarque l'oratorio de l'*Ascension*. Il cherchait à unir dans son style la mélodie et la science. Il publia, en 1753, un *Essai sur l'Art de toucher du clavecin,* ouvrage classique qui eut un immense succès. » (*Th. Bachelet.*)

Enfin, Jean-Christian BACH, né à Leipsick en 1735 et mort en 1782, que l'on a surnommé le *Milanais,* ou encore l'*Anglais,* parce qu'il fut organiste de la cathédrale de Milan en 1754, et maître de chapelle de la reine d'Angleterre en 1759. Celui-ci, dit M. Bachelet, « s'éloigna de l'école sévère de sa famille, visa à la popularité, et préféra la grâce à la force. Il a publié des opéras, dont un, *Amadis des Gaules,* a été gravé à Paris, et une étude de compositions pour le clavecin et autres instruments. »

V. — Haendel.

Georges-Frédéric HAENDEL, surnommé *il sassonne* (le Saxon), parce qu'il était né à Halle en 1684, était fils d'un chirurgien établi dans cette petite localité. Malgré un goût très-prononcé pour la musique qu'il montra dès l'enfance, son père le destinait à la jurisprudence dans son désir d'enlever pour toujours à l'enfant ses velléités musicales, celui-ci alla même jusqu'à supprimer de chez lui toute espèce d'instruments de musique. Mais la suppression ne fut pas aussi complète qu'il le pensait : une épinette avait été oubliée dans un coin du grenier; Georges-Frédéric la découvrit par hasard en furetant par-là et ne se priva point du plaisir de s'exercer en cachette le plus souvent qu'il le put sur ce mauvais instrument dont il joua bientôt avec facilité.

Il avait huit ans lorsque son père l'emmena à la cour du duc de Saxe-Weissenfels, où l'un de ses parents était valet de chambre de ce prince. La liberté, lisons-nous dans la *Biographie générale* de M. Firmin Didot, « qu'on avait laissée à l'enfant de se promener dans le palais lui faisait rencontrer à chaque instant des clavecins dans les appartements, et rarement il résistait à la tentation d'en toucher lorsqu'il était sans témoin. Un jour, ayant trouvé la porte de la chapelle ouverte, il n'eut rien de plus pressé que de monter à l'orgue et de faire résonner sous ses doigts les touches du majestueux instrument, au contact duquel vint s'enflammer sa jeune imagination. Le hasard voulut que le duc entrât dans la chapelle : il aperçut l'enfant qui, croyant être seul, se livrait à tous les caprices de l'improvisation; il l'écouta attentivement et fut charmé du talent qu'annonçaient ses improvisations. Il demanda qui il était, et, lorsqu'on le lui eût dit, il fit appeler le père de Haendel et insista pour que, au lieu de faire de son fils un docteur en droit, on développât en lui, par une bonne éducation musicale, les heureuses dispositions dont la nature l'avait doué. » Voilà à quelle circonstance tint l'avenir de Haendel.

Dès que le chirurgien et son fils furent de retour à Halle, l'éducation musicale de l'enfant commença. Sous la direction de l'organiste Zackau, qui l'initia aux œuvres des meilleurs maîtres allemands en ce genre, Georges-Frédéric fit de très-rapides progrès. A dix ans, il écrivait déjà des motets qui étaient exécutés chaque semaine dans l'église principale de Halle

Ses études furent terminées en quatre ans. Il partit alors pour Berlin, où il séjourna jusqu'en 1703, époque où il se rendit à Hambourg, dont l'*Opéra* était alors la meilleure scène lyrique de l'Allemagne. Chargé, dès son arrivée, de tenir le clavecin à l'orchestre, Haendel fit bientôt représenter à ce théâtre sa première œuvre dramatique, *Almira*, en 1704.

C'était à son ami Mattheson, à qui nous consacrons quelques lignes dans le chapitre de Haydn, que Haendel devait en grande partie la place qui lui avait été attribuée à l'orchestre de l'Opéra de Hambourg. Toutefois, son affection et sa reconnaissance pour Mattheson ne l'empêchaient point, le cas échéant, de se livrer même envers son ami à des emportements et à des violences bizarres. Car nous devons dire que, pendant toute sa vie, le compositeur saxon conserva un caractère naturellement violent et souvent brutal qui tenait sans doute à son origine. Or, pendant la première représentation d'un opéra de Mattheson, pièce dans laquelle celui-ci jouait un rôle, Haendel avait tenu le clavecin pendant les premiers actes. Au dernier, où ne paraissait plus le personnage que représentait l'auteur, Mattheson voulut à son tour prendre place au clavecin, ainsi que c'était alors l'usage chez les compositeurs. Cette action si simple froissa vivement l'amour-propre de Haendel, qui y vit une offense à sa personne et à son talent : il refusa de quitter la place, et, à la fin de la représentation, mit flamberge au vent, forçant son ami à dégaîner et à croiser le fer avec lui. Entourés de spectateurs attirés par cette scène, ils se battirent sous une lanterne avec le plus grand acharnement. Haendel faillit être tué. Il ne dut la vie qu'à un large bouton de cuivre de son vêtement que rencontra la pointe de l'épée de Mattheson et sur lequel elle se brisa. Les deux amis se réconcilièrent aussitôt.

* * *

Le compositeur saxon s'était rapidement fait à Hambourg une belle et brillante situation. Il avait de nombreux élèves, et trois autres opéras de lui (*Néron* — l'une de ses meilleures partitions, — *Florinde* et *Daphné*), avaient été successivement représentés avec succès. Il se décida cependant à quitter cette ville pour parcourir l'Italie et étudier les procédés de la musique de ce pays. Il profita d'ailleurs de son séjour dans la Péninsule pour écrire quatre autres œuvres dramatiques : *Rodrigue*, son premier opéra italien, à Florence en 1708; *Agrippine*, à Venise l'année suivante; le *Triomphe du Temps* et *Acis et Galathée*, à Rome et à Naples.

En 1710, l'Electeur de Hanovre appela Haendel dans sa capitale et le nomma son maître de chapelle aux appointements de quinze cents écus. A partir de cette époque, on constate un grand changement dans le style du maître saxon : « à l'harmonie allemande, il ajouta la mélodie, et c'est de cette fusion que résulte le caractère définitif de son talent. »

A peine eut-il pris possession de son poste de maître de chapelle, que Haendel sollicita et obtint un congé de l'Electeur, afin d'aller à Londres écrire et faire représenter un opéra que lui demandait le directeur du théâtre de Hay-Markett. Cet opéra, *Renaud*, obtint en 1711 le plus grand succès et valut à son auteur nombre de félicitations et de propositions flatteuses de la part de la cour anglaise. Haendel revint bien à Hanovre à l'expiration de son congé, mais n'y demeura guère. Il avait été si bien accueilli en Angleterre qu'il avait hâte d'y retourner, ce qu'il s'empressa de faire dès l'année suivante, sans s'inquiéter cette fois d'obtenir l'agrément de l'Electeur. Il y passa d'ailleurs le reste de sa vie, et l'Angleterre devint sa seconde patrie.

Comblé de faveurs par la reine Anne, Haendel, au milieu de ses succès et de ses triomphes à Londres, oubliait de plus en plus qu'il appartenait à l'Electeur de Hanovre. Cet oubli faillit lui devenir fatal. En effet, la reine Anne mourut, et son successeur sur le trône d'Angleterre fut précisément l'Electeur de Hanovre, couronné roi sous le nom de Georges I*er*. A son avénement, ce souverain garda d'abord rancune à son ancien maître de chapelle qui avait paru faire fi de sa protection : il l'éloigna de Londres.

Fort heureusement pour le compositeur disgracié, il « trouva dans le baron de Kilmansegge, chambellan du roi, un ami dont le dévouement parvint à le faire rentrer en grâce. Voici comment : On préparait une fête nautique sur la Tamise, à laquelle Georges I*er* devait assister : le baron de Kilmansegge, profitant de la circonstance, demanda à son protégé de la musique pour cette fête. Ce fut alors que Haendel écrivit la suite de morceaux de musique instrumentale, connue sous le nom de *Water Music*. L'orchestre fut placé sur une barque qui suivait celle du roi, et le compositeur dirigea lui-même l'exécution de son œuvre. Georges I*er*, qui avait aperçu Haendel, fit l'éloge de la musique, mais ne parla point de l'auteur : bientôt après cependant, l'artiste ayant été admis en sa présence et lui ayant exprimé son profond regret de l'avoir offensé, obtint son pardon : le roi doubla même la pension de deux cents livres sterling (cinq mille francs) que la reine Anne lui avait faite. A partir de ce moment, Haendel se fixa définitivement en Angleterre. »

D'abord maître de chapelle du duc de Chandos, il obtint en 1720 la direction du théâtre de Hay-Markett, afin d'y faire représenter ses œuvres, conformément au but d'une association de grands seigneurs formée à cet effet. Il donna aussitôt *Rhadamiste* sur cette scène qui prit le titre d'*Académie royale de musique*. Mais le caractère violent et emporté de Haendel ne tarda pas à nuire à l'entreprise qu'il dirigeait : le directeur se prenait à chaque instant de querelle avec les artistes et les chanteurs du théâtre.

Un soir entre autres « qu'on représentait *Othon*, un de ses opéras, la cantatrice Mlle Cuzzoni ayant refusé de chanter un air de cet opéra, Haendel la saisit dans ses bras et la menaça de la jeter par la fenêtre si elle persistait dans son refus. » On voit par-là que l'âge ne calmait guère la violence de ce rude caractère saxon qui n'avait jamais pu s'empêcher de malmener ceux qui l'approchaient, même quand il avait affaire à des artistes du plus grand talent tels que Corelli, célèbre violoniste italien et compositeur d'un grand mérite, à qui il avait jadis fait une scène ridicule que nous allons raconter.

Arcangelo Corelli (né en 1653 à Fusignano, près de Bologne, mort en 1713), était déjà et est encore considéré comme le chef de toutes les bonnes écoles de violon. « Ses six œuvres de sonates, d'un style large et majestueux, sont encore un excellent objet d'étude, quoique l'art se soit enrichi d'effets inconnus de son temps. » Or, la réputation et le talent de Corelli ne l'avaient point empêché de recevoir les bourrades du *Saxon*. Un jour, en effet, le virtuose jouait devant celui-ci l'ouverture du *Triomphe du Temps*; à un moment donné, Haendel, impatienté de ce que Corelli n'interprétait pas sa partie avec le style que lui, l'auteur, avait imprimé à son œuvre, arracha brusquement le violon des mains du virtuose et se mit à jouer en accentuant violemment ses intentions. Corelli se contenta de lui dire :

— Mais, cher Saxon, cette musique est écrite dans le style français, et je n'entends rien à ce style, moi.

* * *

On conçoit que les discussions continuelles du directeur avec ses subordonnés, ne tardèrent pas à amener la ruine du théâtre de Hay-Markett, qui fut fermé en 1728. Haendel ouvrit immédiatement une autre salle de spectacle; mais il eut beau écrire et y donner des chefs-d'œuvre tels que *Lothaire*, *Roland*, etc., cette nouvelle entreprise tomba bientôt comme celle de Hay-Markett. Un théâtre rival, qui s'était monté dans l'intervalle, et où chantaient Porpora et Farinelli, absorbait tous les succès.

Haendel était très-fatigué. Toutes ces luttes l'avaient brisé. Il dut aller prendre les eaux à Aix-la-Chapelle. A son retour, en 1736, il se remit au travail avec une ardeur nouvelle, et composa successivement quatre opéras pour le théâtre de Covent-Garden : *Atalente, Judith, Arminins* et *Bérénice*. Ces dernières œuvres furent accueillies avec une telle indifférence que le maître renonça à la musique dramatique et se mit à composer sur des paroles anglaises des oratorios qui obtinrent le plus grand succès. Chose bizarre ! ce fut seulement à partir de ce moment que les Anglais comprirent réellement toute la valeur de Haendel. L'oratorio de *Jephté*, son dernier ouvrage, fut écrit en 1751. Devenu aveugle cette même année, le maître cessa de composer et demeura désormais en repos. Il mourut en 1759, à l'âge de soixante-quinze ans.

Les Anglais, qui considèrent Haendel comme une de leurs gloires nationales quoiqu'il soit né en Allemagne, firent au maître Saxon de magnifiques funérailles. Il fut inhumé, avec les souverains et les plus hautes illustrations de l'Angleterre, à l'Abbaye de Westminster, où on lui éleva un magnifique tombeau, surmonté de sa statue en marbre blanc. Autour de ce superbe et glorieux mausolée, cent ans après sa naissance, l'anniversaire du compositeur fut célébré par trois cents musiciens qui exécutèrent des morceaux choisis parmi ses œuvres.

Haendel était d'une haute et forte stature : sa figure était imposante; sa brutalité habituelle n'excluait pourtant pas chez lui une certaine finesse d'esprit. Il ne se maria point et laissa en mourant à ses collatéraux une fortune de cinq cent mille francs : il avait toutefois légué vingt-cinq mille francs à l'hospice des enfants trouvés de Londres.

Malgré les multiples fonctions qu'il eut à remplir durant sa vie, Haendel n'en produisit pas moins un nombre considérable d'ouvrages : soixante-douze opéras, des quantités de motets, de cantates, de psaumes, et beaucoup de musique vocale et instrumentale. Ses oratorios les plus estimés sont : *Athalie* (1733); *Saül* (1740); le *Messie* (1741); *Samson* (1742); *Judas-Macchabée* (1746); *Suzanne* (1748); *Jephté* (1751). Il est le musicien le plus estimé des Anglais.

Haendel avait une grande facilité de composition. « Il aimait la table, et trouvait plus facilement ses inspirations lorsqu'il avait la tête un peu montée par le vin, » rapporte M. Th. Bachelet, qui ajoute : « Le caractère dominant de son talent est la grandeur, l'élévation, la solennité des idées : la modulation, souvent riche et inattendue, est toujours douce et naturelle : les voix sont disposées avec art et chantent sans effort; les chœurs sont d'un effet si puissant, que le luxe de l'instrumentation n'y pourrait rien ajouter. »

Beethoven, qui regardait Cherubini comme le plus grand des compositeurs dramatiques vivants de son temps, considérait Haendel comme le maître des maîtres, eu égard à la faiblesse des moyens et à la puissance des effets.

VI. — Rameau.

Rameau, dit un contemporain, était grand, sec, hâve, l'humeur le faisant maigrir; il marchait un peu courbé, les mains derrière le dos, et presque toujours seul, car il n'aimait guère la société. Ceux mêmes qui l'admiraient le plus, s'accordent à nous le représenter comme étant dur et sauvage, voisin de l'inhumanité.

« J'étais présent, rapporte Grimm, un jour qu'il ne put jamais concevoir qu'on désirât que M. le duc de Bourgogne montrât des qualités dignes du trône.

» — Qu'est-ce que cela me fait! disait-il naïvement ; je n'y serai plus quand il règnera.

» — Mais vos enfants ?...

» Il ne comprenait pas qu'on pût s'intéresser à ses enfants au delà du terme de sa vie. »

RAMEAU LE JETTE SUBITEMENT PAR LA FENÊTRE. (P. 35.)

Il était tellement absorbé par son art, qu'en dehors de la musique rien ne semblait l'intéresser : Diderot disait de lui : « Il ne pense qu'à lui ; le reste de l'univers lui est comme d'un clou à un soufflet. Sa fille et sa femme n'ont qu'à mourir quand elles voudront, pourvu que les cloches de la paroisse qui sonnent pour elles continuent de résonner la *douzième* et la *dix-septième*, tout sera bien. »

L'anecdote suivante, racontée par Mercier — l'auteur du *Tableau de Paris*, — est plus significative encore :

« Rameau, rendant visite à une belle dame, se lève tout-à-coup de dessus sa chaise, prend un petit chien qu'elle avait sur ses genoux, et le jette subitement par la fenêtre d'un troisième étage. La dame épouvantée lui crie :

» — Eh ! que faites-vous, monsieur ?

» — *Il aboie faux!* — dit Rameau en se promenant avec l'indignation d'un homme dont l'oreille avait été déchirée. »

* * *

Jean-Philippe RAMEAU, né à Dijon en 1683, était fils d'un organiste de cette ville. Il acquit, dès sa première jeunesse, une grande habileté sur le clavecin, grâce à [son père qui cultiva si bien ses heureuses dispositions que, à sept ans, il pouvait jouer sur cet instrument toutes les partitions à première vue. Mis au collège, dit un de ses biographes, « il en sortit bientôt, n'ayant de goût que pour la musique, négligeant tout pour cet art favori, vers lequel le ramenait sans cesse un penchant invincible. Sa jeunesse fut employée à apprendre presque tous les instruments, le violon, la basse, etc., et à s'y perfectionner. » Puis, à dix-huit ans, il partit pour visiter l'Italie : mais, à peine arrivé à Milan, il fut enrôlé comme premier violon par un directeur d'Opéra, avec lequel il courut de ville en ville en Lombardie et dans le midi de la France, sans grand honneur ni profit. Il quitta enfin son impressario et se rendit à Paris en 1717. L'organiste Marchand, — le peureux adversaire de Jean-Sébastien Bach à la cour de Pologne, — l'accueillit d'abord avec faveur et le prit pour suppléant aux orgues des Jésuites et des Pères de la Merci :

mais, après avoir eu connaissance des pièces d'orgue écrites par Rameau, il devint subitement jaloux de son suppléant, et contribua à lui faire refuser l'orgue de Saint-Paul, que lui disputait Daquin.

Louis-Claude Daquin, (né à Paris en 1694 et mort en 1772). avait été un enfant prodige. Devenu homme, il acquit d'ailleurs une telle réputation comme organiste que l'on a prétendu que Haendel était venu d'Angleterre à Paris tout exprès pour l'entendre. A six ans, Daquin avait tenu l'orgue à Versailles en présence de Louis XIV : à douze ans, il fut nommé organiste du Petit-Saint-Antoine, et, en 1739, il devint organiste de la chapelle du roi.

Rameau, découragé à la suite de l'échec qu'il venait de subir, « accepta une place d'organiste à l'église Saint-Etienne, de Lille, puis à la cathédrale de Clermont, et se mit à produire des motets, des cantates, des pièces de clavecin, remarquables par l'originalité de la pensée et la nouveauté du style. » Ce fut également dans cette ville, où il passa plusieurs années, que fut achevé son *Traité d'harmonie*, « traité fort obscur, mais qui fit cependant à son auteur la réputation d'un profond théoricien. »

Revenu à Paris en 1721, Rameau obtint l'année suivante l'orgue de Sainte-Croix-de-la-Bretonnerie. Ce fut à cette époque qu'il fit imprimer son livre écrit à Clermont et qu'il fonda enfin sa réputation par ses divers écrits théoriques sur la musique. Alors il tourna désormais ses vues du côté du théâtre. La difficulté était de se procurer un poème. Rameau commença par faire quelques fragments mêlés de chant et de danse pour des petites pièces représentées à l'Opéra-Comique de la Foire-Saint-Germain, (la *Rose*, le *Faux prodigue*, l'*Enrôlement d'Arlequin*, etc.). Mais tout cela était fort peu de chose pour un compositeur qui désirait ardemment écrire un grand opéra. Enfin, Voltaire, cédant aux sollicitations du fermier général La Popelinière, écrivit, en 1732, le poème de *Samson* pour le musicien dijonnais. Mais la Censure s'opposa à la représentation de cette pièce : l'Opéra ne put la jouer.

Ce fut l'abbé Pellegrin, un poète sans notoriété à qui Rameau s'était adressé en désespoir de cause, qui lui donna le livret d'*Hippolyte et Aricie*, et encore à la condition que le compositeur lui signerait un billet de cinq cents livres. On rapporte il est vrai que, lorsque la musique du premier acte fut terminée, l'abbé fut tellement enthousiasmé qu'il déchira le billet souscrit par Rameau. Cet ouvrage, représenté à l'Opéra en 1733, eut un grand succès et commença la réputation du compositeur dijonnais. Celui-ci, vivement applaudi, « sembla vouloir racheter par la rapidité de ses productions le temps qu'il avait dépensé pour se produire au théâtre. » Vingt-deux grands opéras ou opéras-ballets suivirent en effet *Hippolyte et Aricie*.

* * *

C'est de cette première œuvre dramatique de Rameau, remarque le biographe que nous avons déjà cité, « que l'opéra chez nous doit véritablement dater. Lulli s'était borné au récitatif; Rameau associa l'harmonie à la mélodie; il fit entendre des chants mieux caractérisés et plus brillants, des ouvertures, des chœurs admirables, des airs de ballets de tous les genres, variés à l'infini, et si parfaits que les Allemands et les Italiens les ont souvent transportés sur leurs théâtres. C'est de l'assemblage et de la juste proportion de toutes ces parties et du concours des autres arts que se composa désormais le magnifique spectacle de l'Opéra français...

» Rameau eut le sort des grands talents : l'envie et la médiocrité le persécutèrent d'abord avec acharnement. Parce que Lulli avait psalmodié les poèmes lyriques de Quinault, on accusait Rameau de détruire le bon goût du chant et d'avoir porté un coup mortel à l'Opéra français. Tous ses ouvrages furent amèrement critiqués, et ses partisans regardés comme hérétiques et presque comme mauvais citoyens. Lorsqu'ensuite la musique italienne fit des progrès en France, les ennemis les plus violents de Rameau passèrent de l'acharnement à l'admiration la plus aveugle, et, ne pouvant soutenir

Lulli, ils opposèrent le nom et la célébrité de Rameau aux partisans de la musique italienne. Depuis cette époque, tous les journalistes, et surtout ceux qui avaient le plus déchiré Rameau, imprimèrent une fois par mois qu'il était le premier musicien de l'Europe.

» Rameau ne méritait sans doute *ni cet excès d'honneur, ni cette indignité*..... Quoiqu'il en soit, il ne fit que marcher de succès en succès : il avait donné son premier opéra à cinquante-deux ans, âge où l'imagination d'ordinaire penche vers son déclin ; la sienne au contraire était alors dans toute sa force, et, ce qui étonne encore plus, elle se maintint sans faiblir durant près de trente années, qui furent toutes signalées par de nouvelles productions de ce génie brillant et fécond. »

Parmi les vingt-deux partitions de Rameau nous citerons plus particulièrement les *Indes Galantes*, jouées en 1735 ; *Castor et Pollux*, qui passe pour la plus belle, en 1737 ; *Dardanus*, en 1739 ; la *Princesse de Navarre*, en 1745 ; *Pygmalion*, en 1748 ; *Anacréon*, en 1754.

La musique de Rameau est savante et mélodieuse. Elle se distingue surtout en ce qu'elle n'appartient à aucune école. Le compositeur dijonnais avait un langage musical à lui : c'est ce qui lui valut sa renommée. Certes, comme le dit fort bien M. Th. Bachelet, « toute cette musique a vieilli ; mais on y trouve encore des scènes qui ont conservé leur fraîcheur, leur grâce ou leur énergie. Rameau occupe un rang distingué comme théoricien ; il trouva les lois de l'harmonie, comme Newton celles du système du monde, et son système de la *basse fondamentale*, bien que reconnu imparfait aujourd'hui, n'en fut pas moins une grande découverte. » Ses ouvrages théoriques eurent d'ailleurs l'honneur d'être deux fois solennellement approuvés par l'Académie des Sciences. On lit dans le second rapport : « Les lois de l'harmonie et de la mélodie, jusque-là assez arbitraires ou suggérées par une expérience aveugle, sont devenues une science géométrique, et à laquelle les principes mathématiques peuvent s'appliquer avec une utilité plus réelle et plus sensible. L'auteur, déjà célèbre dans la pratique de son art, a mérité par ses recherches et ses découvertes l'approbation et l'éloge des philosophes. »

Rameau est, avec Jean-Jacques Rousseau, l'auteur de presque tous les articles de musique de l'*Encyclopédie*. Les principaux écrits où il a traité de son art, outre le *Traité d'harmonie* dont nous avons déjà parlé, sont : *Nouveau système de musique théorique* (1726); *génération harmonique* (1737); *démonstration du principe de l'harmonie* (1750); *code de musique pratique*, et *nouvelles reflexions sur le principe sonore* (1760), etc.

« Outre les applaudissements du public, les récompenses, les honneurs de toutes sortes ne manquèrent point à Rameau : le roi avait créé pour lui la charge de compositeur de son cabinet; plus tard, il lui accorda des lettres de noblesse, et le nomma chevalier de Saint-Michel : — mais, — ajoutons ici ce nouveau trait de caractère, — Rameau, qui était fort avare de sa nature, ne voulut pas faire enregistrer ces lettres de noblesse, et se constituer en une dépense qui lui tenait plus au cœur que la chevalerie..... Il mourut plus qu'octogénaire, le 12 septembre 1764. L'Académie de musique lui fit célébrer à l'Oratoire un service solennel, dans lequel on avait adapté plusieurs morceaux pathétiques de ses compositions. Tous les habiles artistes de Paris voulurent prendre part à l'hommage funèbre rendu à ce grand homme. Jamais en France, disent les Mémoires, on n'avait entendu de musique exécutée avec plus de pompe et de perfection. »

VII. — Glück et Piccini.

« A ne considérer que la musique dramatique, la seule qui veuille la subordination de la musique à la parole, Glück a été jusqu'ici un des plus grands et peut-être le plus grand de tous les musiciens. Nul autant que lui n'a rehaussé par des accords l'expression de la poésie; il est ce que nous appelons aujourd'hui un artiste de sentiment, il est peut-être plus poète

que musicien. « L'imitation de la nature, disait-il, est le but
» commun que doivent se proposer le poète et le musicien :
» c'est aussi celui auquel j'ai tâché d'atteindre. J'ai voulu ré-
» duire la musique à sa véritable fonction, celle de seconder
» la poésie pour fortifier l'expression des sentiments et l'in-
» térêt des situations sans interrompre l'action et la refroidir
» par des ornements superflus. » On a beaucoup critiqué
cette théorie qui réduit la musique à n'être que l'accessoire
des paroles d'un opéra. Qu'elle soit juste ou non, Glück ne
l'appliquait évidemment qu'aux représentations théâtrales, et
c'est peut-être volontairement que, pour exceller dans cette
partie de l'art, il a limité son genre. » Telle est la façon élo-
gieuse dont un éminent critique d'art appréciait encore,
en 1861, la musique de Glück, l'illustre maëstro qui contribua puissamment à créer en France le grand opéra moderne.

Christophe GLUCK, connu sous le nom du *Chevalier Glück*,
était né en 1714 dans le Haut-Palatinat, sur les frontières
de la Bohême. Après avoir commencé à étudier la musique
à Prague et être devenu un habile virtuose sur le violoncelle,
il se rendit en Italie à dix-sept ans, et étudia la composition
sous le Père Martini. (Voir au chapitre consacré à Mozart.)

On raconte qu'un moine, en Bohême, qui avait entendu
l'enfant répéter un air de sa composition, lui prédit sa gloire
future. Quoiqu'il en soit, Glück ne produisit point de bonne
heure et ce fut en Italie qu'il donna ses premières compositions. Il écrivit tout d'abord « avec une facilité malheureuse une foule d'opéras (*Artaxerce*, *Démétrius*, la *Chute des
Géants*, etc.), qui eurent peu de succès et sont aujourd'hui
oubliés. Il comprit enfin que la musique doit avoir une
expression propre à la circonstance pour laquelle elle a été
composée, que la force du rhythme et de l'accent des paroles
est un puissant auxiliaire pour le musicien. A partir de ce
moment personne ne poussa plus loin la vérité musicale et le
pathétique des situations. »

Le Florentin Ranieri di Calzabigi, que Glück rencontra
dans un voyage à Vienne, comprit sa pensée, dit un des bio—

graphes de l'illustre musicien : il lui écrivit des opéras d'une contexture plus ferme et soutenus par des situations et par des caractères. Glück put développer librement sa puissance d'expression et faire de la musique une langue qui révélait des sentiments au lieu de s'adresser uniquement aux sensations. *Orphée* (1762) et *Hélène* (1769), composés d'après ce nouveau système, obtinrent un succès sans exemple : à Bologne, ils attirèrent un tel concours d'étrangers, que leurs dépenses, pour un hiver, montèrent à *neuf cent mille francs.* Le génie de Glück n'était pas seulement pour l'Italie une source de jouissances, mais de fortune.

Cependant l'illustre musicien pensait toujours à la France, dont la langue, moins efféminée, lui semblait, contre l'opinion générale, plus propre au chant dramatique ; il avait étudié cette langue à fond et en savait toutes les ressources.

Le bailli du Rollet, qu'il avait connu à Vienne, lui arrangea en opéra l'*Iphigénie* de Racine. Glück mit un an à en écrire la partition, et vint enfin à Paris en 1774.

Il avait, comme on le voit, soixante ans, et entreprenait à cet âge une révolution pour laquelle il avait à vaincre toutes les préventions, toutes les ignorances et toutes les habitudes. Il fallut la protection de Marie-Antoinette, qui avait pris de lui autrefois quelques leçons, pour faire jouer I*phigénie*. Le succès fut ce qu'il devait être. Le 2 août de la même année on donna *Orphée,* qui mit le génie du compositeur allemand hors de discussion.

Les répétitions générales d'*Orphée* et un peu plus tard d'*Alceste,* raconte Fétis, « furent les premières qu'on rendit publiques en France. L'affluence qui s'y porta fut immense; on fut obligé de renvoyer plusieurs milliers de curieux. Ces répétitions n'étaient pas moins piquantes par les singularités de l'auteur, ses boutades et son indépendance, que par la nouveauté de la musique. C'est là qu'on vit de grands seigneurs et même des princes s'empresser de lui présenter son surtout et sa perruque quand tout était fini; car il avait l'habitude d'ôter tout cela et de se coiffer d'un bonnet de nuit avant de commencer ses répétitions, comme s'il eût été retiré chez lui. »

Entre *Orphée* et *Alceste,* Glück donna deux petits opéras, l'*Arbre enchanté* et *Cythère assiégée,* qui ne furent, pour ainsi dire, que des intermèdes insignifiants. Le 23 avril 1776 parut *Alceste,* où le musicien fit encore preuve de plus de profondeur et de ressources que dans *Iphigénie.* Un auditeur, ayant entendu l'air : *Caron t'appelle,* fit remarquer qu'il était motivé par une seule note, ce qui lui donnait une sorte de monotonie terne.

— Il le faut, répondit Glück : dans les enfers, les passions s'éteignent, et la voix perd ses inflexions.

L'opéra d'*Alceste* était une grande et belle œuvre, qui ne fut nullement comprise alors du public parisien. C'était l'année où Mozart enfant était venu se faire entendre à Paris : ce jeune et précoce génie assistait à la première représentation. Attristé par la froideur du public, il vint, tout en pleurs, se jeter dans les bras de Glück.

— Ah! les barbares, s'écria-t-il; ah! les cœurs de bronze! que leur faut-il donc pour les émouvoir?

— Console-toi, petit, répondit Glück; dans trente ans ils me rendront justice.

. * .

Ce fut à cette même époque, en 1776, que le célèbre compositeur italien Piccini arriva en France et devint l'occasion de la guerre acharnée qui se déclara entre les *Glückistes* et les *Piccinistes.*

Nicolo Piccini, né en 1728 à Bari, dans le royaume de Naples, avait étudié à Naples sous Durante (voir au chapitre de Pergolèse) et Leo, deux des plus illustres chefs de l'école napolitaine du xviiie siècle. Léonard Leo (né à Naples en 1694 et mort en 1756), professeur au Conservatoire de Santo-Onofrio, qui eut pour élèves, outre Piccini, Traetta et Jommelli, est supérieur à Durante dans la musique d'église; il possède plus de charme et n'a pas moins de majesté que

PICCINI AVAIT TOUT ENFANT RÉVÉLÉ UN PRÉCOCE TALENT MUSICAL.
(p. 43.)

lui : son *Miserere* à deux chœurs est un chef-d'œuvre. Ses ouvrages dramatiques ont au plus haut degré le caractère expressif (*Sofomisbe*, 1718; *Caïo Graccho*, 1720; *Olimpiade*, 1724; *la Clemenza di Tito*, 1735; *Achille in Sciro*, 1740; etc., etc.).

Piccini avait tout enfant révélé, de la même façon que Haendel, un précoce talent musical en jouant sur un clavecin dans le palais de l'évêque de Bari. L'évêque était dans une pièce voisine. Surpris d'un talent si précoce, il voulut que l'enfant fût envoyé, non au séminaire comme ses parents en avaient l'intention, mais au Conservatoire. Ce fut grâce à cette circonstance que le jeune musicien entra à quatorze ans à l'école musicale de Santo-Onofrio.

Piccini avait déjà écrit cent trente partitions pour les théâtres de Rome et de Naples, lorsque la reine Marie-Antoinette l'appela à Paris en 1776, et l'opposa à Glück. Les opéras de Quinault, arrangés par Marmontel, ou *marmontélisés*, comme on disait alors, servirent de canevas à Piccini. Son *Roland*, exécuté en 1778, fut un triomphe, dit le biographe déjà cité plus haut. La cour et la ville se partagèrent entre les deux compositeurs. La reine, qui avait abandonné son ancien professeur pour le nouveau venu, soutenait la musique italienne, tandis que le roi s'était déclaré pour la musique allemande. On publiait des brochures pour et contre les deux écoles; on se battait en duel. Berton, alors directeur de l'Opéra, voulut réconcilier les deux chefs de parti dans un dîner qu'il leur donna. Glück et Piccini s'embrassèrent; mais, dès le lendemain, la guerre recommença. Enfin, ils acceptèrent une sorte de concours en traitant tous deux l'*Iphigénie en Tauride*; mais la sévérité du sujet était favorable à Glück, qui l'emporta. Dans cet opéra, on s'était étonné qu'après les fureurs d'Oreste, et lorsque celui-ci chante : *Le calme rentre dans mon cœur*, il y eût encore dans l'orchestre des murmures de basse et des glapissements de violons :

— Ne voyez-vous pas qu'Oreste ment quand il parle de calme? s'écria Glück : le malheureux a tué sa mère!

Piccinistes et *Gluckistes* montraient dans leurs querelles une animosité et une passion des plus vives. Des deux parts, chacun se refusait à reconnaître les mérites du compositeur rival de celui qui avait ses préférences. « Les détracteurs de Glück le faisaient loger rue *des Hurleurs;* ceux de Piccini indiquaient son adresse rue *des Petits chants.* »

Dans la salle de spectacle, pendant les représentations, de nombreuses épigrammes étaient constamment échangées entre les spectateurs des deux partis. Le *Journal de Paris,* (1777) nous a conservé un spécimen de ces conversations : « On donnait la semaine dernière à l'Opéra *Alceste,* tragédie de M. le chevalier Glück. Mlle Levasseur jouait le rôle d'Alceste : lorsque cette actrice, à la fin du deuxième acte, chanta ce vers sublime par son accent :

Il me déchire et m'arrache le cœur,

une personne s'écria :

« — Ah! Mademoiselle, vous m'arrachez les oreilles!

» Son voisin, transporté par la beauté de ce passage et par la manière dont il était rendu, lui répliqua :

» — Ah! Monsieur, quelle fortune si c'est pour vous en donner d'autres! »

Si encore on s'était borné à de semblables aménités, il n'y aurait eu que demi-mal, mais cet échange de traits d'esprit n'était que le prélude et trop souvent l'occasion de querelles sérieuses et de duels meurtriers, ainsi que nous l'avons vu plus haut.

Ces querelles étaient d'autant plus ridicules que les deux musiciens avaient l'un et l'autre un réel mérite. Glück était doué d'un génie qui fut universellement reconnu plus tard et Piccini possédait un remarquable talent. Ce fut le génie qui dut se retirer devant le talent : Glück céda la place et abandonna la France en 1780.

Piccini triomphait donc, lorsqu'il trouva un nouvel adversaire dans Sacchini qui, après avoir remporté de grands succès sur les principales scènes de l'Italie, de l'Allemagne et de l'Angleterre, arriva à Paris en 1782. Antoine-Marie-Gaspard SACCHINI (né à Pouzzoles en 1734), était comme

Piccini élève de Durante au Conservatoire de Santo-Onofrio, à Naples. L'empereur Joseph II l'avait recommandé à la reine Marie-Antoinette, qui l'accueillit à son tour et lui fit ouvrir les portes de l'Opéra. « Sacchini a mis beaucoup de charme dans ses airs : son instrumentation produit de beaux effets par des moyens fort simples. » On doit citer parmi ses opéras : *Sciprione in Cartagine*, 1770; *Chimène*, 1784; *Dardanus*, la même année; *Adipe à Colone*, 1785, etc. Il a écrit aussi une certaine quantité de musique religieuse qui se distingue par un style élégant, pur et gracieux. Sacchini mourut à Paris en 1786. Sa rivalité avec Piccini ne fut donc pas de longue durée, et le vainqueur de Glück demeura pour quelque temps à peu près seul possesseur de la scène française.

Piccini avait été nommé en 1782 directeur de l'Ecole de musique. La Révolution le priva de cette place. Il retourna alors en Italie. Mais, dit M. Th. Bachelet, « le Directoire le rappela en 1799 et lui fit une pension. Les plus beaux opéras français dont Piccini composa la musique sont : *Roland*, en 1778; *Atys*, en 1780; *Didon*, en 1783. Ses pièces italiennes (*Zénobie*, *Alexandre aux Indes*, la *Cecchina*, l'*Olympiade*), n'ont pas moins de mérite. Piccini a une grande élégance de formes, des mélodies touchantes, larges et pures, un style clair, abondant et facile, mais qui manque quelquefois de force et de chaleur. » Il est mort à Passy, en 1800.

Nous venons de voir que Piccini a composé un opéra intitulé *Roland*. Pendant qu'il y travaillait, Glück écrivait en même temps une partition sur le même sujet. D'où la conversation suivante échangée un jour au théâtre entre l'abbé Arnaud, *gluckiste* convaincu, et un *picciniste* qu'il avait pour voisin.

— Savez-vous, disait l'abbé Arnaud, que Glück achève la musique d'*Armide* et de *Roland?*

— De *Roland!* riposte son voisin; mais M. Piccini travaille actuellement à le mettre en musique!

-- Eh bien! répliqua l'abbé, tant mieux! Nous aurons un *Orlando* et un *Orlandino*.

Roland se dit en effet *Orlando* en italien ; et *Orlandino* en est le diminutif : c'était donc comme si l'abbé avait dit : nous aurons un *Roland* et un *Rolandinet*.

* * *

Nous avons vu plus haut que Glück était parti de Paris en 1780. Ses opéras qui devaient dans l'avenir rendre son nom immortel, lui avaient au moins assuré pour le présent une assez belle fortune. Il se retira à Vienne, y passa ses dernières années et y mourut le 15 novembre 1787.

Au peu d'éclat que jetèrent *Echo et Narcisse* et le *Siége de Corinthe* — les deux derniers des quarante-deux opéras de Glück, — « on put voir que le genre élégiaque et pastoral convenait moins à la trempe vigoureuse de son génie que les sujets où dominaient la terreur et les grandes passions. » Les réformes que Glück avait innovées, soutenues après son départ de France, d'abord par Suard et l'abbé Arnaud contre les *Piccinistes*, puis par Marmontel, La Harpe et Ginguené, finirent par triompher. L'auteur d'*Orphée* ne s'était donc point trompé lorsqu'il disait à Mozart : « *Dans trente ans ils me rendront justice.* »

Certes Glück, dans ses œuvres, n'est point arrivé d'emblée à la perfection, mais il a hardiment ouvert la voie à ses successeurs. « Nos opéras modernes ont plus de coloration dans l'instrumentation, plus d'ampleur dans le développement des pensées musicales ; ils n'ont pas cette grandeur d'expression et de style qu'on trouve dans les deux *Iphigénie* ou dans *Alceste*. Aucun compositeur n'a trouvé de mélodies plus tendres que celles d'*Armide* (1777) ou d'*Orphée*. L'ouverture d'*Iphigénie en Aulide*, le songe d'*Iphigénie en Tauride*, la scène des Enfers dans *Orphée*, la marche religieuse dans *Alceste*, sont des pages qui vivront certainement aussi longtemps que vivra la musique. Au souvenir de ces œuvres, il ne peut manquer de naître cette consolante pensée que, dans l'art musical, la mode, qui appelle au théâtre un public frivole, peut faire délaisser des chefs-d'œuvre ; mais qu'au foyer domestique, ce qui fut beau, ce qui émut jadis, restera éternellement beau pour tous les esprits cultivés. »

La musique étant le plus capricieux des arts, chaque compositeur a, pour ainsi dire, son procédé particulier, son secret pour se placer sous le charme de l'inspiration. Le procédé familier de Glück pour écrire ses partitions est sans contredit un des plus originaux et des plus bizarres. Il faisait transporter son clavecin au milieu d'une prairie : un vaste espace, le ciel découvert, la chaleur du soleil, et quelques bouteilles de Champagne, lui faisaient trouver les chants divins des deux *Iphigénies* et d'*Orphée*.

Son procédé était tout l'opposé de celui du compositeur italien Sarti (*voir au chapitre de Cherubini*), qui ne pouvait travailler que dans une salle immense, voûtée, obscure. Le silence de la nuit, la funèbre lueur d'une lampe accrochée au plancher, lui étaient indispensables pour qu'il trouvât les pensées solennelles qui forment le caractère de son style.

Quant à Sacchini, dont nous venons de parler un peu plus haut, il ne pouvait écrire une note s'il n'avait à ses côtés sa jeune femme, et si une famille de petits chats, qu'il affectionnait particulièrement, ne jouait près de lui. C'était très-sérieusement qu'il se disait redevable à leurs mouvements gracieux des chants les plus heureux de son *OEdipe à Colone*.

VIII. — Grétry.

André-Ernest-Modeste Grétry, né à Liége le 8 ou 10 février 1741, était le fils d'un pauvre musicien, violoniste à l'église collégiale de cette ville. Il n'avait pas encore sept ans, lorsque son père, qui voulait faire de lui un enfant de chœur, le confia à un maître de musique de sa collégiale, très-dur et fort sévère pour les enfants dont il avait la direction. Grétry a lui-même raconté plus tard toutes les souffrances qu'il endura à cette époque.

« Je ne me rappelle qu'avec peine, dit-il, tout ce que j'ai souffert pendant ce temps. Je faisais six voyages par jour, environ d'un mille, pour me rendre aux trois offices : j'eusse fait ce trajet avec joie; mais j'avais vu punir rigoureusement la moindre négligence, même involontaire, et la crainte de subir un pareil traitement me rendait mes devoirs insupportables : ce que je craignais arriva. Un jour que la pendule de mon père s'était arrêtée, j'arrivai trop tard aux matines, qui se chantaient entre cinq et six heures du matin. Je fus puni pour la première fois; on me fit tenir deux heures à genoux au milieu de la classe. Que de mauvaises nuits je passai ensuite! Cent fois le sommeil fermait mes yeux, et cent fois la frayeur m'éveillait. Je prenais enfin mon parti, et, sans consulter ni l'heure ni le temps, je me mettais en route souvent dès trois heures du matin, à travers les neiges et les frimas : j'allais m'asseoir à la porte de l'église, tenant sur mes genoux ma petite lanterne, à laquelle je réchauffais mes doigts. Je m'endormais alors plus tranquillement; j'étais sûr qu'on ne pourrait ouvrir la porte sans m'éveiller. »

Cette triste existence dura de la sorte près de cinq ans pour Grétry. Elle ne prit fin qu'à l'arrivée à Liége d'une troupe de chanteurs italiens qui vinrent y représenter les opéras de Pergolèse et de quelques autres compositeurs de l'Italie. Admis à l'orchestre, Grétry prit là, en un an, le goût passionné de la musique. Il fit dans cet art de rapides progrès et écrivit même un motet et une fugue sans avoir jamais étudié l'harmonie. Il chantait surtout avec une expression remarquable. Chacun, dans la ville où il passait pour un petit prodige, était désireux de l'entendre.

« Enfin un jour fut fixé pour satisfaire cette curiosité. Ce fut un dimanche; le motet qu'il chanta était un air italien, traduit en latin... Il eut à peine chanté quatre mesures que l'orchestre s'éteignit jusqu'au pianissimo, de peur de ne pas l'entendre; le succès fut inouï. Dès que le motet fut fini, chacun félicita le père du jeune artiste; on parlait si haut que l'office était interrompu. Grétry aperçut, dans ce moment, sa mère dans l'église : elle essuyait ses larmes, et il ne put retenir les siennes. Ce petit triomphe décida de son avenir. » Grétry demanda alors un maître de clavecin à son père, qui lui donna M. Renekin, célèbre organiste de Saint-Pierre, à Liége, avec lequel il commença à étudier l'harmonie.

Un peu plus tard, après avoir pris quelques leçons de composition avec un autre maître, Grétry s'avisa d'écrire une messe qui fut exécutée dans la cathédrale. Cette première œuvre du jeune compositeur lui valut une bourse au collége liégeois de Rome. Il avait dix-huit ans.

A Rome, il prit des leçons de contre-point avec Jean-Baptiste Casali (mort en 1792), maître de chapelle de Saint-Jean-de-Latran, dont la réputation était alors très-grande. Casali a d'ailleurs laissé beaucoup de musique religieuse.

Il étudia quatre ou cinq ans sous ce nouveau maître, lisons-nous dans une biographie de Grétry publiée en 1837, dont l'auteur remarque avec raison que « sa manière d'écrire l'harmonie dans ses ouvrages de théâtre, et son embarras visible en parlant de cette science dans ses *Essais sur la musique* (publiés en 1789 et 1797), prouvent que son temps fut assez mal employé. Ce n'était pas à être harmoniste qu'il était destiné ; son génie le portait à la musique dramatique. Grétry excellait à peindre les sentiments de l'âme ; mais la délicatesse de son organisation ne lui permettait pas de soutenir longtemps un sujet élevé.

« Dès qu'il eut fait entendre à Rome quelques scènes italiennes et quelques symphonies, le directeur du théâtre d'Aliberti le chargea de mettre en musique deux intermèdes intitulés *le Vendemmiatrice* (les Vendangeuses). Ils furent repris avec succès au carnaval de 1765, et le célèbre Piccini y applaudit parce que le jeune compositeur ne suivait pas la route commune.

» Depuis longtemps ses parents le pressaient de revenir à Liége. Une place de maître de chapelle vint à vaquer dans cette ville : Grétry envoya un morceau de musique pour le concours et obtint la place, mais ne put se décider à partir. »

En effet, il ne quitta Rome qu'un peu plus tard, le 1er janvier 1767, et ce ne fut point pour retourner dans sa ville natale. Il était demeuré neuf ans en Italie, et ne se résolut à l'abandonner qu'après avoir eu connaissance d'une partition de l'opéra-comique de Monsigny, intitulée *Rose* et *Colas.* « Charmé par la musique naturelle et gracieuse de ce compositeur et par le genre de l'ouvrage, il sentit presque tout à coup sa vocation : l'opéra-comique devint sa passion. Il vit que Paris seul pouvait être le théâtre de sa réputation. » Il se dirigea donc vers la capitale de la France, en passant par Genève, où il s'arrêta dans l'intention de voir Voltaire (qui demeurait tout près de là, à Ferney), et d'obtenir du grand écrivain le libretto d'un opéra-comique.

Voltaire accueillit fort bien le jeune musicien. Comme celui-ci, dès le début de sa visite, voulait s'excuser de la liberté qu'il avait prise de lui écrire et de lui demander de le recevoir, l'auteur de *Mahomet* et de *Zaïre* l'arrêta aussitôt et lui dit en lui serrant la main :

— Comment donc, Monsieur! j'ai été enchanté de votre lettre : on m'avait parlé de vous plusieurs fois; je désirais vous voir. Vous êtes musicien, et vous avez de l'esprit! Cela est trop rare, Monsieur, pour que je ne prenne pas à vous le plus vif intérêt. Mais, ajouta-t-il, je suis vieux et je ne connais guère l'opéra-comique, qui aujourd'hui est à la mode à Paris, et pour lequel on abandonne *Zaïre* et *Mahomet.*

Grétry attendit près d'un an à Genève un libretto que Voltaire ne se décida point à écrire. Il vivait dans cette ville en donnant des leçons qui lui procuraient une certaine aisance : il y fit même représenter un opéra-comique français, *Isabelle et Gertrude*, son premier essai en ce genre. Mais si Voltaire ne faisait pour lui aucun libretto, il lui donna du moins un bon conseil en l'engageant vivement « à aller directement au but, et à se rendre à Paris, *seul endroit*, disait-il, *pour aller promptement à l'immortalité.* » Grétry se laissa convaincre et, plein d'espoir et d'illusions, arriva bientôt dans la grande ville. Il avait alors vingt-huit ans.

Le compositeur s'aperçut bien vite qu'il ne lui serait pas aussi facile d'arriver à la célébrité qu'il le croyait en partant de Genève. Il avait beau frapper à toutes les portes, aucun auteur ne se souciait de travailler pour un musicien encore inconnu en France, et de confier la fortune d'un libretto à un compositeur qui ne s'était pas encore fait un nom susceptible de lui donner un accès assuré dans les théâtres. Tel a toujous été et tel est encore le sort des débutants. « Déjà le découragement s'emparait de lui lorsque, en 1769, Marmontel lui confia sa pièce du *Huron*; il en composa la musique en peu de temps; l'excellent acteur Caillaux en fut si satisfait qu'il fit toutes les démarches pour la réception. L'ouvrage eut un succès complet, et le compositeur, jusque-là délaissé, fut accablé de sollicitations pour mettre une foule de pièces en musique. La mélodie du *Huron* est agréable et facile, et déjà l'on y remarque le talent naturel de l'auteur pour l'expression des paroles; mais le peu d'élégance des formes musicales y est d'autant plus frappant que cet auteur arrivait d'Italie, où il avait passé neuf ans, à l'époque où Piccini, Jomelli et Galuppi produisaient des modèles de perfection en ce genre. »

Ce dernier maëstro (né en 1703 dans l'île de Burano, près de Vénise, mort en 1785), est un des compositeurs les plus originaux de l'Italie dans le genre comique. Ses opéras sont restés en manuscrit, ainsi que les œuvres qu'il composa pour l'église Saint-Marc, à Venise, dont il était maître de chapelle. Balthazar Galuppi fut également chef du Conservatoire *degli Incurabili* (des Incurables), et la czarine Catherine II l'appela en Russie pour diriger l'Opéra de Saint-Pétersbourg.

« Quelques mois après le *Huron* (5 janvier 1769), parut *Lucile*, où l'on trouve le quatuor si connu : *Où peut-on être mieux qu'au sein de sa famille?* — Vint ensuite le *Tableau parlant* (20 septembre 1769), qui a survécu à toutes les révolutions que la musique a subies depuis lors, et qui donna à Grétry le premier rang parmi les compositeurs français. »

En France, tant à l'Opéra-Comique qu'à l'Académie royale de musique, Grétry ne donna pas moins de quarante-quatre ouvrages « qui ajoutèrent presque tous à sa réputation. » Parmi toutes ces pièces, qui généralement obtinrent un très-grand succès, nous citerons : *Sylvain* et les *Deux Avares*, en 1770; *Zémire et Azor*, en 1771; l'*Ami de la maison*, en 1772; la *Rosière de Salency*, en 1774; la *Hausse Magie*, en 1775; les *Mariages Samnites*, en 1776; l'*Epreuve villageoise*, en 1783, etc. La renommée de Grétry augmentait à chacune de ses productions. *Le jugement de Midas* (1778); les *Evénements imprévus* et *Aucassin et Nicolette* (1779); et surtout *Richard-Cœur-de-Lion* (1784) « mirent le sceau à sa gloire. Dès lors il n'eut plus de rivaux en France pour l'opéra-comique.

» *La Caravane du Caire* (1783), *Panurge* (1785) et *Anacréon chez Polycrate* (1797), introduisirent à l'Opéra le genre bouffe ou de demi-caractère. Grétry était plus apte à traiter ce genre que celui de la tragédie : aussi, réussit-il complétement. Peu d'ouvrages ont eu le succès qu'ont obtenu ces opéras. C'est à cette époque qu'une nouvelle impulsion fut donnée à la musique par Méhul et par Cherubini; un nouveau genre s'introduisit sur la scène de l'Opéra-Comique : cette musique, d'une facture plus large, d'une harmonie plus riche, devint tout à coup à la mode, et fit oublier pendant quelques années le *Tableau parlant* et la *Fausse Magie*. Grétry fut très-sensible à cette disgrâce, à laquelle il ne s'attendait pas. Il n'aimait pas la musique nouvelle, mais il regrettait que des études plus fortes ne lui permissent pas de lutter avec ses nouveaux adversaires.....

» La musique de Grétry était à peu près oubliée lorsque le fameux chanteur Elleviou entreprit de la remettre à la mode, et de la substituer aux grandes conceptions harmoniques alors en vogue, et qui n'étaient pas de nature à faire briller ses facultés personnelles. (Jean Elleviou, né à Rennes en 1771, était arrivé à la réputation vers 1801 au théâtre Feydeau. Plutôt bon comédien que grand chanteur, il avait néanmoins une voix de ténor pleine et agréable. Sa diction était vive et naturelle, son jeu spirituel et franc. Il est mort en 1842). Le talent dont Elleviou fit preuve dans *Richard*, l'*Ami de la maison*, le *Tableau* et *Zémire et Azor*, fut tel qu'on ne voulut plus voir que ces ouvrages. Depuis lors, les œuvres de Grétry n'ont cessé de plaire au public français, jusqu'à la nouvelle révolution opérée dans la musique dramatique par Rossini, Meyerbeer et leurs écoles. »

Membre de l'Institut, Grétry avait acheté l'*Ermitage* où avait demeuré Jean-Jacques Rousseau à Montmorency. Il y passa ses dernières années et y mourut le 24 septembre 1813.

Paris lui fit de magnifiques et pompeuses funérailles. Le cortége s'arrêta devant les deux théâtres lyriques et fit aussi une station devant le Théâtre-Français. On prononça des discours, et le soir même on exécuta, au théâtre de l'Opéra-Comique, une sorte d'apothéose musicale en son honneur.

« Grétry a été surnommé le *Molière de la Musique* : il possède le naturel, la grâce, l'expression vive et vraie, l'accent comique du langage musical; mais son instrumentation est nue, et son harmonie parfois incorrecte. » (*Th. Bachelet.*)

Ce qui a pu contribuer — remarque avec raison le biographe cité plus haut, dont le travail consciencieux nous a déjà beaucoup servi et à qui nous allons encore emprunter les anecdotes qui vont suivre. — à empêcher Grétry de suivre les progrès de l'art musical, c'est le dédain qu'il avait pour toute autre musique que la sienne, dédain qu'il ne prenait même pas la peine de dissimuler. Un de ses amis entrait chez lui en fredonnant un motif.

— Qu'est-ce que cela?... demanda-t-il.

— C'est, lui répond son ami, un rondeau de cet opéra que nous avons vu l'autre jour dans votre loge.

— Ah! oui, je m'en souviens; ce jour où nous sommes arrivés trop tôt à *Richard*.

Grétry aimait l'adulation; et, tout en rendant hommage au talent de ses confrères, leurs succès le contrariaient. Il était souvent livré à une humeur noire qui le rendait impatient et dur. Un jour, un artiste était chez Grétry; c'était en hiver. Comme à son ordinaire, il était assis dans un fauteuil près du feu, s'occupant peu des personnes qui étaient derrière lui. On annonça madame la comtesse de M..., femme de l'ambassadeur d'une cour étrangère. Il la laisse entrer, et, presque sans se déranger, il demande à cette dame ce qu'elle désire. Etonnée de cette réception, elle lui dit qu'elle venait solliciter son suffrage pour un protégé, homme de mérite, à qui elle portait le plus grand intérêt, et qui devait sous peu de jours être présenté à l'Institut.

— Je ne le connais que très-peu, répondit-il sèchement; mais, protégé par vous, Madame, et sans doute par la cour, il peut se passer de mérite; il y en a tant comme lui à l'Institut, que mon suffrage lui serait inutile; cependant, Madame, je verrai, et j'agirai suivant ma conscience : voilà tout ce que je puis vous promettre.

La dame sortit. Ne le voyant pas se lever, l'artiste témoin de cette scène crut de son devoir d'accompagner cette dame jusqu'à sa voiture.

— Il n'est pas poli, M. Grétry, lui dit-elle en descendant; il est peu galant auprès des dames.

L'artiste excusa Grétry de son mieux et remonta.

— D'où viens-tu donc? lui dit le maître de la maison; — de reconduire la comtesse, sans doute? Cela ne te regardait pas : elle sait le chemin de mon appartement, car voilà trois fois qu'elle vient; et si je ne l'ai pas mieux reçue, j'ai eu mes raisons pour cela. Je n'aime pas cette dame; c'est un pilier des *Bouffes*. Dernièrement, j'étais à *Feydeau*; on y jouait *Lucile* (l'opéra de Grétry) : elle n'a pas applaudi une seule fois.

Grétry était cependant compatissant et charitable, et donnait beaucoup aux pauvres. Dans ses promenades journalières, il s'arrêtait avec plaisir pour faire des aumônes. Son appartement était modeste et meublé à l'antique : il n'avait pour instrument qu'une espèce de clavier nommé *épinette*, qui, ainsi que l'écritoire dont il se servait, avait appartenu à Jean-Jacques Rousseau.

— Si Jean-Jacques a fait là-dessus son *Devin du village*, disait-il, j'y ai composé, moi, plusieurs opéras. On fera cas un jour de ce mauvais instrument.

Il fut en effet vendu fort cher après sa mort.

IX. — Haydn.

François-Joseph HAYDN, né en 1732, était l'aîné de vingt enfants de Mathias Haydn, établi charron dans un petit village de l'Autriche nommé Rohrau et situé à quinze lieues de Vienne. Son père joignait aux revenus que lui procurait sa profession quelques autres petits profits en remplissant les fonctions de sacristain et d'organiste. De la sorte François-Joseph fut initié à la musique pour ainsi dire au sortir du berceau. Il montra d'ailleurs dès sa plus tendre enfance un goût très-prononcé pour cet art. Ses parents, pour se délasser et se distraire, avaient l'habitude, assez générale en Allemagne, de passer la plus grande partie des dimanches et jours fériés à faire de la musique. D'ordinaire la mère chantait et le père l'accompagnait avec la harpe. Quant à François-Joseph, à peine âgé de cinq ans, il prenait deux morceaux de bois, figurant l'un un violon et l'autre l'archet, et se mettait à jouer lui aussi de cet instrument imaginaire en marquant la mesure de la tête et des pieds.

Un jour, le charron reçut la visite d'un parent, nommé Franck, maître d'école à Haimbourg et en même temps excellent musicien. Celui-ci, frappé de ce sentiment inné de la musique dont faisait preuve le jeune Haydn, offrit aux parents de se charger de l'éducation de l'enfant et de lui enseigner les principes de l'art pour lequel il montrait un goût aussi vif.

L'offre fut acceptée avec empressement et François-Joseph partit avec son cousin. Celui-ci le traita très-sévèrement mais s'occuppa sérieusement de son instruction. Aussi, à huit ans, l'enfant savait lire et écrire, connaissait un peu de latin, enfin commençait à chanter avec goût et à jouer du violon et de plusieurs autres instruments : c'était lui qui remplissait l'office de timbalier quand on exécutait des morceaux de musique à grand orchestre.

Mais la médaille avait un revers pour le jeune musicien, et un revers parfois douloureux. Son cousin lui administrait de fréquentes corrections manuelles, système d'éducation fort en usage à l'époque. Haydn le raconte lui-même plus tard : j'étais, dit-il, « encore plus battu que je ne battais mon instrument ; et chaque jour, à l'école, mes camarades et moi recevions plus de corrections que de bons morceaux. »

Sur ces entrefaites, Reuter, maître de chapelle de la cathédrale de Saint-Etienne à Vienne, vint à passer par Haimbourg. Il entendit chanter l'enfant, remarqua sa voix pure et sonore et obtint de Franck de l'emmener avec lui. Quelques jours plus tard, Haydn était installé à la maîtrise de Saint-Etienne en qualité d'enfant de chœur.

Là encore il continua à montrer de plus en plus de goût pour la musique. Il n'avait que treize ans lorsqu'il s'avisa de composer une messe. Tout fier de son œuvre, l'apprenti-compositeur s'empresse d'aller la montrer à son maître. Reuter, sans même vouloir regarder la partition, se borne à lui répondre tranquillement que, *avant de composer, il fallait apprendre à écrire*. Cette réponse refroidit singulièrement l'enthousiasme de l'adolescent mais, fort heureusement, excita son ardeur à l'étude. Ce fut pour lui un coup de fouet salutaire; il sut profiter de la leçon. Son père venait de lui envoyer six florins destinés au raccommodage de son habillement : François-Joseph les employa à l'achat du *Gradus ad Parnassum* de Fux et du *Parfait maître de chapelle* de Mattheson. Ces deux ouvrages devinrent l'objet de ses constantes études.

Jean-Joseph Fux, né en Styrie en 1660, pendant quarante ans maître de chapelle de la Cour de Vienne, était l'auteur de quelques opéras et de plusieurs morceaux de musique d'église : outre son *Gradus*, publié à Vienne en 1725, il a laissé un *Traité classique du contre-point et de la fugue.*

Jean Mattheson, né à Hambourg en 1681 et mort en 1764, a publié un grand nombre d'écrits relatifs à la musique, dans lesquels il montra un immense savoir mais sans sérieuse méthode. Durant sa longue existence, il écrivit huit opéras, vingt-quatre oratorios et de nombreuses pièces instrumentales et vocales.

* * *

Lorsque Haydn eut seize ans, sa voix mua, ce qui lui rendit le chant momentanément impossible : il songeait déjà à quitter la cathédrale où il chantait depuis huit ans, quand son départ fut précipité d'une façon assez bizarre.

A cette époque, la mode était pour les hommes de porter les cheveux longs et rejetés en arrière de la tête où ils formaient une petite queue nouée par un ruban. Or, un jour que Haydn, possesseur d'une paire de ciseaux neufs, les essayait machinalement sur tout ce qui se trouvait à sa portée, il eut à passer derrière un de ses camarades et ne trouva rien de mieux que de couper l'extrémité de la queue qui ornait la tête de celui-ci. Saisissant immédiatement le prétexte de cette espièglerie, Reuter chassa Haydn sans délai et le mit sur le pavé. On était en novembre, et le temps était affreux.

Voilà notre héros bien embarrassé. Il était sans argent et n'osait aller raconter son renvoi à personne. Honteux et confus, il passa la nuit à errer dans les rues de Vienne : quand vint le jour, il était transi et grelottant de froid. Fort heureusement qu'il fut rencontré dans ce piteux état par Keller, un perruquier de sa connaissance, à qui il dut avouer sa faute et son renvoi de la maîtrise. Keller avait bon cœur : il offrit à Haydn l'hospitalité dans sa maison et le logea dans une mansarde où celui-ci vécut pendant quelque temps.

Dès qu'il eut le gîte assuré, Haydn chercha courageusement à gagner de quoi vivre afin de ne pas demeurer à la charge de son hôte. Tout en continuant seul ses études, il alla jouer du violon dans une église, chanter dans une autre et tenir l'orgue dans la chapelle d'un grand seigneur. Il donna également quelques leçons de chant et de clavecin et fut ainsi chargé d'être le professeur de musique de sa nièce par le poète italien Metastase, alors logé dans la même maison que lui. Par Metastase, Haydn fut présenté à Corner, ambassadeur de Venise à la Cour impériale, et à la comtesse de Thun, qui devinrent ses protecteurs et le tirèrent de la misère.

Ce fut à peu près à cette époque que Haydn s'était résigné, dit-on, à servir quelque temps comme laquais le vieux Porpora, dont il endurait patiemment les injures, afin d'apprendre de lui les principes de l'art du chant et ceux d'une harmonie pure et correcte. PORPORA, né à Naples en 1687, avait un caractère détestable et personne ne voulait rester à son service : c'était pourtant un des plus savants musiciens de l'école napolitaine. Les plus grands chanteurs du xviiie siècle se formèrent à son école et le compositeur allemand Hasse vint suivre ses leçons. Porpora est l'auteur de plus de cinquante opéras, bien oubliés aujourd'hui, mais dont plusieurs obtinrent beaucoup de succès du vivant du maëstro, dont le style sévère convenait cependant mieux à l'église qu'au théâtre. Dans les dernières années de sa vie, Porpora retourna en Italie, où il mourut dans une extrême misère en 1767. Le vieux maître napolitain fut le seul dont Hayd reçut quelques leçons de composition.

Dès que celui-ci se sentit soutenu par de puissants protecteurs, il publia quelques sonates composées pour ses élèves : mais il n'en tira aucun profit, car il les donnait gratuitement aux éditeurs. La comtesse de Thun, trouvant du talent dans ces productions, avait pris leur auteur pour maître de chant et de clavecin. D'autres dames de la cour suivirent son exemple, et Haydn se trouva lancé. Il avait dix-neuf ans.

Un soir, le jeune compositeur alla exécuter une sérénade sous les fenêtres du célèbre Kurtz, qui dirigeait alors le théâtre de la Porte de Carinthie. Celui-ci se montra charmé de son talent et lui offrit d'écrire pour le théâtre. Il lui confia dans ce but le livret du *Diable boiteux*, opéra-comique qui fut joué peu après et obtint un grand succès. Alors les productions de Haydn se succédèrent avec rapidité : elles consistèrent surtout en sonates pour clavecin et en petites pièces pour quatre, cinq et six instruments.

Les succès du compositeur le firent, vers 1758, choisir par le comte de Mortzin pour remplir chez lui les fonctions de second maître de chapelle. Ce fut pour ce grand seigneur qu'il écrivit, au commencement de 1759, sa première symphonie en *ré*.

Un jour le vieux prince Antoine Esterhazy, assistant à un concert chez le comte de Mortzin, fut tellement enchanté de cette symphonie qu'il pria le comte de lui céder son maître de chapelle; — ce qui fut fait. Mais Esterhazy était prince : son caprice du moment une fois satisfait, il oublia Haydn, qui vécut pendant quelques mois au milieu du personnel de sa maison sans recevoir de lui le moindre encouragement.

La façon dont le prince se ressouvint de *son musicien* est assez curieuse. Ce fut le jour anniversaire de sa naissance. Haydn avait écrit à cette occasion sa quatrième symphonie en *ut* qui fut jouée pour la première fois ce jour-là. Après l'exécution, le prince demanda le nom du compositeur au chef d'orchestre.

— C'est Haydn, lui répondit celui-ci en lui présentant le jeune protégé qu'il avait oublié.

— Quoi! ce que je viens d'entendre est de ce Maure ! — s'écria le prince en regardant Haydn qui avait en effet le teint basané. — Puis, s'adressant directement à l'auteur de la symphonie, il ajouta aussitôt :

— Mais je me rappelle ton nom ; tu es déjà de ma maison. Comment se fait-il que je ne t'aie jamais vu?...

Et comme Haydn, intimidé et ahuri, balbutiait quelques paroles inintelligibles :

— Va vite t'habiller en maître de chapelle, reprit le prince : je ne veux plus te voir avec le costume que tu as là; il te va mal; tu es trop petit, trop maigre, mon garçon. Il te faut un habit neuf, la perruque à boucles, le rabat, des talons rouges aussi hauts que possible pour que ta taille réponde à ton talent. Tu m'as entendu : va, on te fournira tout ce qui sera nécessaire.

Telle fut la façon dont Haydn devint, en 1759, le maître de chapelle du prince Antoine Esterhazy. Lorsque celui-ci mourut, deux années plus tard, le compositeur demeura au service de son fils, Nicolas Esterhazy.

Ce fut à peu près à cette époque qu'il épousa la fille de Keller, le perruquier qui l'avait recueilli lors de son renvoi de la cathédrale. Mais ce mariage ne fut pas heureux. Haydn dut se séparer de sa femme, à qui il paya une pension : il se consacra alors entièrement à son art et ne vécut que pour lui. Sa renommée commençait déjà à s'étendre à l'étranger et à devenir européenne ; cependant ses premières symphonies ne datent que de 1766.

* * *

Haydn, dont la vie était devenue calme et le travail facile depuis son entrée chez le prince Esterhazy, alla par deux fois à Londres, en 1791 et 1793, jouir dans cette capitale de la gloire qui entourait son nom dans toute l'Europe. Puis, deux ans plus tard, en 1795, arrivé à l'âge de soixante-deux ans, il demanda au prince sa retraite, qui lui fut accordée avec les plus grands égards.

Il acheta alors une petite maison avec un jardin dans un faubourg de Vienne, sur la route de Schœnbrünn, s'y retira et y vécut jusqu'à sa dernière heure. Ce fut là qu'il consacra deux ans à écrire son oratorio de la *Création*, ce chef-d'œuvre qui fit aussitôt son tour d'Europe et fut exécuté à l'Opéra de Paris, par trois cents musiciens, le 24 décembre 1800. C'est même en allant à cette solennité musicale que Napoléon Ier faillit périr par l'explosion d'une machine infernale préparée sur un point du trajet qu'il devait faire pour s'y rendre. — Haydn, qui était déjà associé de l'Institut de France, reçut alors une médaille d'or de l'empereur.

A partir de cette époque, les facultés intellectuelles du

maître s'affaiblirent graduellement. Une fois même qu'il ne put pas terminer un quatuor qu'il avait commencé, il écrivit ces quelques mots à la place des notes absentes : « *Mes forces m'ont abandonné... Je suis vieux et faible...* » Le vertige le prenait à son piano : il dut cesser de travailler.

Vers la fin de sa vie, un concert pour exécuter son grand morceau de *la Création* ayant été organisé à Vienne, Haydn fut transporté dans un fauteuil à la salle du concert. Toute la noblesse de Vienne assistait à cette solennité musicale. La princesse Esterhazy se leva de sa place et alla le saluer à son entrée, puis l'orchestre commença aussitôt. Mais une telle marque de déférence pour son génie et les témoignages de sympathie dont il était entouré lui causèrent une émotion trop forte : il se trouva mal de joie, et l'on dut l'emporter.

En 1809, lors de l'invasion du territoire autrichien par les troupes françaises, Haydn demeura sous le coup d'une peur continuelle. Au mois de mai, lorsque Napoléon vint assiéger Vienne, sa peur redoublait à chaque coup de canon qu'il entendait, et cela malgré toutes les assurances de sécurité pour sa personne que l'empereur des Français avait tenu à lui faire donner.

Le 26 mai, Haydn, toujours tremblant, se fit porter à son piano pour la dernière fois : il mourut presque aussitôt. Il avait soixante-dix-sept ans.

Le maître laissa une fortune de plus de cent mille francs qui revint en grande partie à un neveu, maréchal-ferrant à Rohrau.

Haydn, dit M. Th. Bachelet, « est un des plus grands musiciens des temps modernes ; il a développé toutes les richesses de la musique instrumentale. Sa pensée est toujours simple, claire, élégante. Il a écrit cinq opéras allemands et quatorze opéras italiens, mais le sentiment dramatique y est faible. Haydn a plus d'élévation dans la musique d'église : on a de lui dix-neuf messes, deux *Stabat*, deux *Te Deum* et une grande quantité de morceaux détachés. Ses oratorios, — les *Sept paroles de J.-C.*, la *Création du monde*, les *saisons*, — le placent à côté de Haendel. Il est des premiers pour les compositions instrumentales, symphonies, quatuors, concertos, sonates, etc. »

Haydn, on le voit, aborda tous les genres de composition musicale. De plus, il fut le créateur de la symphonie.

* * *

La statue de l'auteur de *la Création* a, en 1865, été élevée sur l'une des places de Vienne. A cette occasion eut lieu la singulière révélation suivante, relative aux restes mortels du grand compositeur :

Lorsque, en 1820, le prince Paul Esterhazy obtint l'autorisation d'exhumer les restes mortels de Haydn, et de les faire transporter dans une de ses propriétés, on s'aperçut que le cadavre était mutilé ; la tête manquait, et pendant longtemps toutes les recherches faites pour la retrouver n'ont eu aucun résultat.

Voici ce qui s'était passé : M. Peter, directeur de la maison de correction de la basse Autriche, était un partisan zélé de la phrénologie. Il ne put résister à la tentation d'ajouter la tête de Haydn à celles qu'il avait déjà dans sa collection. Il parvint à corrompre le fossoyeur, et, huit jours après l'enterrement, il se rendit au cimetière, accompagné de Karl Rosenbaum et de deux autres personnes : il déterra le cercueil, coupa la tête et l'emporta. Après lui avoir fait subir les préparations nécessaires, il la plaça dans une caisse élégante, et, quelques années plus tard, il fit don de la tête à Karl Rosenbaum.

C'est vers cette époque qu'eut lieu l'exhumation. Les soupçons s'étaient portés sur M. Peter. Celui-ci n'hésita pas à déclarer que le détenteur actuel de la tête de Haydn était M. Rosenbaum.

Ce dernier, prévenu qu'on allait faire chez lui une visite domiciliaire, cacha la précieuse caisse sous les matelas d'un lit sur lequel il fit coucher sa femme qui feignit d'être indisposée au moment de la visite.

Cependant le prince Esterhazy ayant insisté pour obtenir que la tête de Haydn fût restituée, M. Rosenbaum envoya une tête qui, après examen, fut reconnue pour être celle d'un homme d'une vingtaine d'années, ce qui donna lieu à de nouvelles réclamations. Cette fois, M. Rosenbaum parut céder : il envoya une nouvelle tête qui, après examen et constatation, fut placée dans le tombeau du grand compositeur.

Toutefois Rosenbaum ne s'était pas dessaisi de son trésor : par son testament il le légua à M. Peter, qui le conserva encore longtemps et qui finit à son tour par le léguer à son médecin. Celui-ci a remis le précieux dépôt au Conservatoire de Vienne, où la tête de Haydn se trouve actuellement.

***

Nous ne voulons pas terminer ce chapitre consacré à François-Joseph HAYDN sans mentionner à la suite du glorieux symphoniste l'un de ses frères, Jean-Michel Haydn, né en 1737 et mort en 1806, qui lui ausssi acquit une certaine célébrité comme compositeur et surtout une grande habileté comme organiste. Les compositions de Jean-Michel sont exclusivement consacrées au genre religieux.

X. — Pergolèse et Monsigny.

Suivant plusieurs biographes, Jean-Baptiste PERGOLÈSE est né à Jesi, dans la province d'Ancône, en 1710, et est mort à vingt-six ans : sa famille était illustre, mais tombée dans la misère. D'autre part, « Jean-Baptiste JESI, surnommé PERGOLÈSE, serait né à Pergola, petite ville du duché d'Urbin, à quelques lieues de Pesaro, en 1707, » serait mort en 1739, à trente-deux ans, et l'on aurait peu de renseignements sur ses parents, de pauvres gens, — selon une autre version à laquelle se range M. Amédée Méreaux qui résume de la façon suivante la vie et l'œuvre de l'illustre artiste italien :

« La vie de Pergolèse fut courte, malheureuse et mélancolique. Il semble que toute son âme se soit reflétée dans les accents puissants, dramatiques et désolés du premier verset de son *Stabat* et dans le verset du même ouvrage *Quando corpus*. Les passions abrégèrent son existence dont les souffrances physiques assombrirent les dernières années. Doué de l'organisation la plus délicate, il était destiné à comprendre tous les styles et à exceller dans tous les genres; la science n'avait pas de secrets pour lui. Sa fécondité mélodique était riche et abondante; il avait à un haut degré le sentiment dramatique pour l'opéra sérieux aussi bien que pour l'opéra bouffe, comme le prouvent son *Olympiade*, sa cantate d'*Orphée* et sa *Serva padrona*. Quant au caractère de la musique religieuse, peu de compositeurs l'ont compris avec autant d'élévation et de touchante expression dans la pensée, dans la forme et dans le coloris harmonique. Son *Stabat* et son *Salve Regina*, ses derniers ouvrages, sont des modèles achevés de composition religieuse. »

**

Si l'on n'a aucune certitude au sujet de la date de la naissance de Pergolèse et de la situation de sa famille, il est cependant un fait certain, c'est que l'enfant fut amené à Naples à l'âge de dix ou douze ans et abandonné dans cette ville par ses parents. Recueilli par charité au Conservatoire *dei Poveri di Gesu-Cristo* (des Pauvres de Jésus-Christ), l'enfant montra de telles dispositions pour la musique que plusieurs personnages de la ville s'intéressèrent bientôt vivement à lui. Grâce à sa remarquable précocité, il trouva de puissants et dévoués protecteurs, surtout dans deux familles nobles, les Siggliano et les Maddaloni, qui le firent admettre aux cours du Conservatoire de San-Onofrio.

DÈS L'AGE DE TREIZE ANS, PERGOLÈSE JOUAIT SUR LE VIOLON DES MORCEAUX QU'IL
AVAIT COMPOSÉ LUI-MÊME. (P. 65.)

Dès l'âge de treize ans, Pergolèse jouait sur le violon des morceaux qu'il avait composés lui-même sans maître, et où se trouvaient des difficultés qui étonnèrent les professeurs du Conservatoire. Un peu plus tard, après avoir commencé à recevoir les leçons de Gaëtano Grecco, contre-pointiste savant et élève du célèbre Alessandro Scarlatti (1), il allait à l'église de Saint-Philippe, voisine du Conservatoire, et il y jouait sur l'orgue de ravissantes sonates.

Ce fut pendant son séjour au Conservatoire que, d'après M. Méreaux, le surnom de *Pergolèse* fut donné par ses camarades au jeune musicien, du nom de sa ville natale. « Pergolèse dut à l'enseignement classique de Grecco, qui lui transmit la précieuse tradition de Scarlatti, le sentiment d'harmonie pure et élégante, l'emploi facile et bien approprié des formules scientifiques et la vérité dramatique, qui sont le cachet distinctif de sa manière. »

Il reçut également, dit-on, des leçons de François Durante (né à Naples en 1693, mort en 1755), élève lui aussi d'Alessandro Scarlatti, et qui eut à son tour pour élèves — outre Pergolèse, — Duni, Traetta, Vinci, Jomelli, Piccini, Sacchini, Guglielmi et Paisiello. Maître de chapelle au Conservatoire de San-Onofrio, Durante ne travailla point pour le théâtre; il n'écrivit que de la musique religieuse. Son style « est sévère, son harmonie très-pure, ses modulations savantes et naturelles à la fois, ses motifs simples et développés avec art. » Le

(1) Alexandre Scarlatti, né à Trapani en 1650, mort en 1725, « fut un homme de génie et l'un des musiciens les plus instruits dans l'art d'écrire : il possédaaussi un rare talent sur le clavecin et sur la harpe. Il a écrit plus de cent opéras, plusieurs oratorios, et beaucoup de musique de chambre et d'église. Les plus belles compositions dramatiques de Scarlatti sont *Teodora*, 1693; *Il figlio delle serve*, 1702; *Il Medo*, 1708; *Il Tigrane*, 1715. » (Th. Bachelet.)

Son fils Dominique Scarlatti, né à Naples en 1683, mort à Madrid en 1757, devint le plus grand harpiste de l'Italie.

Enfin un autre membre de cette famille obtint une célébrité méritée à la suite de son père et de son grand-père · Joseph Scarlatti, fils de Dominique, fut très-habile maître de clavecin, écrivit plusieurs opéras, dont un, *Il Mercato di Malmantile* (1757), obtint un immense succès. Joseph était né à Naples en 1718 ; il mourut à Vienne en 1776.

Conservatoire de Paris possède une collection complète de ses œuvres d'église.

Pergolèse débuta à vingt et un ans par un oratorio, *San-Guglielno d'Aquitania* (Saint Guillaume d'Aquitaine), magnifique partition qui obtint le plus grand succès. La même année, il se livra à la composition théâtrale et donna *la Sallustiana*, drame dont on admire l'orchestration originale et savante, puis une autre partition; mais ni l'une ni l'autre ne réussit. A la suite de ces deux insuccès, il s'éloigna momentanément du théâtre et écrivit de la musique instrumentale ou religieuse. Mais en 1730 il reprit courage et donna l'opéra-bouffe de la *Serva padrona* (la Servante maîtresse), chef-d'œuvre de mélodie, de grâce et d'esprit, qui lui valut enfin un succès complet.

Joué à Paris par les bouffons italiens peu de temps après avoir été acclamé à Naples, cet ouvrage, dit M. Amédée Méreaux, « fit la plus vive impression, et, en effet, c'est un chef-d'œuvre. Elégance de mélodie, esprit scénique, verve musicale, tout ce qui constitue ce genre charmant de la comédie musicale dont Cimarosa et Rossini semblent avoir dit les derniers mots dans *il Matrimonio Segreto* et dans *il Barbiere di Siviglia*, se trouve indiqué et déjà largement formulé dans cette jolie partition. La science s'y cache sous l'indépendance de l'inspiration, car si Pergolèse était un homme de génie, c'était aussi un savant musicien; c'est même à cette science latente, mais qui féconde et vivifie l'imagination, que son œuvre doit la portée artistique qu'elle a eue, l'influence qu'elle a exercé et la puissance créatrice qui lui a assuré jusqu'à nos jours la gloire incontestée d'avoir donné naissance à l'opéra-bouffe de l'école italienne et à l'opéra-comique de la scène française. »

Pergolèse donna encore à Naples quelques autres opéras sérieux ou bouffes : *il Prigioniero Superbo, Adriano in Siria, il maestro di Musica, il geloso Schernito,* etc. Toutefois ces dernières œuvres furent plus froidement accueillies. Mais laissons la parole à M. Amédée Méreaux :

« En 1734, Pergolèse, dégoûté de la scène, accepta les fonctions de maître de chapelle de l'église de Notre-Dame-de-Lorette. Comme on commande rarement à sa destinée, il fit encore une tentative dramatique, ou, pour mieux dire, il fit un nouveau chef-d'œuvre, l'*Olympiade*, opéra sérieux, qui renferme un air d'expression demeuré célèbre. Mais cette fois la mauvaise étoile du maëstro eut fatalement son influence, et l'*Olympiade*, représentée à Rome sur le théâtre Tordinone, éprouva une chute complète dont elle se releva, il est vrai; mais plus tard et après la mort de l'auteur.

» Pergolèse retourna à son poste de Notre-Dame-de-Lorette, et, renonçant pour toujours au théâtre, il résolut de se livrer exclusivement à la musique d'église. Sa santé, prématurément affaiblie, lui fit quitter ses fonctions de maître de chapelle : atteint d'une maladie de poitrine, il essaya de changer de climat et se retira à Pouzzole, au bord de la mer, près de Naples. C'est dans cette retraite qu'il écrivit son *Stabat*, devenu si célèbre; sa cantate d'*Orphée*, belle et noble composition; et un *Salve Regina*, son chef-d'œuvre peut-être. Enfin, en 1739, à l'âge de trente-deux ans, il mourut. C'est ainsi que s'éteignit, bien jeune, ce beau génie qui, en si peu d'années, s'est fait une des plus pures illustrations de l'Italie. »

Ce fut la phtisie pulmonaire qui emporta Pergolèse une année environ après son retour de Rome; mais la santé du maëstro était en outre bien altérée par le travail, par le chagrin et par les privations, car il fut toujours pauvre. « Le caractère distinctif de Pergolèse est la mélodie et la vérité : les rigoristes lui reprochent d'avoir introduit dans la musique d'église l'élément dramatique et mondain. »

* * *

Nous avons relaté plus haut le succès qu'avait obtenu *la Serva padrona* à son apparition à Paris. Après le départ de ses interprètes italiens, cette pièce « n'en resta pas moins en possession de la scène française. Traduite par Baurans, elle devint *la Servante maîtresse* et continua de charmer les dilettantes parisiens... La musique française subit une heureuse transformation. Bientôt la mélodie italienne s'unit à la langue française : la traduction de *la Serva padrona* avait fourni une preuve éclatante des avantages de cette union. Un compositeur italien, Duni (1) (né à Matera dans le royaume de Naples en 1709, mort en 1775), qui avait été le condisciple de Pergolèse au Conservatoire de Naples, vint à Paris en 1757, et fit, du premier jet, de la musique italienne sur des paroles françaises. Ses opéras : *le Peintre amoureux de son modèle, la Clochette, la Fée Urgelle*, eurent de brillants succès, et une révolution mélodique fut accomplie sur notre théâtre, où des productions nationales en confirmèrent bientôt complétement les importants résultats. Monsigny, dont le génie naturel se révéla et se développa sous les accents inspirateurs de la *Servante maîtresse*, fixa les lois scémiques et musicales de l'opéra-comique, qui devait progresser et arriver à la perfection sous la plume de Grétry, de Dalayrac, de Boïeldieu, de Nicolo, d'Auber, d'Adolphe Adam et d'Halévy. Monsigny était un amateur et un très-mince amateur. Pergolèse était un artiste, un grand et savant artiste. Il est curieux de voir arriver au même résultat deux compositeurs dont le point de départ fut si différent. »

L'existence de Monsigny, que l'on peut appeler, « dans le genre, du moins, de l'opéra-comique, le *Pergolèse français*, fut l'antithèse de celle de son initiateur. La vie de Pergolèse n'offre que malheurs et déceptions. Celle de Monsigny n'est que bonheur et succès. L'un est né dans l'indigence et ne doit son éducation d'artiste qu'à des bienfaiteurs ; l'autre est né dans l'aisance, et c'est de ses parents qu'il reçoit une bonne éducation, non artistique, mais humanitaire ; l'un meurt à la

---

1) Egidio-Romaldo Duni, avant de venir à Paris, avait été maître de chapelle à Saint-Nicolas-de-Bari. Ses opéras italiens sont oubliés, mais, parmi ses opéras français, dont on goûte encore le naturel et la verve comique, nous citerons *Ninette à la cour* (1755), la *Fille mal gardée* (1758), la *Clochette* (1766), les *Moissonneurs* (1768), etc.

fleur de l'âge, méconnu, incompris; l'autre meurt chargé d'ans, de gloire et de considération. »

* * *

Pierre-Alexandre de Monsigny est né en 1729, à Fauquemberg, près de Saint-Omer, dans l'ancienne province de Picardie. Sa famille était noble, avait été riche, mais était à peu près ruinée lors de sa naissance. A peine sorti du collège, Monsigny perdit son père. Devenu chef de famille à dix-huit ans, il eut à soutenir seul sa mère, sa sœur et quatre frères. Un emploi qu'il obtint dans les finances lui permit tout d'abord de faire face à cette situation difficile. Bientôt après, il entra dans la maison du duc d'Orléans comme maître d'hôtel et y devint inspecteur des domaines; il y resta pendant trente ans.

Au sein de cette vie calme, dit M. Amédée Méreaux, « il s'occupait peu de musique; et d'ailleurs il en savait à peine les premiers éléments; il avait appris un peu de violon dans sa première jeunesse : mais il avait complétement abandonné tout ce qui tient à l'art musical, dont cependant il avait conservé le goût très-prononcé. Sa vocation devait se révéler par un coup de hasard, et le coup devait partir de l'Italie, à laquelle il ne songeait guère. En 1754, il assista à une représentation de *la Servante maîtresse* de Pergolèse; cette audition produisit sur lui une de ces impressions irrésistibles qui décident de tout un avenir. Ce style nouveau et vrai le charma et fascina son imagination; la lumière s'était faite dans son esprit et dans son cœur; il s'était écrié : « *Moi aussi, je suis musicien!* » Il avait raison, il était musicien, mais il l'ignorait, et Pergolèse venait de le lui apprendre.

« Dès ce moment, Monsigny n'eut plus de repos qu'il ne se fît compositeur dramatique. Mais si Pergolèse lui avait appris qu'il était musicien, il ne lui avait pas en même temps appris la musique. Or, Monsigny ne la savait pas; non-seulement il n'avait pas la moindre idée de l'harmonie, ni de l'instrumentation, mais il n'était pas capable d'écrire en valeurs régulières les idées musicales qui lui venaient facilement. Il fallait apprendre. Monsigny prit alors des leçons d'un nommé Gianotti, qui lui enseigna, en cinq mois, l'harmonie d'après la méthode de la basse fondamentale de Rameau, — bien juste ce qu'il fallait pour écrire un chant et l'accompagner avec un petit orchestre.

» En 1759, après quelques essais de compositions détachées, Monsigny donna les *Aveux indiscrets* au théâtre de la foire. Il avait trente ans, et le succès qu'il obtint pour son début lui donna du courage. Sa position chez le duc d'Orléans lui imposait l'anonyme; dans les coulisses et dans le monde des théâtres, on lui donnait un nom italien et on l'appelait **M. Moncini.** Ceux qui le désignaient ainsi par estime de son talent qui le leur faisait croire italien, ne savaient pas qu'ils devinaient sa nationalité primitive; sa famille, en effet, était originaire de Sardaigne. »

L'année suivante, en 1760, Monsigny fit représenter au même théâtre deux nouvelles pièces : *le Maître en Droit* et *le Cadi dupé*, qui furent accueillies avec une égale faveur. Ces ouvrages n'étaient encore que des vaudevilles en musique, ce qu'on appelait alors des *comédies à ariettes*. Monsigny élargit peu à peu ce genre de composition musicale et le transforma en *opéra-comique à ariette* : ce fut ainsi qu'il devint l'un des créateurs de l'opéra-comique en France.

Les partitions de Monsigny abondent en mélodies touchantes. Elles eurent toutes un succès durable : outre les trois que nous venons de citer, les mieux accueillies du public furent : *On ne s'avise jamais de tout*, en 1761; *le Roi et le Fermier*, en 1762; *Rose et Colas*, en 1764; *le Déserteur*, en 1769; *le Faucon*, en 1772; *la Belle Arsène*, en 1775; enfin, *Félix*, ou *l'Enfant trouvé*, en 1777, sa dernière œuvre. Car depuis lors Monsigny cessa absolument de se livrer à la composition. Il se retira entièrement du monde musical. Il n'était âgé que de quarante-huit ans et il en vécut quarante encore, remarque M. Amédée Méreaux, qui ajoute :

« Un fait inexplicable, c'est qu'après une étonnante fécondité, qui dura dix-huit années, remplies de chefs-d'œuvre et de succès, son génie fut subitement frappé d'une stérilité complète, sans que pendant quarante ans il eût la moindre velléité de composer une mélodie.....

» Depuis *le Roi et le Fermier*, la manière de Monsigny devient plus large, son style gagne en expression dramatique, la vérité scénique y règne toujours. Ces deux qualités, qui ne se sont jamais démenties sous sa plume, font de son œuvre lyrique un parfait modèle à étudier. Tous ses ouvrages ont obtenu des succès francs et durables, et pourtant ce bonheur constant ne le retint pas au théâtre. *Félix* fut son dernier ouvrage. Sa carrière de compositeur dura dix-huit ans; il avait quarante-huit ans quand il l'abandonna. M. Fétis raconte qu'il lui demanda en 1810, c'est-à-dire trente-trois ans après la représentation de son dernier opéra, s'il n'avait jamais senti le besoin de composer depuis cette époque :

— « Jamais, » répondit le maître octogénaire; « depuis le » jour où j'ai achevé la partition de *Félix*, la musique a été » comme morte pour moi : il ne m'est plus venu une idée. »

« Monsigny, privé de sa place chez le duc d'Orléans et d'une partie de sa fortune à l'époque de la Révolution, eût été vraiment réduit à la gêne si les sociétaires de l'Opéra-Comique n'avaient compris qu'ils devaient au père de leur théâtre un tribut de reconnaissance active; ils lui votèrent une pension de deux mille quatre cents francs. Monsigny toucha cette rente depuis 1798 jusqu'à la fin de sa vie. En 1800, il remplaça Piccini dans les fonctions d'inspecteur de l'enseignement au Conservatoire; mais, ne se sentant pas à la hauteur de cette mission, il se retira. En 1813, il succéda, dans la quatrième classe de l'Institut, à Grétry, auquel il avait montré le chemin, mais qui avait su trouver tout seul et avant lui celui des honneurs. En 1816, il fut nommé chevalier de la Légion-d'Honneur; il ne jouit pas longtemps de cette tardive distinction : il mourut en 1817, à Paris, à l'âge de quatre-vingt-huit ans...

» Monsigny, mélodiste naturel et aussi spirituel que gracieux, était doué d'une rare sensibilité, qui le fit exceller dans l'expression des sentiments tendres et pathétiques. Son inspiration est pleine d'originalité et toujours conforme au sens des paroles et aux mouvements passionnés des situations et des personnages. C'est un talent qui lui appartient et qui donne à ses compositions un cachet de sentimentalité vraie, qui a été imitée très-heureusement, mais non dépassée. A l'appui de ce que nous avançons, nous citerons le trio de *Félix* : « *Nous » travaillerons, nous vous nourrirons.* » Nous nous rappelons que, lors de la représentation d'*Emma*, ce premier succès d'Auber, on ne croyait pas pouvoir faire un plus grand éloge du beau trio qui s'y trouve que de le comparer au trio de *Félix.* »

Mentionnons en terminant une curieuse particularité relative à l'auteur de *Rose et Colas* et de *Félix* : le violon était le seul instrument dont il se servit pour composer.

XI. — Mozart.

Jean-Chrysostome-Wolfgang-Amédée Mozart, né à Salzbourg le 27 janvier 1756, fut un véritable prodige de précocité, — ce qui ne l'empêcha point de devenir un illustre et éminent compositeur de musique. On a pu dire de lui qu'il *étonna l'Europe par la précocité de son génie*. En effet, dès l'âge de quatre ans, il jouait de la musique de sa composition. A six ans, il composait des pièces de clavecin, exécutait des concertos à livre ouvert et improvisait sur les sujets qu'on lui indiquait. A cet âge où, d'ordinaire, les enfants n'ont d'autre préoccupation que de courir et de jouer, le jeune Mozart fut présenté à l'empereur d'Autriche, François Ier. Dans cette première présentation, aussi bien que plus tard, lorsqu'il fut devenu un homme, il sut montrer au Souverain une réelle indépendance d'esprit. En effet, cet homme de génie, au cœur éminemment dévoué et

MOZART SE FIT ENTENDRE A VERSAILLES. (P. 73.)

MOZART, SA SŒUR, ET LEUR PÈRE A PARIS, EN 1763. (P. 73.)

reconnaissant, ne poussa jamais le dévouement jusqu'à l'obséquiosité et la flatterie. M. Edouard Philippe cite deux exemples de cette franchise et de cette louable fierté.

En 1762, dit-il, « son père le conduisit à Vienne : l'empereur François Ier appela Mozart son *petit sorcier;* mais Mozart, qui préférait l'approbation d'un artiste à celle d'un prince, dit à l'empereur :

« — *C'est Wagenseil qu'il faut faire venir; il s'y connaît!*

» Vingt ans plus tard, toujours à Vienne, il entra au service de l'empereur qui était alors Joseph II. Il donna l'*Enlèvement du Sérail* (1782), et Joseph II lui ayant dit à propos de cet ouvrage :

» — C'est fort beau, mais il y a bien des notes.

» — *Tout juste ce qu'il en faut,* repartit Mozart. »

A huit ans, le jeune musicien publia ses deux premiers recueils de sonates. L'année précédente, en 1763, son père l'avait amené à Paris. Louis XV voulut voir ce jeune prodige : il le manda à la cour de Versailles, où l'enfant se fit entendre et fut embrassé par toutes les princesses et les grandes dames. Ce fut là, paraît-il, le plus clair de son bénéfice. A ce propos, le père de Mozart écrivait à sa femme :

« Si tous les baisers qu'on prodigue à Wolfgang pouvaient se transformer en bons louis d'or, nous n'aurions pas à nous plaindre. Le malheur est que ni les aubergistes, ni les traiteurs ne veulent être payés en baisers. »

L'année suivante, le jeune Mozart donnait à Londres une série de concerts où accourait le public anglais. Là, pour la première fois, on entendit des symphonies dont l'auteur n'avait pas dix ans.

Bientôt après, l'empereur Joseph II, qui avait succédé à François Ier, l'attacha à sa personne. A douze ans, Mozart composa pour ce souverain son premier opéra, la *Finta Simplice* (La Simplicité feinte) et une messe à quatre voix avec accompagnement d'orchestre.

L'histoire de ce premier opéra est assez curieuse, raconte un de ses biographes. Mozart, présenté à Joseph II, en reçut l'accueil le plus sympathique. Le protecteur du jeune musicien lui fit la commande d'un ouvrage, la *Finta Simplice*. Les compositeurs du temps, parmi lesquels il est triste de rencontrer Glück lui-même, employèrent tous les moyens possibles pour nuire à Mozart. Perfidement, ils prétendirent que l'œuvre était du père. Mozart eut beau écrire un air et l'instrumenter séance tenante devant témoins, rien n'y fit : les musiciens de l'orchestre s'en mêlèrent en refusant de jouer sous la direction d'un enfant. Bref, la *Finta Simplice* ne fut pas représentée. Au contraire, en Italie, où le jeune musicien se rendit l'année suivante, les compositeurs les plus célèbres s'inclinèrent devant son génie précoce. Martini n'hésita pas à qualifier d'*illustre maître* ce maëstrino de douze ans! Ajoutons toutefois que, comme le Père Martini, Jommelli et les autres maîtres italiens, Hasse et Haydn, reconnurent loyalement sa supériorité.

Et cependant tous ces hommes qui s'inclinaient ainsi devant un enfant, étaient déjà illustres et habitués plutôt à recevoir des hommages qu'à en offrir. Nos lecteurs connaissent déjà Haydn. Quant à HASSE, né à Bergedorff en 1699, ce compositeur excessivement fécond qui avait mis en musique tous les opéras de Métastase était à cette époque parvenu à une très-grande célébrité. Il en était de même de Nicolas JOMMELLI, l'auteur de plus de quarante opéras, bien que celui-ci fut un peu plus jeune : il était né à Aversa en 1714. Ainsi que Glück, ce maître italien avait donné au récitatif une force et une justesse d'expression inconnues jusqu'alors ; il avait été le maître de Pergolèse et demeurait son ami. Enfin le Père Jean-Baptiste MARTINI (1), de l'ordre des Cordeliers, né à Bologne en 1706, était le musicien le plus érudit du xviii° siècle. Il avait ouvert dans sa ville natale une école de composition, d'où étaient

---

(1) Il y eut un autre musicien portant le même nom qu'il ne faudrait pas confondre avec le Père Martini. — Jean-Paul-Egide MARTINI, de son vrai nom *Schwartzendorf*, était né en 1741 à Freistadt, dan le Haut-Palatinat. Il vint de bonne heure se fixer en France et fut surintendant de la musique de Louis XVIII. Il mourut à Paris en 1816.

déjà sortis bien des maîtres : Glück et Jommelli étaient venus lui demander des conseils. C'était l'une des plus grandes personnalités musicales de l'époque.

Voilà quels étaient les hommes qui reconnaissaient hautement le talent de Mozart enfant et pressentaient son génie.

* * *

Mozart avait déjà fait représenter plusieurs opéras, entre autres *Mithridate* (1770), *Lucio Silla* (1773), La *Finda Giardiniera* (1774), lorsque, après bien des déboires, il obtint une commande du roi de Bavière, et *Idoménée* fut représenté à Munich le 29 janvier 1781. L'*Enlèvement du Sérail*, l'année suivante, fut proclamé un chef-d'œuvre. Malheureusement la gloire ne suffit pas pour vivre, et Mozart était toujours dans une profonde misère. En qualité de compositeur de la Chambre de Sa Majesté Impériale et Royale Joseph II, Mozart recevait bien une pension d'environ dix-sept cents francs. Mais c'était son unique revenu, bien insuffisant pour faire face aux besoins de sa famille : car il s'était marié et avait à nourrir une femme et deux enfants. Par un travail assidu, acharné, le plus souvent ingrat, il parvenait cependant à augmenter quelque peu le mince revenu dont le gratifiait son protecteur : il écrivait ainsi à bas prix des valses et des contredanses pour les bals de Prague et donnait des leçons à moins de vingt sous le cachet !

Telle était la situation de Mozart quand il fit la connaissance d'un poète, Da Ponte, qui écrivit les livrets des *Noces de Figaro* et de *Don Juan*, — deux chefs-d'œuvre qui mirent le comble à la réputation du compositeur, mais ne lui procurèrent point une aisance durable, ainsi que nous l'allons voir.

Ce fut à Vienne, en 1786, que furent représentées pour la première fois les *Noces de Figaro*. Le 29 octobre de l'année suivante, Prague avait la primeur de Don Juan. Cette dernière partition avait été demandée à Mozart par l'impresario Bondini, qui se l'était assurée en payant d'avance *douze cents francs* au compositeur.

Douze cents francs pour *Don Juan !*... raconte M. Charles Darcours : « et le pauvre grand homme était heureux, car cette somme allait lui permettre de travailler avec un peu plus de tranquillité à l'œuvre géniale qu'il rêvait. Il se prodiguait pendant le jour et le soir, dans les concerts, dans les fêtes : puis la nuit, une fois rentré, à la lueur de deux bougies, il retrouvait son inspiration et toute la possession de son âme ardente, et il écrivait sans relâche, heureux si, au matin, quelque créancier ne venait pas le relancer.....

» La partition fut composée dans des conditions de rapidité invraisemblables. Conformément à l'engagement pris avec l'impresario Bondini, Mozart arriva à Prague, avec sa femme et son petit garçon, dans le courant du mois de septembre. Il lui restait encore à écrire une grande partie de son œuvre, et il lui fallait en même temps apprendre leur rôle aux artistes et suivre le travail des répétitions. Tout s'acheva cependant à peu près, et l'on arriva aux répétitions générales vers le milieu d'octobre...

» On arriva enfin à la veille de la représentation. Or, Mozart, implacablement pressé par le travail des répétitions, n'avait pas eu le temps d'écrire une note de son ouverture. Il rentra à minuit, harassé, brisé de corps et d'esprit ; sur les instances de sa femme, il consentit à se mettre au lit, mais pour une heure seulement.

» — Si tu me laisses dormir plus d'une heure, » lui avait-il dit, « je suis un homme perdu ! »

» Au bout de deux heures, elle le réveilla. Il se leva aussitôt, se mit devant sa table tout trébuchant et rêvant, et commença à travailler. Sa femme lui parlait tout le temps ; elle lui racontait des histoires et des contes de fée qui le faisaient rire aux éclats et, si elle s'arrêtait, la plume tombait de la main de son mari et sa tête s'inclinait sur sa poitrine.

» Après quelques heures de ce travail et dès l'aube, les copistes arrivèrent et se mirent à copier à mesure que Mozart leur livrait les feuillets. Mais on eut beau se dépêcher, la copie ne put être terminée que le soir et il fut impossible de répéter l'ouverture. Le soir, l'orchestre du théâtre de Prague exécuta donc à première vue l'ouverture de *Don Juan*, et Mozart fut plus émerveillé du tour de force des instrumentistes qu'il dirigeait que de celui qu'il avait accompli lui-même.

» — Il est bien resté, par-ci par-là, quelques notes sous les pupitres, » disait-il après l'exécution, « mais, à tout prendre, l'ouverture a cependant très-bien marché. »

» Mozart, à son arrivée au clavecin, d'où il conduisit l'exécution, avait été accueilli par des acclamations enthousiastes et par une triomphante fanfare. Le succès, dessiné dès l'ouverture, grandit à chaque morceau et s'éleva aux plus grandioses proportions. A la dernière note, Mozart, brisé de fatigue et d'émotion, put à peine se lever pour remercier encore une fois le public : alors tous les assistants, debout, l'acclamèrent à grands cris, la fanfare retentit de nouveau et le triomphe de l'auteur de *Don Juan* dépassa tout ce que la plume peut raconter, tout ce que l'imagination peut rêver. — C'était le soir du 29 octobre 1787. »

* * *

Le triomphe de Mozart était complet. Cependant sa situation matérielle n'en fut point améliorée. « Ce grand homme était destiné à vivre quelques années encore entre la misère et la gloire. »

Don Juan avait magnifiquement réussi à Prague. A Vienne, où Mozart alla en personne le faire représenter, il n'eut qu'un succès d'estime et ne lui rapporta que deux cent vingt-cinq florins . telle fut la somme minime que le théâtre impérial lui donna pour cet ouvrage. Le coup fut cruel pour le pauvre homme de génie, plus sensible à la façon dont le public Viennois avait accueilli sa pièce qu'à la mesquinerie de son protecteur Joseph II. Celui-ci l'avait gratifié de la survivance de Glück, qui venait de mourir, en lui attribuant la fonction honorifique de compositeur de la chambre impériale, fonction qui valait à Glück deux mille florins par an. Mais, par économie, l'empereur avait réduit à huit cents florins la rétribution annuelle du successeur.

Mozart, dit M. Charles Darcours, « fit alors un voyage en Prusse, et le roi lui offrit trois mille thalers pour être maître de chapelle à Berlin. Il répondit en rougissant :

« — Je ne saurais quitter mon bon maître. »

« Et il retourna à Vienne, où son bon maître le laissait mourir de faim. La vérité est qu'il aimait sincèrement Joseph II; et lui, qui ne savait pas refuser à un ami le dernier écu qu'il eût dans sa poche, n'aurait jamais voulu avoir l'air de faire marché de son affection à son ami couronné. — La mort de Joseph II réduisit Mozart à une situation des plus précaires, désespérante. Il était partout fêté et admiré, mais, nulle part, il ne recueillait d'argent. »

***

Dès 1788, Mozart avait ressenti les premières atteintes du mal qui devait l'emporter à la fleur de l'âge et du génie. Sa main était déjà défaillante et glacée lorsqu'il écrivait la *Flûte enchantée*, « ce chef-d'œuvre de grâce et de fraîcheur, représenté à Vienne le 30 septembre 1791, et joué cent vingt fois de suite », succès inconnu jusqu'alors. Voici comment M. Alexandre Oulibicheff, le spirituel biographe de Mozart, raconte l'histoire de ce chef-d'œuvre :

« Il y avait à Vienne, en 1791, un nommé Schikaneder, entrepreneur, acteur à tous emplois, poète en vers et en prose, librettier, chorégraphe, et trop souvent compositeur musical de la troupe tragico-comico-lyrico-dansante qu'il dirigeait ; homme inépuisable en ressources, qui faisait de bons tours sur la scène et ailleurs, pas plus scrupuleux en affaires que dans la combinaison de ses ressorts dramatiques : au demeurant le meilleur fils du monde. J'oubliais de dire que ce nourrisson de toutes les muses, cet homme-troupe chantait aussi, et que sa voix, d'après la définition des dilettantes contemporains, tenait le milieu entre le timbre de la girouette et celui du tourne-broche.

» Malgré de si rares talents, dame Fortune traita Schikaneder comme lui-même quelquefois se permettait de traiter les autres. L'aveugle déesse le trompa tellement, qu'un jour le vide apparut dans sa caisse. Ses administrés avaient l'horreur du vide, comme la nature des Anciens. Il ne lui restait plus qu'à fermer boutique, sauf à régler des comptes que la prison eut définitivement liquidés. Voilà notre homme perdu. Soyez tranquille, il est poète, et poète à qui les événements extra-dramatiques coûtent aussi peu à arranger que ceux d'une pièce de théâtre. La catastrophe dont il est menacé, il va la changer en une péripétie admirable, qui le rendra plus puissant que jamais et immortel par dessus le marché, lui Schikaneder! Mais, pour cela, il a besoin d'un ami intime et tout dévoué. Qu'à cela ne tienne! Schikaneder est le Pylade de tous les Orestes qui ont un dîner et une bouteille de vin à lui offrir. Depuis nombre d'années, il pouvait trouver quotidiennement l'un et l'autre chez notre héros. Il a étudié le caractère de Mozart, il le connaît à fond, et le voilà sauvé, couru, applaudi et sûr de passer, entre deux vins, à la postérité. Composant son masque comme pour le rôle du roi Lear, il va trouver Mozart, lui expose, avec le pathos convenable, sa désastreuse position et finit par lui déclarer qu'il n'espère qu'en lui seul.

» — En quoi puis-je vous aider?

» — Ecrivez pour mon théâtre un opéra qui soit tout à fait dans le goût du public de Vienne. Vous pouvez y faire une part à votre gloire et aux connaisseurs, mais l'essentiel est de plaire au peuple de toutes les classes. Je me charge du texte, des décorations, etc., le tout comme on le veut aujourd'hui.

» — Soit, j'y consens.

» — Que me demandez-vous pour vos honoraires?

» — Mais vous n'avez pas le sou! Tenez! comme je désire vous tirer d'embarras, et que je ne voudrais pas perdre non plus tout le fruit de ma peine, voici ce que je vous propose :

Je vous donne ma partition, vous m'en donnerez ce qu'il vous plaira, à condition que vous ne la ferez pas copier. Si l'opéra réussit, je me payerai en vendant ma partition à d'autres théâtres.

» Qu'on imagine avec quels transports, avec quelles protestations de fidélité à remplir ces généreuses conditions, le marché fut accepté par l'*impresario in angustiis*. Mozart se mit à l'œuvre; il travailla nuit et jour, et, comme le voulait Schikaneder, portant le dévouement et la complaisance jusqu'à refaire plusieurs fois les morceaux qui n'agréaient pas à ce juge difficile. Du reste, il le fallait bien, car autrement Schikaneder eût souillé la partition, harpie immonde qu'il était, en y introduisant des pièces de son crû. C'est une liberté qu'il prenait toujours avec les compositeurs qui lui confiaient leurs ouvrages. La *Flûte enchantée* eut un succès prodigieux, sans exemple, une vogue d'enthousiasme qui se propagea rapidement. Les Viennois en étaient encore à se battre aux avenues du théâtre pour la conquête d'une place, que déjà la *Flûte enchantée* faisait couler le Pactole dans les caisses des principales directions de l'Allemagne. Pas une ne s'était adressée à Mozart pour avoir la partition. Un ouvrage qui donnait un habit neuf et de quoi boire largement tous les dimanches, et même tous les lundis, au moins achalandé des copistes, qui, pendant de longues années, fut une corne d'abondance pour tout ce qui vivait de musique en Allemagne, ne rapporta rien ou presque rien à son auteur! Que fit Mozart en apprenant le tour que lui jouait son cher Pylade?

» — Oh! le gueux! s'écria-t-il.

» Et le lendemain Schikaneder revint, comme par le passé, s'asseoir à sa table. »

* * *

La *Flûte enchantée* eut à Vienne plus de cent représentations consécutives, dit de son côté M. Amédée Méreaux. « On le voit d'après l'histoire : Mozart avait merveilleusement compris et satisfait le goût du public allemand en 1791..... Ce ravissant opéra fut la dernière production lyrique de ce sublime et infatigable génie. Son activité créatrice est presque incroyable. En 1791, il était déjà atteint de la maladie de poitrine qui l'enleva si prématurément à l'âge de trente-cinq ans, et pourtant voici ce qu'il écrivit pendant cette année, la dernière de sa vie : deux concertos de piano, deux cantates avec orchestre, le quintette en *mi bémol*, le quintette pour harmonica, des morceaux détachés pour plusieurs opéras, beaucoup de danses, de menuets, de valses. Depuis le mois de septembre de cette même année, dans l'espace de quatre mois, il donna la *Clémence de Titus* au commencement de septembre, et, à la fin du même mois, la *Flûte enchantée*. Jusqu'au 5 décembre suivant, jour de sa mort, il écrivit encore un adorable *Ave verum*, un concerto de clarinette, une cantate pour les francs-maçons et son célèbre *Requiem*.

« Mozart était tellement épuisé par la maladie, qu'il ne put diriger qu'aux dix premières représentations de la *Flûte enchantée*. C'était pour lui un vif chagrin que de ne pouvoir se rendre au théâtre. Alors il mettait sa montre sur la table et suivait des yeux le mouvement des aiguilles pour savoir le morceau qu'on exécutait. Il entendait sa musique en imagination, il s'écriait en regardant l'heure :

» — Voilà le premier acte fini, voilà tel ou tel air qu'on chante.

» Puis il était de nouveau saisi de ses tristes pensées de mort, et, à l'idée qu'il devait se préparer à quitter son art, que, disait-il, *il commençait à comprendre et à posséder*, il tombait dans un douloureux accablement. »

Le magnifique *Requiem* dont vient de parler M. Amédée Méreaux fut composé par Mozart à la demande d'un personnage demeuré volontairement inconnu, avec le pressentiment qu'il servirait à ses propres funérailles, ce qui eut lieu en effet. La mort ne laissa même pas au maître le temps de terminer cette œuvre de génie, qui fut achevée par son élève Süssmayer.

* * *

Le travail excessif, les soucis continuels, les privations de toute sorte avaient prématurément usé les forces et la vigueur de Mozart. La maladie de poitrine dont il était atteint fit de rapides progrès à la fin de l'année 1791 et se compliqua d'une fièvre cérébrale : « il mourut au milieu du triomphe de la *Flûte enchantée*, qui électrisait l'Allemagne et qui lui rapporta six cents francs. » Mozart vit approcher sa fin.

— Je meurs, dit-il, au moment où j'allais jouir de mes travaux, où j'allais écrire sous la dictée de mon cœur !

Voici en quels termes a été enregistrée, à l'état-civil de Vienne, la mort de cet homme de génie, du plus illustre musicien des temps modernes :

« Le 5 décembre 1791, le sieur Wolfgang-Amédée Mozart,
» maître de chapelle, compositeur de la chambre impériale et
» royale, demeurant au Petit-Kaiserhaus, n° 970 (actuellement
» n° 8), dans la Rauhensteingasse, est décédé, à la suite d'une
» fièvre cérébrale, à l'âge de trente-six ans. »

Mozart mourut pauvre, tellement pauvre qu'il ne laissa pas même de quoi acheter un terrain au cimetière pour sa dépouille mortelle. Une voiture funèbre passa à la chute du jour, enleva le corps de l'auteur de *Don Juan* et de la *Flûte enchantée* et le porta à la fosse commune, où l'accompagnèrent seulement sa veuve et deux ou trois personnes.

Cet enterrement plus que modeste était à peine terminé que, dans la nuit, un ouragan terrible, un cyclone épouvantable, se déchaîna sur la ville et bouleversa le cimetière de fond en comble. Les arbres furent déracinés, les tombes détruites, le terrain raviné de telle sorte que, le lendemain, la veuve de Mozart ne put retrouver ni reconnaître l'endroit où son mari avait été inhumé. Nul ne sait donc exactement où reposa le corps du grand compositeur.

— Aucun musicien, dit M. Th. Bachelet, « n'a possédé comme Mozart le génie universel de l'art. Il a été le premier pianiste de son temps en Allemagne, le fondateur de l'école de Vienne constituée par Beethoven et Hummel, le rival de Clementi : ses œuvres complètes pour le piano ont été publiées à Paris par Pleyel et Cardi. Il a écrit une quantité prodigieuse de musique de chambre pour le chant, de quintettes, de quatuors, de trios, de symphonies, où il égale Haydn. Dans la musique religieuse, dont il saisit admirablement le caractère, il a laissé des messes, des motets, un oratorio (David pénitent), et surtout un magnifique *Requiem* (celui dont nous avons parlé plus haut et qui a servi à son service funèbre célébré peu après son enterrement)..... Dans l'art dramatique, Mozart a créé les formes et les moyens sur lesquels vit toute la musique depuis soixante ans : il a l'avantage sur tous les compositeurs allemands de faire chanter les parties d'une manière facile et naturelle au milieu des combinaisons les plus compliquées..... Mozart avait une force de conception prodigieuse et une facilité non moins étonnante : il composait de mémoire et jamais au piano : quand il avait mûri ses idées, il les jetait sur le papier, avec une sorte de fougue, qui était encore de l'inspiration. Un des prodiges de sa mémoire fut d'avoir reproduit, en 1770, après une seule audition dans la chapelle Sixtime, à Rome, le *Miserere* d'Allegri, dont il était défendu de donner copie. Il est mort dans toute la plénitude de son génie, après avoir produit un œuvre très-considérable. »

Rossini, l'illustre Rossini, professait pour Mozart une admiration sans bornes. Il le mettait au-dessus de tous les musiciens : témoin la dédicace suivante, écrite en italien par l'auteur du *Barbier de Séville* au bas d'un portrait de Mozart en le donnant à un enfant d'une douzaine d'années, d'une grande précocité musicale, qu'il appelait *son petit collègue* :

« Voici le portrait du plus grand compositeur de musique
» qui ait jamais existé, tant pour l'abondance et l'originalité
» de ses idées, que pour la grâce, l'élévation et la perfection
» de son style. Dans ma jeunesse, il fut mon admiration, dans
» mon âge mûr, mon émulation, et, maintenant que je suis
» vieux, il est ma consolation. Ayez toujours devant les yeux

» cette image d'un des plus admirables exemplaires de l'huma-
» nité, afin de vous efforcer de lui ressembler et de vous rap-
» peler aussi quelquefois votre vieil ami GIOACHIMO ROSSINI. »

Une statue de bronze a été élevée à Mozart, en 1841, à Salzbourg, sa ville natale, dont les habitants conservent pieusement le culte de l'illustre maître. Le centième anniversaire de sa naissance a, en 1856, été célébré par eux avec le plus grand éclat, et le centième anniversaire de *Don Juan* a été l'occasion d'une nouvelle fête, en 1887, en l'honneur de leur compatriote.

Vienne, de son côté, n'oublie point le grand homme qui a vécu et qui est mort dans ses murs. Une maison où habita Mozart existe encore : une plaque en marbre y a été placée au mois de janvier 1888 avec l'inscription commémorative suivante :

MOZART
habita cette maison
dans l'année 1781
et y composa
l'Enlèvement du Sérail

En outre, une statue a également été érigée dans la capitale de l'Autriche à l'auteur de *Don Juan*, qui se dresse sur son piédestal en pleine place de l'Opéra, vis-à-vis le théâtre où ses chefs-d'œuvre sont encore fréquemment interprétés.

XII. — Salieri.

Antoine SALIERI, né à Legnano en 1750 et mort à Vienne en 1825, fut l'un des plus implacables envieux de Mozart. C'est à ce titre fort peu honorable que nous lui consacrons quelques lignes dans ce volume, car ses agissements haineux contre l'auteur de *Don Juan* donnèrent naissance à une légende

STATUE DE MOZART, ÉRIGÉE A SALTZBOURG. (P 84.)

qu'il n'est pas sans intérêt de faire connaître à nos lecteurs. Ils verront par ce récit les fruits amers récoltés à la fin de sa vie par Salieri et la terrible accusation d'avoir empoisonné Mozart dont le chargea la croyance populaire : la punition fut d'autant plus cruelle que l'envieux était très-vraisemblablement innocent du crime qui lui était sans cesse reproché.

Salieri n'était cependant point dépourvu de mérite et de talent. A vingt-cinq ans, en 1775, il avait remplacé son maître Gassmann en qualité de maître de chapelle de la Cour impériale, à Vienne. Ses œuvres de musique d'église étaient fort justement remarquées : enfin il avait obtenu au théâtre de réels succès avec ses opéras d'*Armide* en 1771, des *Damaïdes* en 1784, et, en 1787, de *Sémiramide* et de *Tarare*. Les paroles de cette dernière pièce étaient de Beaumarchais. Nul ne connaissait mieux que Salieri le mécanisme de la coupe dramatique et l'effet du retour des idées.

Ce fut seulement après la mort de Mozart que Salieri avoua avec un rare cynisme les motifs de sa haine pour ce musicien de génie. Dès que celui-ci eut rendu le dernier soupir, l'auteur de *Tarare* s'écria :

— « C'est une grande perte ; mais sa mort est un bien pour nous. S'il eût vécu plus longtemps, on ne nous aurait bientôt plus donné un morceau de pain de nos compositions. »

Ces paroles, répétées et commentées, devinrent sans doute l'origine des soupçons dont Salieri fut victime. On se souvenait en outre de la guerre déloyale qu'il avait faite à Mozart pendant toute la durée de sa vie, de ses agissements acharnés pour faire tomber les chefs-d'œuvre du jeune maître, agissements d'autant plus coupables que, comme le fait remarquer M. Victor Wilder, « Salieri n'avait pas pour lui l'excuse de l'ignorance : il connaissait le génie du grand homme qu'il persécutait et savait l'estimer à son prix. »

Donc, à la fin de sa vie, Salieri était constamment tourmenté par l'accusation d'avoir empoisonné Mozart, accusation que le peuple de Vienne formulait d'ailleurs hautement contre lui : Ses confrères eux-mêmes avaient cessé de l'estimer et ne se gênaient guère pour le lui laisser voir, ainsi que le prouve l'anecdote suivante que nous empruntons à un article fort intéressant de M. Louis de Gramont :

En 1822, raconte-t-il, « Rossini, alors dans toute la fleur de son talent, se rendit à Vienne avec la troupe de l'impresario Barbaja, qui devait y exécuter son opéra de *Zelmira*. L'une de ses premières visites fut pour le compositeur Salieri, alors âgé de plus de soixante-dix ans, Salieri, le vieux maître de chapelle qui avait été « l'*idole de l'empereur Joseph II*, » l'auteur d'un grand nombre d'œuvres de tous les genres...

« Rossini exprima à Salieri le désir d'aller rendre hommage à Beethoven. Il le pria d'annoncer sa visite, connaissant le caractère difficile et ombrageux du sublime symphoniste. Salieri prit-il cette sage précaution?... Il est, comme on va le voir, permis d'en douter.

» Au jour et à l'heure convenus, Rossini et Salieri se présentèrent chez Beethoven. Ils le trouvèrent dans un réduit sordide et délabré, ouvert à tous les vents, ayant pour tous meubles quelques mauvaises chaises, une longue table couverte de livres et de paperasses en désordre, et, dans un coin obscur, un piano fermé. Beethoven lui-même était vêtu d'une vieille robe de chambre et paraissait très-abattu. Le glorieux compositeur, qui n'avait plus que quelques années à vivre, était à cette époque complètement sourd et presque aveugle.

» Après l'avoir salué, Rossini écrivit sur une ardoise que Beethoven lui présenta une phrase exprimant tout son enthousiasme pour le génie du grand homme devant lequel il venait s'incliner. Mais, pour toute réponse, Beethoven le regarda avec un visage presque courroucé, et, montrant du doigt Salieri, il murmura :

» — Comment donc osez-vous vous présenter chez moi avec l'*Empoisonneur de Mozart?*

» Salieri resta comme atterré sous cette accusation foudroyante et ne sut que balbutier, en se tournant vers Rossini :

» — Ah! mon cher ami, ai-je l'air d'avoir empoisonné Mozart?

» Il avait une mine si effarée et si piteuse, que Rossini ne put s'empêcher de lui répondre par cette raillerie :

» Ma foi, si vous n'avez d'autre garant de votre innocence que votre physionomie, vous ferez bien de ne pas demander à être jugé !

» Comme bien on pense, cet incident abrégea singulièrement l'entrevue. Et, en s'en allant, Salieri ne cessait de répéter :

» — Empoisonné Mozart!... empoisonné Mozart!!... Qu'est-ce que Beethoven a été dire là ?... »

Et M. de Gramont ajoute avec raison :

« Le rôle de Salieri dans l'existence de Mozart a été assez misérable pour qu'on s'abstienne de charger encore sa mémoire d'un forfait chimérique. Il ne faut donc voir dans l'histoire de l'empoisonnement de Mozart qu'un de ces bruits qu'enfante l'imagination de la foule et que rien ne justifie. Cette accusation poursuivit et tourmenta Salieri jusqu'à la fin de ses jours. Ce fut, en quelque sorte, le châtiment de ses basses intrigues et de ses efforts insensés pour nuire aux radieuses productions du divin génie de Mozart. »

XIII. — Dalayrac.

« Musicien de vocation, d'instinct, d'inspiration, avant d'être sacré grand maître au nom de la science et du succès, c'est surtout par la grâce, par la suavité, par le goût inné, par l'expression vraie du sentiment, par le charme irrésistible, par le naturel naïf de ses chants, toujours spirituels, quelquefois sublimes, qu'il séduisit et captiva ses contemporains. Ce doux et harmonieux génie fut, pour ainsi parler, la mélodie incarnée; si bien que son apothéose est presque l'apothéose de la muse elle-même. »

Cette appréciation du talent de Dalayrac, extraite du remarquable discours prononcé par M. Henry, Président honoraire du tribunal, le dimanche 8 avril 1888, jour de l'inauguration à Muret de la statue de l'illustre compositeur murétain, n'est point exagérée. Jamais peut-être la ville de Muret n'avait reçu une aussi grande affluence de visiteurs que ce jour-là, — jour de fête dont sa population gardera un long et durable souvenir. Musiques, orphéons, fanfares, salves d'artillerie, ascensions aérostatiques, feu d'artifice, tout dans la petite cité pavoisée et enguirlandée concourait à fêter dignement l'un des pères de l'Opéra-Comique en France.

Né à Muret (Haute-Garonne) en 1753, celui qui devait écrire tant de charmantes partitions d'opéras-comiques, qui surpassa Monsigny et fut l'émule et l'ami de Grétry, DALAYRAC, avait été dans sa jeunesse destiné au barreau par sa famille. Mais, plein d'aversion pour la chicane, il sollicita et obtint un brevet d'officier, vint à Paris en 1774, et entra dans les gardes du corps du comte d'Artois, le futur Charles X.

Là, en compagnie de la brillante jeunesse de l'époque, les occasions de dépense étaient fréquentes et les ressources de Dalayrac assez minces. Comment faire pour arriver à équilibrer son budget et à faire figure au milieu de ses camarades?... Le jeune officier avait eu, dès l'enfance, une véritable passion pour le violon, sur lequel il avait un certain talent d'exécution. Dans sa situation, il ne pouvait point se produire comme virtuose, mais, possédant à un haut degré l'instinct musical, il se décida à étudier la composition dans l'espoir de tirer parti de cette science et prit des leçons de Langlé.

Deux curieuses anecdotes, racontées par M. Henry, prouvent le goût très-prononcé pour la musique que Dalayrac posséda de tout temps, aussi bien dans son enfance et sa jeunesse que dans son âge mûr. « Le jeune musicien, dit-il, à peine adolescent, en butte à la persécution de sa famille, qui réprouvait ses goûts et sa vocation d'artiste, pour le réserver, selon l'esprit du temps, à des destinées soi-disant plus nobles, héréditaires chez les siens, gravissait, la nuit, le toit de la maison paternelle, et, faisant passer son âme dans les sons de son violon, ravissait les religieuses d'un couvent voisin. »

Puis, plus tard, lorsqu'il eut été admis dans la Compagnie des gardes du corps du comte d'Artois, Dalayrac « fut surpris, une nuit, par le prince lui-même, ayant déposé son arme contre un meuble, et, oubliant sa faction, occupé à couvrir de notes une portée de musique : honteux de ce manquement à la discipline, et à sa consigne, le jeune garde jeta ou laissa tomber son manuscrit dans le feu. L'histoire ajoute que, le lendemain, le prince, en digne petit-fils de Louis-le-Grand, fit remettre au compositeur imprudent un rouleau de vingt-cinq louis, avec ces mots écrits de sa main : « *Pour votre musique perdue.* »

Dalayrac commença, en 1778, à se faire connaître comme compositeur en écrivant la musique des fêtes données, à Voltaire, par la *Loge des Neuf-Sœurs*, et à Franklin chez Mme Helvétins. Enhardi par la façon dont ses deux premières œuvres furent accueillies, il demanda des paroles à deux auteurs aimés du public, Marsollier et Monvel, qui lui fournirent des pièces, et il se lança au théâtre, où il eut les plus brillants succès.

Dalayrac était déjà arrivé à la célébrité lorsqu'éclata la Révolution de 1789. Les événements qui en furent la conséquence interrompirent pour quelque temps sa brillante carrière artistique. M. Henry nous fait connaître en effet un épisode de sa vie, « inconnu des biographes, mais recueilli dans les archives familiales, » — épisode tout à l'honneur du musicien qui, dans les périls de la patrie, ne s'est souvenu que d'une chose, c'est qu'il avait porté l'épée avant de conquérir la gloire musicale. « En 1792, au moment de la proclamation de la patrie en danger, Dalayrac, oubliant ses goûts et ses instincts pacifiques d'artiste, et peut-être aussi ses préjugés de gentilhomme, courut à la frontière menacée, et fit, comme capitaine de cavalerie, les premières campagnes de la Révolution dans l'armée de Sambre-et-Meuse. »

Par une étrange coïncidence, Dalayrac a écrit cinquante-trois partitions et a vécu 53 ans : il est mort en 1809. « C'est avoir peu vécu et avoir beaucoup travaillé. » Ses principaux opéras sont : *Nina*, représenté en 1786 ; *Azémia* ou *les Sauvages et Renaud d'Ast*, en 1787 ; les *Deux petits Savoyards*, en 1789 ; *Camille* ou *le Souterrain*, en 1791 ; *Roméo et Juliette*, en 1793 ; *Gulnare* et la *Maison isolée*, en 1797 ; *Léon*, en 1798 ; *Adolphe et Clara*, en 1799 ; *Maison à vendre*, en 1800 ; *Picaros et Diego*, en 1803 ; *Gulistan*, en 1805.

Outre ses opéras, Dalayrac a laissé bon nombre d'excellentes romances. Il avait « le sentiment de l'effet dramatique ; ses chants sont gracieux et faciles ; mais le naturel y dégénère parfois en trivialité. » (Th. Bachelet). Les faits, plus que le raisonnement, attestent le mérite de Dalayrac, a excellemment déclaré M. Mériel, Directeur honoraire du Conservatoire de Toulouse, en face de l'image de bronze de l'illustre compositeur murétain. « Pendant cinquante années, son œuvre alimenta le répertoire ; son nom s'est répandu au dehors ; il fut membre de l'Académie de Stockolm ; reçut, l'un des premiers, la décoration de la Légion d'honneur, et, près de quatre-vingts ans après sa mort, son nom est encore assez grand pour que ses concitoyens soient heureux et fiers de lui ériger une statue afin d'honorer sa mémoire et de perpétuer son souvenir. »

La statue de Dalayrac, œuvre de M. Saint-Jean, un compatriote, reproduit très-fidèlement et très-artistement les traits du *doux musicien*, comme l'appelle M. Charles Lomon, un poète murétain :

O doux musicien, maître pur et charmant,
Demeures parmi nous, dans le rayonnement
De ton œuvre à jamais exquise,
Dans l'acclamation d'un peuple, dans l'éclair
Que le soleil joyeux tire du bronze clair,
Dans l'immortalité conquise !
Demeure ainsi, pensif, sur ton haut piédestal,
Avec la vision de l'horizon natal
Mêlée aux infinis sans voiles,
Fondant, avec ton rêve où l'éternité luit,
Le jour, les mille bruits de la terre, et la nuit,
L'immense chanson des étoiles !

XIV. — Chérubini.

Né à Florence le 10 septembre 1760 et mort à Paris le 15 mars 1842, Marie-Louis-Charles-Zenobi-Salvador Chérubini touche à Rameau et presque à Lulli par la date de sa naissance; par celle de sa mort, il touche à Meyerbeer et presque à Wagner. Son influence se répand sur le XVIII° et le XIX° siècles, remarque fort justement un de ses biographes qui ajoute : « Chérubini a assisté au grand mouvement musical de l'art moderne : il n'en a pas été seulement le spectateur, il y a pris une part glorieuse. Il arrivait en pleine fournaise. Il s'est jeté dans la mêlée, et, par sa science, par son travail, par l'inspiration de son génie, il est arrivé au premier rang parmi les maîtres. Contemporain de la lutte fameuse des *Gluckistes* et des *Piccinistes*, il a coudoyé toutes nos illustrations musicales. Haydn l'appelait son fils; Beethoven l'appelait son ami et le proclamait le premier compositeur dramatique de son temps. Rossini et Meyerbeer s'inclinaient devant lui comme devant un maître. Il avait eu pour élèves tous nos grands compositeurs : Hérold, Auber, Halévy, Ambroise Thomas, Adam, et tant d'autres, qui devaient à leur tour faire école. Lesueur, Mehul, Berton, Boïeldieu, Nicolo, avaient été ses amis ou ses collaborateurs. »

Comme Mozart, comme Weber et bien d'autres musiciens, Chérubini fut un *enfant prodige.* Sa précocité musicale fut remarquable, — ce qui ne l'empêcha point de devenir un grand maître. Son père, professeur de musique et en même temps accompagnateur au théâtre de *la Pergola*, à Florence, lui donna, dès l'âge de six ans, les premières leçons de musique. A neuf ans, Chérubini commença l'étude de l'harmonie et de l'accompagnement sous la direction des professeurs Bartholomeo et Alexandri Felici. Puis, pendant qu'il étudiait encore la composition et le chant, le jeune élève fit, à treize ans, exécuter une messe solennelle dont il était l'auteur. A dix-sept ans, ses compositions, presque toutes dans le genre religieux, étaient déjà nombreuses et avaient été accueillies avec une grande faveur par le public de Florence.

Placé, en 1778, par le Grand duc de Toscane, Léopold II, sous la direction de Sarti, à Bologne, Chérubini acquit à l'école de ce maître cette profonde connaissance du contre-point qui est le caractère principal de son talent. SARTI, (né à Ferrare en 1729 et mort en 1802), était élève du Père Martini. Il a laissé quelques excellents opéras et de nombreuses compositions pour l'église : le Conservatoire de musique de Paris possède plusieurs volumes de ces dernières.

En 1780, Chérubini fit représenter à Alexandrie-de-la-Paille, pendant la foire, son premier opéra, en trois actes, *Quinto Fabio* : il n'avait que vingt ans. Six autres opéras du jeune compositeur furent pendant les trois années qui suivirent, joués avec succès dans différentes villes de l'Italie. Puis, Chérubini alla à Londres, où il donna *la Finta Principessa* (la Fausse Princesse) et Giulio Sabino (Julius Sabinus), en 1785 et 1786.

De retour en Italie après un court séjour à Paris, il fit représenter à Turin *Iphigénie en Aulide* (1787), qui eut un grand succès et fut son adieu à sa patrie. En effet, Viotti venait de l'appeler à Paris. Viotti, (né en 1755 à Fontanetto auprès de Turin, mort à Londres en 1824), le véritable chef de l'école des violonistes modernes, était, depuis 1782, fixé dans la capitale de la France où il obtenait de nombreux succès. On a dit de lui que « jamais artiste n'avait possédé un son plus beau, une élégance aussi soutenue, une verve et une variété semblables. » A son talent de virtuose, il joignait un talent non moins grand de compositeur. Ses œuvres sont pleines d'idées et de sensibilité; la mélodie y est noble, pure et expressive : elles se composent de nombreux duos, trios, quatuors, concertos, symphonies, etc...

Une fois arrivé à Paris, Chérubini ne devait plus faire que quelques courtes absences de cette capitale. Et pourtant, pendant toute la durée du Consulat et de l'Empire, comme nous l'allons voir tout à l'heure, le maêstro ne fut guère en faveur auprès du gouvernement. Mais ses débuts avaient été heureux, et, dès le retour de Louis XVIII, Chérubini obtint enfin de la Restauration la juste considération que méritait son talent.

Dans la musique de *Démophon*, qu'il donna en 1788 peu après son arrivée à Paris, « Chérubini transforma son style et fit un premier essai des nouveaux procédés de composition que lui avaient semblé réclamer les exigences de la scène française et au moyen desquels il créa une nouvelle école lyrique sur notre théâtre musical. » Cet opéra obtint un succès qui, dès 1789, à la veille de la Révolution, fit appeler son auteur à la direction de la musique du Théâtre-Italien, fondé par Léonard, coiffeur de la reine Marie-Antoinette.

A partir de cette époque jusqu'en 1821, les compositions dramatiques de Chérubini se succédèrent sans interruption. Nous citerons entre autres : *Lodoïska* en 1791, *Médée* en 1797, les *Deux Journées* en 1800, *Anacréon* en 1803, *Pygmalion* en 1809, les *Abencerrages* en 1813, *Blanche de Provence* en 1821, etc... — La marche funèbre exécutée aux obsèques du général Hoche avait été spécialement écrite par Chérubini pour cette solennité patriotique.

Mais, ainsi que nous l'avons dit plus haut, avant la Restauration le grand talent de Chérubini ne lui avait pas encore donné à Paris une position digne de lui. Napoléon, dit le biographe déjà cité tout à l'heure, « l'avait pris en grippe et lui témoignait, à chaque occasion, sa profonde antipathie. On n'a jamais bien su pourquoi. On a dit que Chérubini avait composé un hymne en l'honneur du général Hoche, et que cela avait déplu au vainqueur de l'Italie. Bonaparte ne voulait d'hymne que pour lui. Les plus grands hommes ont leurs petites faiblesses. Ce qui est certain, c'est que Napoléon, pendant tout son règne, tint rigueur au compositeur. Il ne voulut jamais lui donner la décoration de la Légion-d'Honneur, malgré la popularité de ses œuvres, malgré sa gloire, malgré sa renommée. Il voulait bien le décorer, mais comme ancien triangle dans la musique de la garde nationale! — Pendant que Napoléon prodiguait les richesses à Paisiello et à Paër, Chérubini restait dans un état voisin de la médiocrité. Chargé de famille, Chérubini en était réduit à ses émoluments d'inspecteur au Conservatoire. » A ces fonctions peu rétribuées se bornaient toutes ses ressources. En réalité, son caractère indépendant et absolu lui avait nui en haut lieu, et ses amis ne purent jamais, sous le Consulat et sous l'Empire, vaincre les obstacles qui lui fermaient le chemin des places et des honneurs productifs.

Est-ce à un découragement momentané provoqué par cette indifférence du gouvernement qu'il faut attribuer l'inaction dans laquelle demeura le génie de Chérubini de 1806 à 1808?... Peut-être en effet cette indifférence à son égard est-elle la véritable cause de cet *abandonnement* de lui-même auquel se laissa aller ce grand travailleur qui, pendant trois années, se borna à rechercher constamment une distraction frivole que nous fait connaître M. A. Méreaux. Le grand homme, dit-il, « s'amusait à faire sur des cartes à jouer des dessins à la plume, dans lesquels il faisait figurer les carreaux, les trèfles, les piques et les cœurs, qui devenaient ou les motifs ou les parties intégrantes des petits sujets, qu'il traçait du reste avec une rare correction et beaucoup d'esprit. Nous avons vu de ces dessins qui étaient réellement fort curieux. »

En 1816, Chérubini remplaça Martini comme surintendant de la musique du roi et entra à l'Institut. « Depuis cette époque, quoiqu'il ait encore écrit en 1833 le grand-opéra d'*Ali-Baba*, il se consacra au genre religieux et ne produisit que des chefs-d'œuvre (huit messes, un *Requiem*, de nombreux motets, etc.)... Par la richesse de son instrumentation, qui ne nuit pas à l'expression dramatique et à la mélodie, Chérubini opéra une révolution dans la musique française. » Enfin, en 1822, il fut nommé directeur du Conservatoire de musique de Paris. Le *Traité de contre-point et de fugue* qu'il a publié est le résumé de ses leçons dans cet établissement.

Vers la fin de sa vie, raconte M. A. Méreaux, « Chérubini, revenant de Dieppe, où il avait passé la saison, voulut s'arrêter à Rouen pour entendre quelque œuvre de son ami Boïeldieu dans sa ville natale : c'était là un touchant hommage, qui témoignait de sa haute estime pour notre maître rouennais, et qui venait, plutôt que de l'esprit, du cœur, cet excellent conseiller des belles âmes. Chérubini fit la confidence de ce désir à celui qui écrit ces lignes et qui eut le bonheur d'avoir une précieuse place dans l'amitié de ce grand artiste. Tout fut mis en œuvre pour le satisfaire; la direction du théâtre s'y prêta avec empressement; une idée artistique devait être bien vite comprise par le directeur de cette époque : c'était un véritable artiste, c'était Nicolo Isouard, le frère de l'illustre rival et ami de Boïeldieu. Le lendemain, la *Fête au Village voisin* était sur l'affiche, et une loge était offerte à Chérubini; mais ce qu'il ne soupçonnait pas, c'est que cette soirée devait devenir une solennité en son honneur.

» L'orchestre, dirigé par M. Mézeray, exécuta, avant l'opéra de Boïeldieu, l'ouverture des *Deux Journées*. Dès qu'on entendit les premières mesures de cette belle page symphonique, tous les regards se tournèrent vers la loge où était placé Chérubini, et dans laquelle, par une singulière et fortuite coïncidence, se trouvait aussi le fils de Boïeldieu, de passage à Rouen pour se rendre à Dieppe. A la fin de l'ouverture, les bravos éclatèrent : tout le public envoyait, en battant des mains, ses hommages à l'illustre musicien, ému jusqu'aux larmes de cette manifestation populaire à laquelle il n'était pas habitué. Le soir, quand il fut rentré à l'hôtel du Midi, où il était descendu, au moment où il disait bonsoir à quelques amis prêts à le quitter, une symphonie se fait entendre de nouveau. C'est l'orchestre entier du Théâtre-des-Arts qui a envahi la cour de l'hôtel et qui veut offrir son tribut tout spécial d'admiration et de respect au célèbre directeur du Conservatoire. Chérubini sort de sa chambre, et, d'une fenêtre de l'escalier, écoute pour la seconde fois, avec le plus vif intérêt, son ouverture des *Deux Journées*. Aux derniers accords, il est descendu dans la cour, au milieu de tous ces musiciens, heureux de sa présence, et qui le reçoivent par une triple salve d'applaudissements. Mais bientôt, à un signe de leur chef, ils reprennent leurs instruments et exécutent l'ouverture de l'*Hôtellerie Portugaise*, cet autre chef-d'œuvre de Chérubini. L'illustre compositeur s'assied près du chef d'orchestre, et son imposant voisinage inspire les orchestrants, qui enlèvent avec un indicible entraînement cette charmante symphonie. L'émotion de Chérubini était à son comble; il ne put articuler que quelques paroles de remercîments, et il remonta dans son appartement bien fatigué, mais d'une de ces fatigues qui ne sont que l'excès d'une pure et bien vive jouissance. Chérubini nous a dit que jamais il n'avait reçu un hommage aussi palpitant de cordialité et d'élan populaire : et, en effet, il a toujours eu présente à la mémoire cette soirée si brillamment passée dans la ville de son cher Boïeldieu. »

XV. — Méhul.

Etienne-Nicolas Méhul, fils d'un simple cuisinier, né à Givet le 23 juin 1763, montra dès l'enfance de telles dispositions musicales que son père, malgré son manque de fortune, lui laissa prendre des leçons de musique avec un organiste du pays, pauvre lui aussi et aveugle par surcroît. Dès l'âge de dix ans, l'enfant touchait de l'orgue à l'église du couvent des Récollets, à Givet, où les habitants venaient souvent entendre le petit phénomène.

Un peu plus tard, Guillaume Hauser, qui depuis 1775 était maître de chapelle du couvent de Laval-Dieu, fut vivement intéressé par les dispositions de Méhul et lui donna des leçons.

La solitude du monastère, situé à quelque distance de Givet, était favorable aux études musicales de l'enfant. Celui-ci d'ailleurs avait la permission, quand il voulait se délasser, d'aller dans le jardin et de s'y livrer à son goût passionné pour les fleurs, goût qu'il conserva toute sa vie. Aussi, se trouvait-il si bien dans ce couvent qu'il n'avait qu'une ambition, celle d'y demeurer et de remplacer un jour Hauser dans ses fonctions.

Mais le sort en décida autrement. Un colonel de Charlemont, amateur de musique, ayant eu occasion de l'entendre, lui proposa de le conduire à Paris et de l'aider à faire valoir son talent. Méhul accepta et arriva à Paris en 1778.

Son premier soin fut de se perfectionner par de nouvelles et plus complètes études. Il prit comme maître Edelmann, habile claveciniste de l'époque. Toutefois, comme il fallait vivre, Méhul donnait en même temps quelques leçons de piano que lui avait procurées son protecteur. Il composa même des sonates pour piano : mais il s'aperçut bien vite que c'était pour le théâtre qu'il fallait écrire pour arriver promptement et sûrement à se faire connaître.

On était à l'époque de la querelle des *Glückistes* et des *Piccinistes*. Méhul s'intéressait vivement à ces débats et dépensait tout son argent, — quand il en avait, — pour aller entendre les nouvelles œuvres, tant du compositeur italien que du maître allemand. Malheureusement, sa bourse était souvent à sec, comme le prouve l'anecdote suivante :

« La veille de la première représentation d'*Iphigénie en Tauride*, Méhul s'introduisit furtivement à l'Opéra dans l'espoir d'acheter au prix de vingt-quatre heures de séquestration la jouissance gratuite du chef-d'œuvre de Glück. Découvert en présence de Glück, qui se trouvait alors dans la salle, celui-ci, après avoir questionné Méhul et ému de son naïf enthousiasme, non seulement s'empressa de lui donner un billet d'entrée pour le lendemain, mais l'invita à venir le voir en lui offrant de l'aider de ses conseils. »

Et Glück l'aida en effet : il le fortifia même dans son idée de se consacrer à la musique. Ce fut d'ailleurs sous la direction de l'auteur d'*Orphée* que Méhul composa ses premiers opéras.

Le jeune musicien fit des progrès rapides. Il écrivit pour son début un grand opéra en quatre actes intitulé *Cora*, dont Valadier avait écrit les paroles : mais il ne put obtenir d'être joué. Alors, sans se décourager, il se tourna vers l'Opéra-Comique, où il réussit enfin, en 1790, à faire représenter *Euphrosine et Coradin*, qui eut un succès prodigieux. Dès ce moment sa réputation fut faite ; et ses premiers juges, regrettant leur sévérité à son égard, lui redemandèrent la partition de *Cora*, qui fut enfin représentée, mais obtint moins de succès.

Toutefois Méhul prit bientôt, en 1792, sa revanche à l'Opéra-Comique avec *Stratonice*, un chef-d'œuvre. Si dans *Euphrosine et Coradin* le duo, dit de la *jalousie*, fut regardé par Grétry comme un morceau sans égal, *Stratonice* était « remarquable par une manière large, une rare noblesse et une entente parfaite des effets d'harmonie. » Puis, le jeune compositeur remporta coup sur coup deux autres succès à l'Opéra avec *Adrien* et *Horatius Coclès*. La représentation de cette dernière pièce fut, en 1794, attristée par un accident qui se produisit sur la scène : le pont *Sublicius*, dont on devait couper une arche du côté de Rome, s'écroula trop tôt, et il y eut beaucoup d'artistes blessés.

On était alors dans toute l'effervescence républicaine de la Révolution. Les poètes écrivaient des chants enflammés pour exciter et stimuler l'ardeur de nos jeunes armées. Méhul mit en musique pour les fêtes républicaines plusieurs des cantates, des chansons et des hymnes patriotiques de l'époque, telles que le *Chant du départ*, le *Chant de victoire*, le *Chant du retour*, etc. Pour le *Chant du départ*, de Chénier, on raconte que Méhul « en écrivit la musique sur le coin d'une cheminée, dans le salon de Sarrette, au milieu d'une conversation bruyante. »

Mais ces diverses compositions de circonstance ne lui faisaient point oublier le théâtre. Après avoir écrit la musique de l'ouverture et des chœurs de la tragédie de Chénier, intitulée

Timoléon, il donna en 1797 le *Jeune Henri*, auquel sert d'ouverture une très-belle symphonie de chasse devenue populaire. Cette ouverture plut tellement au public qu'elle fut redemandée à grands cris et que l'orchestre dut la recommencer avant d'entamer le premier acte. En revanche la pièce déplut et le rideau dut être baissé avant la fin : — mais on fit recommencer une troisième fois l'ouverture.

Méhul excellait dans les grands effets d'harmonie, dans les chants religieux. Ses romances, pleines d'expression, faisaient souvent verser des larmes : mais, à côté de ces éminentes qualités, on lui a souvent reproché d'alourdir son style en abusant de gammes discordantes et d'effets précipités. Il avait été appelé à l'Institut dès sa création en 1795. De même, lors de la formation du Conservatoire de musique en 1798, Méhul fut nommé — avec Grétry, Gonec, Lesueur et Chérubini, — un des cinq inspecteurs de cet établissement ; — et plus tard, en 1802, il fut décoré de la Légion-d'Honneur l'année même de la création de cet ordre.

Le mérite du compositeur était donc universellement reconnu. Son nom était devenu célèbre : sa personnalité s'imposait. De 1799 à 1801, quatre nouvelles partitions — *Adrien*, *Ariodant*, *Bion* et *Epicure*, — lui apportèrent de nouveaux succès. Puis, à cette époque, une troupe de virtuoses bouffes étant arrivée à Paris, le goût de la musique italienne se réveilla tout d'un coup et Méhul eut la fantaisie de s'essayer dans ce genre. Dans son opéra bouffe l'*Irato*, il réussit à saisir la manière italienne assez bien pour tromper le public de Paris qui, à la fin du spectacle fut tout surpris d'entendre annoncer Méhul comme auteur de la pièce. Toutefois l'auteur de Stratonice réussit peu dans ce genre léger.

Maître absolu de la France, vainqueur et dominateur de 'Europe, Napoléon Ier était alors à l'apogée de sa puissance. Désireux de s'entourer de toutes les illustrations qui pouvaient jeter de l'éclat sur son règne, il voulut faire de Méhul son maître de chapelle en remplacement de Paisiello, qui retournait en Italie. Mais Méhul insista pour que cette place fût donnée à Chérubini; et l'empereur, qui n'aimait point ce compositeur, comme nous l'avons vu au chapitre précédent, lui répondit brusquement :

— Ne me parlez jamais de cet homme-là !

Et ce fut Lesueur (1) qui eut la place. Méhul reçut toutefois une pension de deux mille francs.

Arrivé à la célébrité, aux honneurs, à la gloire, Méhul aurait dû être heureux. Mais, nature très-droite, très-sensible, les dix dernières années de sa vie furent au contraire assez tristes. Le succès cependant ne l'abandonnait point et son génie était loin de faiblir : le simple énoncé de quelques-unes de ses dernières productions suffit à le prouver : *Une folie*, en 1802; *Uthal*, ouvrage en style ossianique, tiré d'ailleurs des chants d'Ossian, et les *Deux Aveugles de Tolède*, en 1806; *Joseph*, son chef-d'œuvre, remarquable par la couleur antique et l'onction religieuse, en 1807; *la Journée aux aventures*, en 1816; etc...

Depuis un certain temps déjà Méhul ressentait les atteintes d'une mélancolie presque continuelle. Le mal s'aggravant, on lui conseilla, en 1817, de partir pour la Provence. Mais le voyage et l'éloignement de Paris eurent un résultat tout différent de celui que l'on désirait pour lui. Son état empira. Il écrivait à ses amis :

« Pour un peu de soleil je vous ai quittés : cependant l'air qui me convient le mieux est celui que je respire au milieu de vous. »

(1) Jean-François LESUEUR, né en 1763 à Drucat-Plessiel, près d'Abbeville et mort en 1827, était arrière-petit-neveu du peintre Lesueur. « Il entra comme enfant de chœur, en 1770, à la cathédrale d'Amiens, fut, à seize ans, maître de musique de la cathédrale de Séez, maître à la cathédrale de Dijon en 1780, à celle du Mans en 1782, à Saint-Martin-de-Tours en 1783, enfin à Notre-Dame de Paris en 1786. Il introduisit dans les solennités religieuses la musique à grand orchestre. Professeur au Conservatoire en 1795, directeur de la chapelle impériale en 1804, il entra à l'Institut en 1816. Lesueur a donné à l'Opéra-Comique la *Caverne*, (1793) et *Paul et Virginie* (1794) ; au Grand-Opéra *Ossian ou les Bardes* (1804) et *la Mort d'Adam* (1809). Sa musique d'église, écrite sous l'influence de cette idée qu'elle doit être *dramatique* et *descriptive*, contient de grandes beautés. Son *oratorio de Noël*, ses *Messes solennelles*, ses *Te Deum* vivront même plus longtemps que ses opéras. » (Th. Bachelet.)

A peine de retour à Paris, Méhul y mourut au mois d'octobre 1817, à l'âge de cinquante-quatre ans. On lui fit de magnifiques funérailles. Cent quarante musiciens exécutèrent à ses obsèques le *Requiem* de Jommelli. Quelques mois plus tard, un certain nombre d'élèves du chant au Conservatoire allèrent faire entendre sur sa tombe le *Chant du Sommeil* des bardes d'*Uthal*, suprême hommage rendu au génie du maître qui venait de mourir.

Disciple de Glück, Méhul fut le maître d'Hérold. Son style « se recommande généralement par la force de l'expression dramatique et par une facture savante. »

Une statue, œuvre de M. Croisy, a récemment été élevée par ses compatriotes sur l'une des places de Givet à l'immortel auteur de *Joseph* et de *Stratonice*.

XVI. — Spontini.

Gaspare-Luigi-Pacifico Spontini, né à Majolati, près de Jesi, dans les Etats de l'Eglise en 1774, reçut l'instruction nécessaire pour entrer dans le clergé. Sa famille désirait vivement qu'il fût prêtre. Mais, dès son adolescence, le jeune homme se sentait fort peu de goût pour la carrière ecclésiastique : en revanche, il éprouvait une vocation irrésistible pour la musique. Aussi renonça-t-il, dès qu'il le put, à entrer dans les ordres sacrés.

Après avoir été élève du Conservatoire de *la Pietà-dei-Turchini*, à Naples, il commença dès 1796 à écrire pour les théâtres de Rome, de Venise, de Florence et de Palerme des opéras aujourd'hui oubliés. Puis, « il accompagna à Marseille, en 1803, une famille à laquelle il était attaché, et alla à Paris, où il fit représenter, sur le Théâtre-Italien, *la Finta Filosofa*, pièce bouffe déjà jouée à Naples. Après avoir mis en musique quelques petites pièces françaises, qui n'eurent pas de succès, il révéla ses qualités d'expression, de sentiment et de style, dans *Milton*, en 1804. Protégé par l'impératrice Joséphine, dont il fut maître de chant, il donna à l'Opéra, malgré les cabales des envieux, *la Vestale*, en cinq actes, (1807), qui obtint un immense succès, et pour laquelle on lui décerna un des prix décennaux; puis, *Fernand Cortez*, (1809), qui ne réussit pas moins, et qui acheva de fonder sa réputation. Nommé directeur du Théâtre-Italien en 1810, il attira une magnifique troupe d'artistes, et fit connaître le *Don Juan* de Mozart. Contraint par l'intrigue de se retirer en 1812, il écrivit quelques pièces de circonstance, retoucha *les Danaïdes* de Salieri, y ajouta de charmants airs de danse, donna un nouvel opéra, *Olympie*, (1819), qui fut froidement reçu, et accepta en 1820 les fonctions de maître de chapelle, surintendant et directeur-général de la musique du roi de Prusse. »

Spontini fit un long séjour à Berlin, où il écrivit plusieurs ouvrages, entre autres *Agnès de Hohenstauffen*, représentée en 1837, qui « prend rang parmi ses chefs-d'œuvre. » Comme directeur-général de la musique, il faisait également, dans toutes les occasions solennelles, exécuter avec éclat dans cette capitale les compositions des grands maîtres.

Nommé membre de l'Institut de France en 1839, il revint habiter Paris en 1842. Spontini avait du talent, beaucoup de talent, mais encore plus de présomption et de morgue. Très-fier de sa nomination à l'Institut, il affectait volontiers de ne pas reconnaître les mérites des jeunes musiciens qui avaient commencé à se faire connaître pendant son séjour hors de France. Cette affectation était d'autant plus grande de sa part que lui-même était déjà alors quelque peu oublié à Paris. Une anecdote que le grand pianiste et compositeur Liszt racontait volontiers, fait bien ressortir la morgue et la présomption de l'auteur de *la Vestale*.

Spontini fréquentait beaucoup l'Opéra. C'était, disait Liszt, un personnage raide, suffisant, se gonflant dans son faux-col. — (Et, tout en disant ces mots, Liszt remontait son propre col et se rengorgeait afin de donner à ses auditeurs une idée aussi vive que possible de Spontini). — Tout le monde était heureux de pouvoir éviter le présomptueux maëstro que, « ailleurs on feignait de croire mort, » — ajoutait le malicieux pianiste ; — mais, à Paris, comme il était membre de l'Institut, on ne pouvait manquer d'admettre son existence.

Spontini et Liszt se rencontraient souvent chez Erard, le grand et célèbre facteur d'instruments de musique. Un jour, dans une de ces rencontres, Liszt fit par hasard remarquer à Spontini que Berlioz admirait beaucoup son talent : malgré cette remarque flatteuse, le vieux maëstro ne put s'empêcher de dénigrer les musiciens de la nouvelle école et de décharger sa bile sur Berlioz, prétendant que lui et ses pareils travaillaient à la ruine de l'art.

Peu de temps après, eut lieu à l'Opéra une reprise de *la Vestale ;* et Berlioz écrivit un article enthousiaste sur la musique de Spontini. La première fois, après ce nouvel éloge, que Liszt rencontra « l'homme aux faux-cols, » il lui dit :

— Vous voyez combien j'avais raison de vous dire que Berlioz était un fervent admirateur de votre muse.

Spontini se gonfla encore plus qu'à l'ordinaire et répliqua d'un ton de conviction :

— M. Berlioz a du talent..... comme critique !

Spontini retourna passer ses dernières années dans son pays natal, où il mourut en 1851. Il a doté Jesi d'un mont-de-piété, d'un hospice pour les vieillards et les infirmes et de plusieurs écoles gratuites.

Si Spontini était présomptueux, il ne faut point cependant oublier que, comme le dit avec justice M. Th. Bachelet, « il a rendu d'immenses services à l'art musical : si l'on excepte quelques ouvrages de Glück, tout était à créer : il a donné plus d'importance à l'accompagnement à l'orchestration, et contribué aux progrès que la tragédie lyrique a faits depuis un demi-siècle dans la partie matérielle et dans les formes extérieures de l'art. »

XVII. — Carafa.

Michel-Henri-François-Aloys-Vincent-Paul CARAFA DE COLOBRANO, né à Naples en 1785, commença ses études musicales avec Fenaroli, professeur au Conservatoire de Loreto, à Naples, après avoir été élevé et fait toutes ses études dans cet établissement. Fidele Fenaroli, né à Lanciano, dans les Abruzzes, en 1730, fut également le maître de Cimarosa, de Guglielmi et de Palma. « Ses *Regole musicali* (Règles musicales) et ses *Partimenti* sont encore aujourd'hui excellents pour étudier l'art du chant. » Il mourut en 1817.

Arrivé à l'âge d'homme, Carafa abandonna cependant la carrière d'artiste pour le service militaire. Fait prisonnier par les Français en 1806, il plut au roi Murat, qui se l'attacha en qualité d'écuyer, puis d'officier d'ordonnance : il fit en cette qualité la campagne de Russie aux côtés de ce prince. Carafa était déjà parvenu au grade de chef d'escadrons, lorsque les événements de 1814 brisèrent sa carrière militaire. Il revint alors à la musique.

L'ancien officier de hussards débuta au théâtre par un petit opéra de salon, *Il Fantasma*, qui eut du succès, et se livra depuis presque exclusivement à la composition de la musique dramatique. Il a écrit une trentaine d'ouvrages représentés en Italie, à Vienne et à Paris. Ses premiers opéras (1), aujourd'hui oubliés, mais écrits avec la facilité et l'élégance italiennes, furent tous, jusqu'en 1820, représentés dans diverses villes de l'Italie.

---

(1) Voici la nomenclature de ces premiers ouvrages dramatiques : *Il Vascello d'Occidente* (1814) ; *La Gelosia Corretta* (1815) ; *Gabriella di Vergi* (1816) ; *Ifigenia in Tauride*, et *Adele di Lusignano* (1817) ; *Derenice in Siria*, et *Elisabeth in Derbishire* (1818) ; *Il sacrifizio d'Epito* (1819,) ; *Gli due Figaro* (1820).

« Carafa vint en France en 1821 ; il y donna *Jeanne d'Arc*, qui n'eut qu'un demi-succès ; mais le *Solitaire* (1822) eut une grande vogue, qu'il dut en partie au roman du vicomte d'Arlincourt. » Les principales pièces qu'il écrivit encore pour la scène française sont : *Le Valet de Chambre*, en 1823 ; *la Belle au Bois dormant*, grand opéra, en 1825 ; *la Violette*, en 1827 ; *Masaniello*, son meilleur ouvrage, en 1828 ; *Jenny*, en 1829 ; l'*Orgie*, ballet, en 1831 ; *la Prison d'Edimbourg*, — ouvrage, dit M. Fétis, qui réussit peu, mais qui méritait un meilleur sort, — et *Une Journée de la Fronde*, en 1833 ; *la Grande Duchesse*, en 1834.

En même temps que les ouvrages que nous venons d'énumérer étaient représentés en France, d'autres partitions de Carafa étaient jouées sur divers théâtres étrangers. Citons entre autres : *La Capriciosa* (1821) ; *Abufar* (1823) ; *Il Somnambulo* (1825) ; *Le Nozze di Lammermoor* (1829), etc...

Carafa s'était, en 1827, définitivement établi à Paris. Il y devint directeur du Gymnase de musique militaire et professeur de composition au Conservatoire. C'est en 1837, dit M. Ernest Reyer, « que Carafa succéda à Lesueur comme membre de l'Académie des Beaux-Arts. Bien qu'il eût étudié l'harmonie avec Fenaroli, la fugue et le contre-point avec Chérubini, il n'était point homme de science, écrivait avec une correction relative, et appartenait part droit de naissance et par toutes ses sympathies à cette école de mélodistes italiens, dont l'auteur du *Barbier* et de *Guillaume Tell*, était pour lui le type le plus accompli, l'expression la plus sublime. »

Carafa, écrivait également M. Ernest Reyer au lendemain de la mort du maëstro survenue en août 1872, « Carafa, que le ministre des Beaux-Arts, en son discours, a appelé l'auteur du *Solitaire*, et qu'il eût peut-être mieux valu appeler l'auteur de *Masaniello*; Carafa, qui fut directeur de ce Gymnase militaire que le gouvernement impérial crut devoir supprimer et que le gouvernement actuel ferait peut-être bien de rétablir ; Carafa, l'ami le plus dévoué de Rossini, vient de mourir. Il était à l'âge où ces sortes d'accidents arrivent, bien qu'ils arrivent à tout âge, malheureusement. Carafa était né en 1785; il avait donc quatre-vingt-sept ans. Depuis quelques années, sa mort était pressentie et n'a surpris personne; tandis que la mort de M. Auber, qui fut un jeune homme jusqu'à ses derniers instants, semblait ne devoir jamais arriver. Donc celui qui en son temps fut un compositeur presque illustre et souvent applaudi s'est éteint sans faire grand bruit parmi cette génération trop jeune pour avoir pu le connaître et le bien apprécier. On ne jouait plus ses œuvres depuis bien des années; la dernière tentative faite au Théâtre-Lyrique par le directeur Pellegrin, un contemporain du maître, n'avait pas réussi. Le Solitaire, « qui sait tout, qui voit tout, » ne sut pas plaire au public, ne put pas se maintenir sur l'affiche et vit la déconfiture prochaine de la direction qui l'avait exhumé. C'est en ce cas seulement que le Solitaire ne se trompa point, et il faut croire que c'est de son propre mouvement qu'il se retira. La reprise de *Masaniello* eût été en ce temps-là et serait encore aujourd'hui une opération bien meilleure et bien plus profitable aux intérêts du théâtre qui en ferait l'essai, et à la gloire posthume du compositeur. *La Muette* a fait oublier *Masaniello*; mais les musiciens vous diront que *Masaniello* n'est certainement pas indigne de tenir son rang à côté de *la Muette*. Le duo : *Un oiseau qui supporte à peine la lumière*, est un chef-d'œuvre; la barcarolle a joui d'une vogue à nulle autre pareille, et bien d'autres morceaux de la partition sont extrêmement remarquables.....

« Il y a trois ou quatre ans, on voyait encore Carafa très-assidu aux représentations des Fantaisies-Parisiennes et de l'Opéra, où il avait un siége à l'entrée de l'amphithéâtre. Mais déjà ses facultés étaient très-affaiblies et il ressentait les premières atteintes de la paralysie à laquelle il a succombé.

» On a exécuté à ses obsèques deux morceaux de sa composition : une *Marche funèbre* et un *Ave verum* avec accompagnement de harpe par M. Prunier, un de ses élèves. »

LOUIS VAN BEETHOVEN.

XVIII. — Beethoven.

Louis Van Beethoven (1) naquit à Bonn, en Allemagne, le 17 décembre 1770. Son père, ténor à la chapelle de l'électeur de Cologne, voulut l'initier de bonne heure à l'étude de la musique. Mais — chose bizarre, — celui qui devait plus tard charmer le monde par ses sublimes compositions et l'émerveiller par son génie montra tout d'abord fort peu de goût pour un art dans lequel il devint un maître. Il ne commença à s'y intéresser que dans son adolescence lorsqu'il eut abordé l'étude des œuvres de Bach et de Haendel, sous la direction de deux éminents professeurs, Vander Eden et Neefe, tour à tour organistes de la Cour. Le jeune musicien écrivit même à cette époque, sans avoir encore reçu aucune leçon d'harmonie, quelques inspirations qu'il désavoua plus tard. Joseph Haydn, que nos lecteurs connaissent déjà, et Albreehtsberger lui donnèrent aussi des conseils.

Jean-Georges Albreehtsberger, né à Klosternenbourg en Autriche et mort en 1809, était organiste et en même temps compositeur de talent. Il fut pendant longtemps maître de chapelle de la cathédrale de Vienne. On a de lui une bonne

(1) Beethoven, dit M. Th. Bachelet, a laissé trente-cinq sonates pour piano ; une foule de fantaisies, préludes, rondos, thèmes variés, duos, trios, quatuors, quintettes et concertos pour divers instruments ; dix ouvertures, dont celles d'*Eymont*, de *Coriolan*, de *Prométhée*, des *Ruines d'Athènes*. Son opéra de *Fidelio*, qui s'appela d'abord *Léonore*, est un des chefs-d'œuvre du théâtre allemand. Il a donné à l'Eglise deux messes et l'oratorio du *Christ au mont des Oliviers*. Parmi ses compositions pour le chant, on distingue la cantate d'*Adélaïde* et le *Cri de guerre de l'Autriche* (1797). Mais c'est dans le genre de la symphonie que Beethoven est sans rival : on a de lui neuf compositions de ce genre, remarquables par la hardiesse de la conception, la richesse de l'instrumentation et la beauté des combinaisons harmoniques, qui cependant ne sont pas exemptes de dureté. Le *Traité d'harmonie et de composition* de Beethoven a été, en 1833, traduit en français par M. Fétis.

Méthode de Composition qui a été traduite en français par Choron. Il a également laissé de nombreuses œuvres de musique sacrée et instrumentale, la plupart inédites.

Déjà grand admirateur de Mozart, Beethoven fit, en 1790, le voyage de Vienne exprès pour demander des conseils à l'illustre compositeur. Celui-ci, après avoir entendu Beethoven improviser sur le piano, lui prédit, dit-on, sa glorieuse destinée. Toutefois, comme beaucoup d'autres, Beethoven eut, pendant la plus grande partie de sa vie, l'amertume de voir son génie méconnu de ses contemporains. Cette injustice rendit misanthrope cet homme au cœur foncièrement bon, mais ayant la conscience de sa valeur d'artiste, valeur qui — c'est triste à dire, — ne fut universellement reconnue qu'après sa mort.

Les premières compositions de Beethoven, patronnées par le prince Lichnowski, dit M. Th. Bachelet, « donnèrent lieu à de vives querelles; un parti lui opposa Welf, dont l'esprit plus clair et plus méthodique saisissait mieux la multitude. Pensionné par l'électeur de Cologne, Beethoven passa dix heureuses années tout occupé à imiter le style de Mozart. Mais, avec le xixe siècle, commencèrent pour lui les rudes épreuves. Les malheurs de la guerre frappèrent ses protecteurs; il lui fallut chercher dans son seul travail des moyens d'existence. » Il eut en outre, à cette difficile époque de sa vie, à subvenir aux besoins de ses deux frères qui, sans ressources, vinrent habiter avec lui.

. . .

Mais, avant de continuer cette esquisse de l'illustre musicien, nous ne pouvons résister au plaisir de citer un charmant épisode de son existence raconté par un auteur allemand qui le tenait d'un témoin même de la scène que l'on va lire. Ce récit, traduit de l'allemand il y a environ vingt-cinq ans, fera connaître à nos jeunes lecteurs la bonté et le cœur de Beethoven.

Il y a quelques mois j'étais à Bonn, le lieu de naissance de Beethoven, dit l'auteur allemand. Je rencontrai là un vieux musicien qui avait connu intimement cet illustre compositeur ; et c'est de lui que j'appris l'anecdote suivante :

— Vous savez, sans doute, me dit-il, que Beethoven est né dans une maison de la rue Rhin (*Rhein Gasse*) : mais à l'époque où je le connus, il habitait un humble logement, situé Rœmerplatz. Il était très-pauvre alors, si pauvre qu'il ne sortait pour se promener un peu, que le soir, à cause du mauvais état de ses vêtements. Néanmoins, il avait un piano, des plumes, du papier, de l'encre et des livres ; et, malgré ses privations, il lui arrivait de passer quelques moments heureux. Il n'était pas encore frappé de surdité et il pouvait du moins jouir de l'harmonie de ses propres compositions.

Un soir d'hiver, j'allai le voir dans l'espoir de l'entraîner à faire une promenade et de l'emmener souper avec moi au retour. Je le trouvai assis à la fenêtre, au clair de lune, sans feu ni lumière, la figure cachée dans les mains, et tout le corps grelottant de froid, car il gelait très-fort. Peu à peu je parvins à le tirer de sa léthargie ; puis, je l'engageai à m'accompagner et l'exhortai à secouer sa tristesse. Il consentit enfin à sortir avec moi : mais, ce soir-là, il demeura sombre et ne voulut écouter aucune consolation.

— Je hais le monde, me dit-il avec un accent passionné ; je me hais moi-même. Il n'y a personne qui me comprenne, personne qui se soucie de moi ou qui s'intéresse à moi : — j'ai du génie et je suis traité comme un paria.

Je ne répondis pas. Il était inutile de discuter avec Beethoven. Je le laissai donc continuer longtemps sur le même ton. Il ne s'arrêta qu'au moment où nous rentrâmes dans la ville, et alors il retomba dans un silence mélancolique.

Nous traversâmes une rue sombre et étroite, peu éloignée de la porte de Coblentz. Tout à coup il s'arrêta :

— Silence ! me dit-il ; quel est ce bruit ?

J'écoutai, et j'entendis sortir d'une maison voisine les sons affaiblis d'un vieux piano. C'était une mélodie plaintive ; et, malgré le mauvais état dans lequel devait être l'instrument, la personne qui était au clavier jouait avec beaucoup de sentiment.

Beethoven, les yeux étincelants, me regarda :

— C'est tiré de ma symphonie en *ut mineur*, murmura-t-il. C'est ici, dans cette maison. Ecoutez... Comme c'est bien joué !

La maison était petite et d'une apparence plus que modeste : une lumière brillait à travers les volets disjoints : Beethoven resta plusieurs minutes à écouter. Au milieu du final, il y eut une interruption soudaine, un silence de quelques instants, puis nous entendîmes une voix étouffée, une voix de femme, qui disait :

« Je ne peux pas continuer... Je ne peux pas aller plus loin
» ce soir, Frédérick...

» — Pourquoi donc, ma sœur?

» — Je ne sais... Peut-être parce que c'est si beau que je
» me sens incapable de jouer comme il faudrait... J'aime tant
» la musique!... Oh! que ne donnerais-je pas pour entendre
» ce morceau exécuté par quelqu'un capable de l'inter-
» préter!...

» — Ah! chère sœur, répliqua Frédérick avec un soupir, il
» faudrait être riche pour pouvoir se procurer ce plaisir, et
» nous ne le sommes point. Nous avons déjà bien de la peine
» à payer notre loyer... Pourquoi désirer des choses au-dessus
» de nos moyens?

» — Tu as raison, Frédérick : — cependant, quand je joue,
» je ne puis m'empêcher de souhaiter ardemment d'entendre
» une fois dans ma vie de la bonne musique exécutée par un
» maître. Mais c'est inutile! — c'est vrai, — c'est inutile!... »

Il y avait quelque chose de singulièrement touchant dans le ton avec lequel ces dernières paroles furent prononcées.

Beethoven se tourna vers moi.

— Entrons, me dit-il brusquement.

— Entrer? répliquai-je; et pourquoi?

— Je lui jouerai ce morceau, me répondit-il avec vivacité. Elle a du sentiment, de l'intelligence, du goût : je le lui jouerai comme elle le désire.

Et, avant que je pusse l'en empêcher, il avait posé la main sur le bouton de la porte : celle-ci, qui n'était pas fermée au verrou, s'ouvrit immédiatement. Je le suivis dans un corridor sombre vers une porte entr'ouverte. Il la poussa, et nous nous trouvâmes dans une chambre pauvre, nue, où ne se trouvaient qu'un petit poële et quelques meubles grossiers.

Un jeune homme pâle, assis devant une table, travaillait à un soulier. Auprès de lui, mélancoliquement penchée sur un vieux piano, était une jeune fille. L'un et l'autre étaient proprement, mais pauvrement vêtus. A notre entrée, ils se levèrent et se tournèrent vers nous.

— Excusez-moi, dit Beethoven avec un certain embarras : excusez-moi, mais j'ai entendu de la musique et j'ai eu la tentation d'entrer. Je suis musicien.

La jeune fille rougit...

— J'ai également entendu quelques-unes des paroles que vous avez prononcées tout à l'heure, continua-t-il. Vous désirez entendre... C'est-à-dire vous voudriez... En un mot, voulez-vous me permettre de vous jouer un morceau?

Il y avait quelque chose de si étrange, de si brusque, de si comique dans toute cette affaire, et en même temps de si charmant dans les manières de celui qui venait de parler, que la glace fut rompue en un instant. Tout le monde sourit involontairement.

— Je vous remercie, dit le jeune cordonnier ; mais notre piano est bien mauvais... et puis, nous n'avons pas de musique...

— Pas de musique! s'écria Beethoven : comment faisait donc alors Mademoiselle pour jouer tout à l'heure?...

Il s'arrêta court et rougit fortement ; car la jeune fille venait de tourner vers lui des yeux tristement voilés : il avait reconnu qu'elle était aveugle.

— Je vous supplie de me pardonner, Mademoiselle, murmura Beethoven ; je n'avais pas remarqué... Alors vous jouez de mémoire?

— Entièrement.

— Et où avez-vous entendu cette musique?

— Une dame qui était notre voisine à Brulh, il y a deux ans, la jouait souvent, répondit la jeune fille. Pendant les soirées d'été, sa fenêtre demeurant ouverte, je me promenais devant sa maison pour l'écouter.

— Et vous n'avez jamais entendu d'autre musique?

— Jamais, excepté celle qu'on joue dans les rues.

La jeune aveugle paraissait très-émue ; aussi Beethoven n'ajouta-t-il pas un mot de plus. Il s'assit au piano et commença à jouer. Aux premières notes qu'il toucha je devinai combien il serait sublime ce soir-là.

Je ne m'étais point trompé. Jamais, non jamais, durant les longues années que je l'ai connu, je ne l'entendis jouer comme il joua pour la jeune aveugle et son frère.

Nous l'écoutions, la respiration suspendue. Le frère et la sœur étaient muets d'étonnement et d'admiration, et comme pétrifiés. Le premier avait abandonné son ouvrage : l'autre, la tête légèrement inclinée, s'était approchée du piano, et tenait les mains jointes sur sa poitrine, comme si elle eût craint que les battements de son cœur interrompissent ces accents d'une douceur infinie. Il nous semblait être dans un rêve délicieux. Notre seule crainte était de nous réveiller trop tôt.

Soudain la flamme de l'unique chandelle qui éclairait la chambre vacilla...; la mèche, consumée jusqu'au bout, tomba et s'éteignit. Beethoven s'arrêta : j'ouvris les volets pour laisser pénétrer les rayons de la lune... La chambre fut alors presque aussi bien éclairée qu'auparavant : seulement la clarté qui environnait le musicien et le piano avait quelque chose de fantastique.

Mais cet incident sembla avoir rompu le cours des idées de Beethoven. Il pencha la tête sur la poitrine, appuya les mains sur ses genoux et demeura plongé dans une profonde méditation.

Il demeura quelque temps ainsi. Enfin, le jeune cordonnier se leva, s'approcha de lui et lui dit d'une voix basse et respectueuse :

— Homme merveilleux, qui donc êtes-vous?

Beethoven releva la tête et le regarda distraitement, comme s'il n'avait pas compris la question.

Le jeune homme l'ayant renouvelée, le compositeur sourit, comme seul il savait sourire, avec une douceur et une bienveillance incomparables.

— Ecoutez, dit-il... Et il joua le premier mouvement de la symphonie en *ut*.

Le frère et la sœur poussèrent en même temps un cri de joie.

— Oh! vous êtes Beethoven! s'écrièrent-ils avec émotion.

Lui, se leva pour partir : nous le suppliâmes et nous parvînmes à le retenir.

— Jouez encore..., rien qu'une fois encore! lui disions-nous.

Il se laissa conduire au piano. Les rayons de la lune, passant à travers la fenêtre sans rideaux, enveloppaient son front comme d'une auréole.

— Je vais improviser une sonate à la déesse de la nuit, dit-il joyeusement.

Il contempla pendant quelques minutes le ciel tout parsemé d'étoiles ; puis ses doigts se posèrent sur le piano et il commença par un air lent, triste, mais d'une douceur ineffable. La mélodie était en effet comparable aux rayons argentés qui se jouaient au milieu des ombres de la nuit. Cette ouverture délicieuse fut suivie d'un morceau à trois temps, vif, capricieux, comme une danse de sylphes ou de fées. Puis vint un final rapide, tremblant précipité, exprimant je ne sais quelle mystérieuse inquiétude, inspirant une terreur vague et instinctive, qui nous emportait sur ses ailes frémissantes et qui finit par nous laisser dans une agitation extrême et émus jusqu'aux larmes.

— Adieu, dit Beethoven en repoussant brusquement sa chaise et en s'avançant vers la porte. Adieu.

— Vous reviendrez ?... demandèrent à la fois le frère et la sœur.

Il s'arrêta et regarda avec compassion la jeune aveugle.

— Oui, oui, répondit-il précipitamment, je reviendrai et je donnerai quelques leçons à Mademoiselle. Adieu ; je reviendrai bientôt.

Le jeune cordonnier et sa sœur nous suivirent silencieusement jusqu'à la porte : mais leur silence était plus éloquent que ne l'eussent été les paroles les mieux choisies. Ils restèrent sur le seuil jusqu'à ce que nous fûmes disparus.

— Hâtons-nous de rentrer, me dit Beethoven lorsque nous fûmes dans la rue. Hâtons-nous, pour que je puisse noter cette sonate pendant que je l'ai dans la mémoire.

Il s'enferma avec moi dans sa chambre et travailla presque jusqu'au jour.

* * *

Ainsi que nous venons de le voir au début du récit qui précède, Beethoven fut atteint de surdité pendant la seconde partie de sa vie. Cette infirmité, toujours pénible pour ceux qui en sont victimes, mais encore plus pour un musicien, le rendit triste et morose et agit fortement sur son imagination, déjà naturellement portée à être quelque peu fantasque.

En 1809, Jérôme Bonaparte, roi de Westphalie, lui offrit la direction de sa chapelle ; mais l'archiduc Rodolphe, le prince Lobkowitz et le comte de Kinsky ne voulurent pas laisser enlever à l'Autriche un artiste aussi éminent et lui firent une pension de quatre mille florins. Beethoven vécut au village de Baden, toujours mélancolique, fuyant la société, défiant et ombrageux. Les souverains qui vinrent au congrès de Vienne le comblèrent d'attentions délicates. Louis XVIII lui envoya de France une médaille d'or. Mais la faveur qui se portait déjà sur Rossini, dont il aimait peu le style, lui fut un nouveau motif de chagrin. Sa santé s'altéra, et il fut enlevé par une fluxion de poitrine, compliquée d'hydropisie. Vingt ans après, Bonn lui éleva une statue.

Beethoven eut une fois un instant de bonheur, et cet instant lui coûta la vie, raconte Mᵐᵉ Georges Henry à qui nous empruntons le récit des derniers moments de ce grand et malheureux génie. « Il avait vécu pauvre et dans la solitude, endurci par l'injustice de ses contemporains et les mépris du monde. Pourtant il avait écrit la musique la plus sublime que jamais l'homme eût rêvée. Il parla aux hommes une langue divine, et on dédaigna de l'écouter. Il leur enseigna la sublime harmonie de la nature, les soupirs de la brise, le doux murmure des vagues, le chant mélodieux des oiseaux dans les bois. Son talent fut tellement méconnu qu'il endura souvent la plus douloureuse agonie du poète et de l'artiste : il douta de son propre génie. Beethoven n'eut jamais qu'un ami, et cet ami fut Hummel (1). La pauvreté et l'injustice l'avaient irrité; il devint injuste à son tour. Il se brouilla avec lui, et pendant bien longtemps ils cessèrent de se voir. Pour comble de malheur, il devint absolument sourd.

« Alors Beethoven se retira à Bade où il vécut triste et isolé. Son seul bonheur était d'errer parmi les sombres allées de la splendide forêt, aux environs de la ville. Là, seul avec les oiseaux et les fleurs des champs, il donnait l'essor à son génie, composant ses sublimes symphonies, se rapprochant des portes du ciel, par de merveilleux accents, pour parler aux anges ce langage trop merveilleux pour des oreilles humaines, puisqu'elles n'avaient pas su le comprendre.

» Mais, au milieu de ses rêveries solitaires, une lettre lui arriva qui le rappela malgré lui à ce monde où de nouvelles douleurs l'attendaient.

» Un neveu qu'il avait élevé, et auquel l'attachaient les services qu'il lui avaient rendus, le suppliait de venir à Vienne.

(1) Jean-Népomucène Hummel, célèbre pianiste et compositeur de musique, né à Presbourg en 1778, mort à Weimar en 1837. Il était lui aussi élève de Mozart et d'Albrechtsberger. Il fut successivement maître de chapelle du prince Esterhazy et des cours de Wurtemberg et de Weimar. Comme exécutant, dit M. Th. Bachelet, « nul ne posséda plus de pureté, de régularité, de correction. Il semblait rendre des compositions méditées, plutôt qu'improviser. Ses œuvres instrumentales ont leur place à côté de celles de Beethoven. Au théâtre, où il donna quatre opéras, et dans le genre religieux, il fit aussi preuve d'un grand talent. »

Il était impliqué dans une mauvaise affaire, dont son oncle seul pouvait le tirer.

» Beethoven, forcé par des raisons d'économie, dut faire une partie du voyage à pied. Un soir, il s'arrêta à la porte d'une maison d'apparence modeste et demanda l'hospitalité. Il avait encore plusieurs lieues à faire pour arriver, et ses forces ne lui permettaient pas d'aller plus loin. Elle lui fut immédiatement accordée; il partagea le repas de la famille, puis on l'installa dans le fauteuil du père.

» Quand la table fut desservie, le père se leva et ouvrit un vieux clavecin. Les trois fils prirent chacun un violon, la mère et la fille leur ouvrage.

» Le père donna le ton, et tous quatre commencèrent à jouer, avec cet accord, ce talent inné, particulier au peuple autrichien. Ils paraissaient singulièrement intéressés par leur musique. Les deux femmes cessèrent de travailler pour écouter, et sur leurs doux visages on pouvait lire une profonde émotion.

» Observer était tout ce que pouvait faire Beethoven; car il n'entendait pas une seule note. Il ne pouvait juger de leur talent que par leur émotion et le feu divin qui animait leurs traits. Quand ils eurent achevé le morceau, ils se serrèrent la main, comme pour se remercier de la communauté de plaisir qu'ils avaient éprouvée, et la jeune fille se jeta en pleurant dans les bras de sa mère. Après s'être consultés pendant quelques instants, ils reprirent leurs instruments et recommencèrent : cette fois leur enthousiasme fut au comble et leurs yeux se remplirent de larmes.

» — Mes amis, dit Beethoven, je suis bien malheureux de ne pouvoir participer au bonheur dont vous paraissez jouir, car moi aussi j'aime la musique : mais, vous le savez, je suis tellement sourd que je n'entends pas un son. Laissez-moi lire ce morceau qui produit sur vous de si douces émotions.

» Il prend le papier... ses yeux s'obscurcissent... sa respiration s'arrête... il laisse tomber la musique et fond en larmes. Ces paysans jouaient l'allégretto de sa *symphonie en la*.

» Toute la famille l'entoura, remplie de surprise et de curiosité. Pendant quelques instants ses sanglots convulsifs l'empêchèrent de parler, puis il releva la tête et leur dit :

» — Je suis Beethoven.

» Alors ils se découvrirent et s'inclinèrent devant lui dans un respectueux silence. Beethoven leur tendit les mains ; ils s'en saisirent, les serrèrent, les baisèrent en pleurant. Ils comprenaient qu'ils avaient au milieu d'eux plus qu'un roi. Beethoven se mit au clavecin, et fit signe aux jeunes gens de reprendre leurs instruments, lui-même jouant la partie du piano. Tous étaient inspirés ; jamais musique ne fut ni plus divine ni mieux exécutée. La moitié de la nuit se passa ainsi. Les paysans écoutaient toujours. C'était le dernier chant du cygne.

» Le père contraignit enfin le grand artiste à se mettre au lit ; mais pendant la nuit Beethoven fut agité, — il avait la fièvre. Il ne put rester couché, il étouffait, il avait besoin d'air : il sortit nu-pieds dans la campagne et erra ainsi pendant plusieurs heures dans l'humidité causée par la rosée du matin. Lorsqu'il rentra, il était glacé et frissonnait. On envoya chercher un médecin à Vienne ; mais, malgré leurs soins, en dépit du talent du docteur, au bout de deux jours tout espoir de le sauver était perdu.

» Sur son lit de mort un homme vint le voir. C'était Hummel, son unique, son vieil ami. Il avait entendu parler de la maladie de Beethoven, il venait lui apporter les secours dont il avait besoin. Il était trop tard. Beethoven avait perdu la parole et ne put lui prouver sa reconnaissance que par un sourire.

» Hummel se pencha vers lui et, à l'aide d'un instrument acoustique, il put lui faire entendre quelques paroles de compassion et de regret. Beethoven parut se ranimer, ses yeux brillèrent, il fit un effort et parvint à murmurer :

» — *N'est-ce pas, Hummel, qu'après tout, j'ai un peu de talent ?* »

Ce furent ses dernières paroles : ses yeux devinrent fixes, sa bouche s'entr'ouvrit et il rendit le dernier soupir (26 mars 1827).

Il fut enterré dans le petit cimetière de Dobling.

* * *

Le génie de Beethoven ne fut universellement reconnu qu'après sa mort, avons-nous dit plus haut. En effet, à peine son corps eut-il été renfermé dans le cercueil que ses sublimes compositions musicales excitèrent l'enthousiasme dans le monde entier. En outre, à mesure que la célébrité s'attachait au nom de Beethoven, de nombreuses légendes naissaient et s'accréditaient au sein du peuple, en Autriche, sur le compte de l'auteur d'une musique aussi divine. Nous nous bornerons à citer, à titre de curiosité, celle que là-bas, dans les provinces autrichiennes, au pays béni de la musique, on raconte sur la mort de ce musicien de génie. C'est M. Lucien Rhéal qui a récemment fait connaître cette gracieuse et poétique légende au public français.

Beethoven, rapporte-t-il, s'était retiré dans un petit village des environs de Vienne. Son corps était tellement criblé d'infirmités qu'il ne vivait plus que pour la souffrance. Un soir, vers les derniers jours du mois de mars de l'an 1827, Beethoven contemplait de sa fenêtre les arbres de son petit verger, dont les cimes transparentes étincelaient comme de l'or aux rayons du soleil couchant.

Absorbé par ses contemplations, il modulait en lui-même les bruits mélodieux du soir, composant sans doute mentalement quelque pastorale nouvelle, lorsque son attention fut attirée par la présence inattendue de quelques-uns de ses amis réunis devant sa porte : il les vit transportant les pupitres, étalant la musique, accordant leurs instruments et se préparant à exécuter les mélodies d'une de ses symphonies. C'était une fête qu'on voulait lui donner.

Cette marque d'amitié le ranima. Il lui sembla que tous ces instruments l'appelaient dans la prairie pour célébrer le retour du printemps, et, sans mesurer ses forces, oubliant les prescriptions du médecin, il se fit descendre au milieu de ses amis, et voulut diriger l'orchestre. Quoique sourd, il pouvait sentir la marche des instruments en appuyant sa poitrine sur le piano : les vibrations lui donnaient la mesure, son tempérament d'artiste et d'auteur devinait le reste.

La première moitié de la symphonie fut exécutée avec une perfection et un ensemble dignes du maître. Déjà, on avait commencé la seconde et l'on était arrivé au plus délicieux passage de la symphonie, lorsque, tout à coup, un cri perçant se fit entendre. Beethoven se lève avec transport; ses cheveux, blanchis par le chagrin, s'agitent sur sa tête; sa figure est pâle et lumineuse. Il écoute! Dans ce moment solennel, il paraît effrayé, indécis, comme un homme que sa raison abandonne : puis, l'expression si douloureuse de sa physionomie fait place à l'extase; une larme brille dans ses yeux, et, cédant à l'entraînement de la musique qui continue toujours, il reprend sa place à l'orchestre. — Mais, ô prodige! il ne s'incline plus sur le piano pour saisir la mesure : on le voit, au contraire, tremblant d'émotion, agitant sa main dans les airs, frappant le pupitre, imitant, mimant, dessinant son œuvre, redressant fièrement la tête au fortissimo, disparaissant au pianissimo, dominant l'orchestre et, d'une voix de tonnerre, lançant aux musiciens des mots d'encouragement et de récompense.

La symphonie était terminée. Beethoven, épuisé, retomba dans son fauteuil. Tous ses amis se pressaient autour de lui avec des transports d'admiration. Lui, il était muet, immobile, en extase, comme un homme à qui une grande joie enlève l'usage de la parole. Il regardait, il écoutait, il faisait des signes de la main, posant un doigt sur sa bouche pour réclamer le silence.

Un rossignol placé sur un arbre voisin préludait à demi-voix. Il s'anima peu à peu; puis, enflant son gosier, il commença une symphonie merveilleuse. On eût dit que l'oiseau célébrait son triomphe sur le musicien qui semblait l'entendre.

L'hymne du rossignol avait été si brillant, si imprévu, que

les auditeurs attentifs se laissèrent absorber dans leur émotion. Mais, lorsque, après un moment de silence, leurs regards se dirigèrent sur Beethoven, ils le virent la tête penchée sur la poitrine, semblable à un homme qui sommeille. On courut à lui, on le transporta dans sa maison, mais tous les secours furent inutiles : son âme s'était sans doute envolée avec le rossignol.

C'est une croyance généralement accréditée en Autriche, ajoute M. Lucien Rhéal, que le sens de l'ouïe fût rendu à Beethoven à son heure dernière et que son dernier soupir s'exhala avec les derniers accents du rossignol.

XIX. — Weber.

Dès l'enfance, Mozart avait été d'une rare et remarquable précocité. Weber, lui aussi, fut un enfant précoce, moins extraordinaire toutefois que l'auteur de *Don Juan*.

Charles-Marie, baron DE WEBER, naquit le 18 décembre 1786 à Eutin, toute petite ville du duché de Holstein. Son père, célèbre violoniste et musicien distingué, était naturellement enclin à s'éloigner de toute société. Il vivait dans une retraite presque absolue : quelques hommes de mérite venaient seulement de temps en temps lui rendre visite. Tel fut le milieu dans lequel fut élevé le jeune Weber. Ignorant complétement le monde, vivant toujours seul, l'enfant acquit ainsi un esprit méditatif et une imagination exaltée.

Fils d'artiste, n'ayant de relations qu'avec des artistes, Weber se voua de bonne heure à la culture des arts. Il montrait des dispositions également heureuses et pour la musique et pour la peinture. Il s'adonna donc pendant quelque temps à l'une et à l'autre de ces deux études : bientôt cependant il se consacra de préférence à la musique qui, selon sa propre expression, *remplit toute son âme*, et étudia le piano avec acharnement.

Des changements constants de résidence, raconte un des biographes de Weber, « empêchèrent d'abord l'enfant de faire autant de progrès qu'il l'aurait désiré. Henschell, maître zélé et intelligent, développa le premier chez lui, d'une manière remarquable, les talents naturels dont il était doué, et ses parents résolurent dès lors de n'épargner aucun sacrifice pour le développement artistique de leur fils. Ils allèrent dans ce but s'établir à Salzbourg, et placèrent le jeune Weber sous la direction du savant musicien Michel Haydn; mais l'enfant retira peu de fruit de ses leçons; l'aspect sérieux et l'enseignement sévère du vieillard l'épouvantaient, et il continua à se diriger par son propre instinct. Le premier résultat de ses efforts fut la publication de six petites fugues pour le piano, qui parurent à Salzbourg en 1798 : Weber avait alors douze ans. Il se rendit ensuite à Munich, où il reçut les leçons de plusieurs maîtres distingués; il composa alors un opéra et plusieurs petites pièces qu'il brûla plus tard, lorsque son talent eut acquis plus de maturité. »

Nous avons dit tout à l'heure que Weber avait abandonné la peinture pour la musique. Parfois, cependant, il s'occupait encore du premier de ces arts et dessinait alors avec ardeur, bien que la plus grande partie de son temps fût consacrée au piano. Il disputa même à Senefelder l'honneur d'avoir inventé la lithographie.

Senefelder, né à Prague en 1771, mort à Munich en 1834, était un comédien allemand qui, après avoir été sifflé comme acteur, ne réussit pas mieux comme auteur dramatique, profession qu'il avait tenté d'embrasser. Alors, pour vivre, il se mit tout simplement à copier de la musique. En cherchant le moyen le plus économique de la graver, il fut conduit à employer la pierre au lieu du cuivre. C'était la *litho-graphie*, ou gravure sur pierre. Mais ce n'est pas tout que d'inventer, il faut encore faire réussir son invention, tâche difficile, dans laquelle Senefelder aurait peut-être échoué s'il n'avait rencontré en Gleismer un riche associé. Il fut nommé lui-même en 1810 directeur de la Lithographie royale de Munich. C'est le comte de Lasteyrie qui a le plus contribué à faire réussir la lithographie en France.

Dès 1793, Senefelder avait obtenu des résultats, encore bien informes il est vrai, avec la gravure sur pierre : mais ses premiers essais ne furent publiés par lui qu'en 1799. Ce fut vers la fin de cette même année que Weber se passionna pour cette nouveauté. Toutefois, il abandonna bientôt de lui-même toute prétention à l'invention de la lithographie, comme nous le voyons dans le passage suivant d'un mémoire qu'il a laissé sur sa vie :

« L'impatiente activité d'une jeune tête qui recherche avec avidité tout ce qui est nouveau, » dit-il, « détourna dès lors mon attention de son objet légitime, et me mit dans l'esprit de devenir le rival de l'ingénieux auteur de cette découverte. Je me procurai une collection d'outils et me mis à travailler avec ardeur, de telle sorte que je finis par me persuader que j'étais moi-même l'inventeur du procédé. Il est du moins certain que j'imaginai un système plus parfait et que je parvins à construire une meilleure machine propre à imprimer... Toutefois, cette fantaisie ne dura pas longtemps. La nature mécanique de ma nouvelle occupation, la fatigue qu'elle me causait, enfin la tendance à amortir mes facultés me la firent bientôt abandonner, et ce fut avec un redoublement de zèle que je retournai à la musique. »

Ce fut alors qu'il composa la *Fille des bois*, son premier opéra. Il avait quatorze ans. Cet ouvrage, représenté à Munich, puis à Vienne, à Prague et à Saint-Pétersbourg, eut un succès qui surpassa les espérances du jeune artiste. Weber donna presque aussitôt après, en 1801, une pièce plus savante, *Pierre Schmoll*, où il prit une manière plus originale et un style à lui. Toutefois, ce second opéra, qu'il avait écrit à Salzbourg, ne réussit point.

L'année suivante, Weber suivit son père dans un voyage artistique à Leipzig, Hambourg et dans le Holstein, et se mit à étudier l'harmonie avec un sérieux et une application qui étonnent chez un adolescent de seize ans. A Vienne, où il se rendit bientôt après, en 1803, il se perfectionna sous la direction de l'abbé Vogler (né à Wurzbourg en 1749 et mort à Darmstadt en 1814), qui avait acquis une réputation grande et méritée par de remarquables travaux sur la théorie de l'harmonie. L'abbé Vogler, élève du Père Martini, avait été maître de chapelle à Manheim, à Munich et à Stocholm : il s'était en outre avantageusement fait connaître comme organiste à Londres, en Hollande et à Paris. Mais sa supériorité consistait surtout dans son enseignement théorique que suivirent également Winter et Meyerbeer. Il a composé beaucoup de musique d'église et quelques opéras : la première est encore très-estimée; les seconds, non sans valeur, n'ont jamais eu de véritables succès.

Pendant tout le temps qu'il passa avec ce savant professeur, Weber ne chercha point à attirer sur lui l'attention du public; il se consacra uniquement à l'étude.

Puis, après avoir été, depuis 1804, maître de chapelle et directeur du théâtre à Breslau, il alla, en 1806, se fixer en Silésie, à la cour du prince Eugène de Wurtemberg, amateur passionné de musique. Celui-ci lui confia les diverses fonctions de chef de musique et de sa chapelle et de son théâtre. Ce fut alors qu'il retoucha la *Fille des bois*, et la reproduisit sous le titre de *Sylvana*. Son opéra d'*Abou-Hassan* ne fut représenté qu'en 1810, à Darmstadt.

A la suite de la bataille d'Iéna, désastreuse pour l'Allemagne, le petit théâtre et l'élégante chapelle du prince Eugène de Wurtemberg avaient été anéantis. Weber se trouvait sans emploi. Il essaya alors de voyager pour donner des concerts, dit le biographe déjà cité : « mais les troubles qui agitaient l'Allemagne le forcèrent à renoncer à cette tentative, et il accepta l'asile que lui offrait à Stuttgard le prince Louis de Wurtemberg. Bientôt, toutefois, Weber quitta cette retraite, et il se rendit successivement à Darmstadt, à Francfort, à Munich et à Berlin. En 1812 il revint à Vienne, et quelques

mois après il prit la direction de l'Opéra de Prague. Il n'avait cessé pendant tout ce temps de composer avec ardeur. Après avoir rempli avec succès ses fonctions pendant trois ans, Weber donna brusquement sa démission pour des motifs ignorés. « Depuis ma retraite de Prague, » écrit-il en 1818 dans son Mémoire, « j'ai vécu sans occupations fixes, j'ai
» visité divers lieux, attendant avec calme le moment où je
» serais appelé à une nouvelle sphère d'activité. J'ai reçu de
» très-belles offres de plusieurs côtés, mais l'invitation qui
» m'a été faite d'aller fonder un opéra à Dresde a été la seule
» qui ait pu me tenter. J'y suis maintenant, et j'espère remplir
» avec soin et intelligence les devoirs qui me sont imposés. »

« Ainsi finit la notice dans laquelle Weber a fait connaître quelques-unes des circonstances de sa vie, et dans laquelle aussi il a révélé quelques-uns des mystères de son âme d'artiste. Il ne parle point, dans cette notice, de ses chagrins, qui jusqu'alors pourtant n'avaient été que trop réels. — Profondément convaincu de son génie et de sa force, Weber n'avait pu réussir à faire passer dans l'esprit du public une partie du feu sacré qui l'animait; il avait vu s'anéantir insensiblement la faveur qui avait accueilli ses premiers essais d'enfant; les éditeurs de musique ne se décidaient qu'avec peine à publier ses œuvres; enfin, comme il n'en arrive que trop souvent à l'égard des hommes de talent, il était incompris, méconnu, et cette vérité qui n'avait pu lui échapper remplissait son âme de tristesse. »

* * *

Déjà cependant, depuis 1813, le nom de Weber était populaire dans toute l'Allemagne. Celle-ci s'était soulevée contre la domination française et Weber avait écrit la musique ardente et enflammée des nombreux chants patriotiques qu'entonnait en chœur toute la jeunesse armée : ces chants peuvent être rangés parmi les plus belles productions de son génie.

Cette popularité méritée allait bientôt devenir de la gloire.

Ce fut un opéra, le *Freychütz*, qui la lui valut. Représenté à Berlin en 1822, il obtint le succès le plus brillant et le plus universel qui ait jamais accueilli un opéra allemand, et son auteur s'éleva comme par enchantement au rang de premier compositeur de l'Allemagne. Deux ans plus tard, en 1824, le *Freychütz* fut arrangé pour la scène française et représenté à Paris sous le titre de *Robin des bois*.

A partir du *Freychütz*, Weber ne compta que des succès. Deux autres opéras, *Preciosa* et *Euryanthe*, représentés en 1822 et en 1823, ajoutèrent encore à sa réputation. Enfin, il fit jouer à Londres, en 1826, *Obéron* ou le *Roi des Elfes*. Trois de ces derniers ouvrages, le *Freychütz*, *Euryanthe* et *Obéron* sont les chefs-d'œuvre de Weber.

En février 1826, lorsque Weber se rendit à Londres pour s'occuper des détails de la représentation d'*Obéron*, il était déjà atteint d'une maladie de poitrine et demeurait constamment plongé dans une mélancolie profonde. Ni ses succès, ni l'affection dont l'entouraient sa femme et ses enfants, ne parvenaient à l'arracher à ses humeurs noires. Il partit pour Londres avec un tel sentiment de douleur qu'il semblait avoir le pressentiment que la séparation d'avec les siens serait éternelle.

A Londres, ainsi que sur sa route pendant toute la durée du trajet, il fut accueilli avec enthousiasme. Il écrivait à sa femme :

« Si je te rapportais ce que disent les plus grands maîtres,
» le papier lui-même serait forcé d'en rougir..... Si mon
» amour-propre résiste à ce grand choc, j'aurai du bon-
» heur. »

Hélas ! il ne devait pas jouir longtemps de ses succès et de ses triomphes. Sous le climat brumeux de l'Angleterre, la maladie s'aggravait avec une rapidité effrayante. Dès le 30 mars, il écrivait à sa femme :

« Tu ne recevras plus de moi un grand nombre de lettres:

» réponds à celle-ci, non à Londres, mais à Francfort, poste-
» restante. Je vois ton étonnement. Je n'irai point à Paris;
» qu'y ferais-je? je ne puis ni marcher, ni parler. Que puis-je
» faire de mieux que de me diriger tout droit vers ma
» patrie? »

Comme il arrive le plus souvent aux poitrinaires, Weber s'illusionnait sur son état : il conserva ses illusions jusqu'au dernier moment. Dans cette même lettre, il parlait de quitter Londres le lendemain, de retourner auprès des siens, de revenir en Allemagne où il projetait de présider lui-même, le 6 juin, à une représentation du *Freychütz*, et moins de huit jours après, le 5 avril, il mourait sans avoir pu se mettre en route. Sa dernière lettre à sa femme, écrite d'une main défaillante le 2 avril, se terminait par ces mots :

« Que Dieu vous bénisse tous et vous conserve en bonne
» santé! Que ne suis-je au milieu de vous!... »

Ce n'était pas seulement la maladie, nous dit son biographe, « qui enlevait ainsi Weber à sa famille et à l'art dans la force de l'âge et à l'époque même où son talent avait acquis sa complète maturité. Le penchant à la mélancolie, si prononcé chez lui et qu'avait sans doute développé l'isolement constant dans lequel il avait été tenu pendant sa jeunesse, avait agi sur sa santé d'une manière funeste. L'éducation qu'avait reçue Weber avait exercé également une fâcheuse influence sur lui en l'amenant à s'occuper avant tout de lui-même : il s'était créé dans la solitude un monde imaginaire dont il était le centre, et, admiré par sa famille comme un enfant prodige, il s'était peu préparé aux luttes et aux déceptions qu'il rencontra plus tard dans le monde réel. Weber, au sortir de la maison paternelle, était intelligent, sensible, mais trop plein de lui-même et trop présomptueux pour avoir un caractère agréable, et il conserva, jusqu'à sa mort, un reste d'amour-propre et de susceptibilité qui le rendit malheureux.

» Comme compositeur, Weber, dont l'éducation musicale avait manqué d'unité et qui en revenait toujours volontiers à lui-même et à ses propres théories, se fait remarquer surtout par son originalité. Il possède une pensée à lui, pensée imparfaite parfois, mais toujours grande et inspirée. On dirait à entendre ses œuvres, si pleines de vie et de grâce, autant que d'harmonie et de grave beauté, qu'elles sont sorties d'un seul jet sous sa plume; et cependant Weber travaillait lentement, péniblement, comme s'il n'avait pu reproduire la pensée qui jaillissait à la fois de son esprit et de son cœur, et comme si cette pensée elle-même n'avait pu qu'être le fruit de longues rêveries. Une lettre de lui nous en donne un exemple; on lui avait offert trois mois pour écrire *Obéron* :

» Trois mois, » répondit-il, « ils me suffiront à peine pour
» lire la pièce et en dessiner le plan dans ma tête! »

« Et il employa dix-huit mois à accomplir sa tâche.

» Des compositions inédites et des fragments d'écrits se trouvèrent parmi les papiers de Weber après sa mort : parmi ses productions littéraires, on remarquait une sorte de roman ayant pour titre *la Vie d'artiste*, dans lequel Weber, semblait-il, avait voulu se prendre lui-même comme héros. On rassembla et on publia ces compositions décousues, mais elles ne répondirent point à l'attente du public : le véritable génie de l'auteur n'était pas là. »

Les idées de Weber ne furent point abondantes, dit également M. Th. Bachelet : la production était pour lui pénible et laborieuse : mais il eut une grande originalité, un vif sentiment de situations dramatiques, enfin de la nouveauté dans les formes, les successions mélodiques et les combinaisons de l'instrumentation. Outre ses opéras, il a laissé des cantates, des messes, des concertos, des ouvertures et des sonates. »

Nos lecteurs ont sans doute remarqué que nous n'avons point, parmi les œuvres du maître, mentionné l'admirable mélodie intitulée *la Dernière pensée de Weber* que certains biographes disent avoir été composée par l'auteur du *Freychütz* peu de temps avant sa mort. Cette omission a été faite par nous avec intention. En effet, ce beau morceau de musique n'est point de Weber : il est l'œuvre d'un de ses élèves, Carl-

Gottlieb REISSIGER, né en 1798 à Belzig, près Witemberg, et mort en 1859, qui l'a écrit avec l'intention de rendre un pieux hommage à l'homme de cœur et de génie dont il avait reçu les leçons. Successivement professeur à l'Institution musicale de Berlin, organisateur du Conservatoire de musique de La Haye et Directeur de la musique à l'Opéra de Dresde, Reissiger a écrit de nombreux opéras : les plus beaux sont le *Trésor des aïeux* (dont le sujet a une grande ressemblance avec celui de Freychütz), *Yelva*, *Libella*, le *Naufrage de la Méduse*, etc. Il est aussi l'auteur de plusieurs messes, d'un oratorio et d'un grand nombre de romances et de mélodies.

* * *

Dans ce chapitre consacré à Weber, nous ne nous sommes jusqu'ici occupé que de l'artiste. La correspondance de l'illustre compositeur, récemment publiée en Allemagne, a fait connaître l'homme et dévoilé les trésors d'affection et de dévouement que renfermait le cœur de ce musicien de génie. Nos lecteurs s'en convaincront en lisant le passage suivant d'un article écrit à ce propos par un écrivain de talent :

« Une grande partie de la correspondance de Weber a un véritable mérite littéraire et les théories musicales que l'auteur y expose présentent un grand intérêt tant pour les artistes de profession que pour les simples amateurs. Mais ce qui plaît surtout, c'est qu'on y trouve l'homme à côté de l'artiste, ou plutôt dans l'artiste. Son père avait une nature agitée, inconséquente ; c'était un grand faiseur de projets auxquels il ne se tenait point et l'adolescent souffrit de l'absence d'une direction vraiment paternelle et sage pendant la première moitié de sa vie. A trente et un ans il s'établit à Dresde, épousa une femme tendrement aimée et jouit pendant les neuf dernières années de sa courte carrière d'un bonheur domestique exceptionnel. Ses lettres nous montrent en lui une âme tendre et pure, qui aime les siens, non pas en paroles seulement, mais se dévoue pour eux jusqu'au sacrifice. C'est peu après son mariage que deux de ses œuvres les plus célèbres, le Freychütz et *Preciosa*, furent achevées. Il commence *Euryanthe*, et déjà il ressent les premières atteintes d'un mal qui ne pardonne guère. C'est un malade qui va à Vienne, en septembre 1823, pour assister à la première représentation d'*Euryanthe*. C'est de là que sont datées ses premières lettres à sa chère Caroline : la tendre sollicitude de Charles-Marie pour les siens s'y retrouve à chaque page. Il en est de même lors de son voyage à Londres en 1826, le dernier qu'il fit, celui dont il ne devait pas revenir. Il savait en partant que les médecins l'avaient condamné ; il s'en était ouvert avec ses amis mais il crut devoir se soumettre à cette douloureuse séparation pour assurer l'avenir de sa petite famille. Weber aspirait au repos ; il soupirait après le retour dans sa patrie et à son foyer, mais il fit taire ces sentiments si légitimes pour accomplir jusqu'au bout ce qu'il considérait comme son devoir. Il crut nécessaire de cacher à sa femme les souffrances physiques et morales dont on retrouve l'écho dans son journal particulier. On a peine à prendre son parti de cette discrétion excessive, qui priva un homme si aimant de la consolation d'avoir sa famille autour de lui au moment des derniers adieux : il n'avait alors que quarante ans. L'auteur des grands opéras que nous avons nommés, l'auteur d'*Obéron*, a laissé un nom sans tache et nous avons l'intime satisfaction de pouvoir admirer sans arrière-pensée les œuvres de l'artiste parce que l'homme a mené une vie pure et que son cœur était animé de nobles sentiments. »

XX. — F. A. Boieldieu.

François-Adrien BOIELDIEU est né à Rouen le 16 décembre 1775. Pendant quatre jours consécutifs, les 13, 14, 15 et 16 juin 1875, le centenaire de sa naissance a été célébré avec un incomparable éclat par sa ville natale, fière à juste titre de son glorieux enfant. De tous les points de la France des sociétés musicales étaient accourues prendre part à cette solennité ; les membres de l'Institut, les professeurs du Conservatoire de Paris, toutes les sommités artistiques de notre pays, avaient tenu à en rehausser l'éclat par leur présence. Concert monstre devant la statue de Boïeldieu ; concours d'orphéons, d'harmonies et de fanfares ; banquet ; illuminations ; régates ; carrousel ; fête vénitienne ; feu d'artifice, etc. ; rien ne fut épargné pour honorer la mémoire de l'illustre compositeur. L'enthousiasme fut général. Le centenaire de Boïeldieu, auquel assistaient son fils et deux de ses petits-fils, fut, comme on le voit, une fête magnifique, et M. Nétien, alors maire de Rouen, a pu dire à cette occasion avec une légitime fierté :

« Si nous avions pu douter de l'opportunité de notre appel, aux diverses sociétés musicales de la France, nous serions rassurés par l'entraînement qui les a rassemblées, par la joie et le véritable enthousiasme dont elles font retentir depuis hier les murs de notre vieille capitale normande. Quel sentiment donc inspire cette démonstration si chaleureuse, si unanime et véritablement imposante ? Sans doute il doit suffire qu'un concours de chant et d'harmonie soit ouvert pour que de vrais amateurs de la musique y viennent attester l'amour que leur inspire cet art, et que les auditeurs se pressent, afin d'entendre leurs accents et leurs accords. Nous n'avions

FRANÇOIS-ADRIEN BOÏELDIEU.

jamais vu cependant leurs phalanges accourir à nos tournois du chant et de l'harmonie avec cette ardeur, et les enfants des bords de la Méditerranée y venir lutter avec ceux des rivages de la mer du Nord! C'est qu'en effet nous avons voulu donner à ces fêtes une signification plus haute et qu'elles eussent pour but non seulement de glorifier le plus charmant et le plus populaire des arts, mais en même temps d'honorer le plus séduisant et le plus sympathique de ses maîtres.....

» Qui a pu lire sa vie sans s'éprendre d'une affectueuse sollicitude pour cet enfant que la nature a pourvu de tous ses dons? L'imagination même n'eut pas rêvé un extérieur plus gracieux. L'aménité de l'esprit et la vivacité de l'intelligence embellissent encore sa beauté : un enthousiasme naïf, sincère et confiant le possède et l'enflamme. Avec l'instinct inconscient, mais assuré de sa force, s'il a hâte d'échapper aux leçons d'un trop dur initiateur, il s'élance par le chemin qu'il veut s'ouvrir sans douter que la voie ne le conduise au but qu'il a rêvé. Cette belle vision de l'avenir ne sera-t-elle pour lui, comme pour tant d'autres, qu'un trompeur mirage, dont les splendeurs s'évanouiront à mesure qu'il fera quelques pas pour les atteindre et s'en enivrer? Non, non! Boïeldieu voit bien briller devant lui la voie lumineuse qui conduit sûrement à la terre promise du succès et du triomphe. »

***

Le père de François-Adrien Boïeldieu était secrétaire de l'archevêché de Rouen. Comme l'enfant montrait d'assez heureuses dispositions musicales, il fut placé par lui comme enfant de chœur à l'église métropolitaine. De là il passa sous la direction de l'organiste de la cathédrale, maître d'une sévérité excessive. « On dit que Boïeldieu était obligé de remplir auprès de son impitoyable maître l'office de valet de chambre, comme autrefois Haydn avec le vieux Porpora. On dit aussi que telle était l'épouvante que lui inspirait ce pédagogue farouche, qu'un jour, frappé de terreur à la vue d'une tache d'encre qu'il avait faite sur un livre du maître, il ne crut pouvoir se soustraire au danger qui le menaçait que par la fuite; qu'il partit seul, à pied, et qu'il alla à Paris. Rendu à sa famille, il reprit le cours de ses études, et le maître consentit à mettre moins de sévérité dans ses leçons. Un talent agréable d'exécution sur le piano, d'heureuses idées mélodiques et quelques légères notions d'harmonie, voilà ce que Boïeldieu possédait à l'âge de seize ans. »

Le jeune homme assistait le plus souvent qu'il le pouvait aux représentations lyriques données au théâtre de Rouen. Pris d'un ardent désir d'écrire lui aussi une partition d'opéra, il finit par trouver un poète rouennais qui lui confia un libretto. La représentation eut lieu dans sa ville natale et non sans succès. Le début était heureux; mais c'était à Paris que Boïeldieu désirait surtout être joué. Aller de Rouen à Paris, dit Fétis, « n'était pourtant pas chose facile pour quelqu'un qui n'avait pas d'argent; car le voyage était cher dans ce temps où la diligence employait deux jours à faire le trajet. Quant à la difficulté de vivre dans la grande ville, Boïeldieu ne s'en inquiétait pas. N'avait-il pas dix-neuf ans, sa partition et des idées dans la tête? C'était toute une fortune que cela. Le voyage donc était la seule chose qui l'embarrassât : il résolut la difficulté en disparaissant un jour de la maison paternelle, emportant sa partition sous le bras, trente francs dans sa poche et l'espérance dans le cœur. Jeune et fort, il marchait vite : la première journée n'était pas écoulée, et déjà il était à quinze lieues de Rouen : le lendemain il entrait à Paris, crotté jusqu'à l'échine et se soutenant à peine, tant il était accablé de fatigue; mais il était à Paris, et si le présent était sombre, l'avenir était souriant. Cependant autre chose est de donner avec succès un petit opéra dans sa ville de province ou de le faire jouer à Paris. »

Boïeldieu s'aperçut vite de cette vérité. Toutefois l'accueil qu'il trouva dans la maison Erard, chez le célèbre facteur de pianos, lui aplanit en grande partie les difficultés du début, et il put commencer sa réputation par des romances charmantes que le célèbre chanteur Garat allait chanter dans les salons. Les succès qu'il obtint dans ce genre lui firent obtenir assez facilement des livrets de pièces et en même temps l'accès de l'Opéra-Comique. Quelques mélodies, dit M. Nétien, « dont la source sera chez lui toujours prête à jaillir, séduisent les écrivains, et les poèmes abondent. Dès lors la scène de l'Opéra-Comique sera bientôt gagnée. *Zoraïne et Zulnare*, *Bernowski*, le *Calife de Bagdad*, paraissent, et voilà l'artiste, presque adolescent, devenu l'idole du public! Pourtant, c'est un peu par surprise que la place est sitôt enlevée. Si les auditeurs se sont laissé séduire à la première lueur du génie, l'art a le droit de n'être pas si facilement satisfait. Mais Boïeldieu est heureusement supérieur aux décevantes trahisons de la vanité : malgré le premier enivrement, il comprend la sévère amitié qui lui reproche « *d'avoir de si beaux succès et de faire si peu pour les mériter!* Aussitôt la surabondance incorrecte est sacrifiée à la recherche de la science, et Boïeldieu apprend à ne plus accepter trop facilement la parure de sa pensée. Et à présent le voilà pourvu des armes utiles même au génie : de sorte que nul ne pourra plus contester son droit aux applaudissements des salles charmées. Ce sont alors des œuvres vraiment maîtresses qu'il produit : *Ma tante Aurore*, puis, *Aline, Reine de Golgonde*; les *Voitures versées*; et ce *Jean de Paris*, qui le fera s'écrier lui-même : « *Ah! quel succès!* » Et en effet Boïeldieu est parvenu aux sommets de sa carrière : il va donner la *Fête au Village*, le *Voisin*, et le *Chaperon Rouge*; puis enfin, la *Dame Blanche* apparaît, et le conduit, non pas au succès, mais au triomphe, mais à une sorte d'apothéose, comme le dit son dernier historien! » La première représentation de la *Dame Blanche* eut lieu en 1825.

Boïeldieu s'était marié en 1802 : mais son mariage n'avait pas été heureux et ses chagrins domestiques le contraignirent à quitter Paris dès la fin de 1803. Il partit pour la Russie où l'empereur Alexandre le nomma son maître de chapelle. Il y demeura sept ans et ne revint en France qu'au commencement de 1811.

A son retour à Paris, il eut à lutter avec Méhul, Catel et Nicolo. L'émulation qui fut la conséquence de cette rivalité artistique contribua beaucoup à la vogue que les œuvres respectives des quatre compositeurs assurèrent dès cette époque à notre Opéra-Comique. Pour sa part, Boïeldieu écrivit plusieurs charmantes partitions. Outre celles dont il vient d'être parlé et *la Famille Suisse*, qui date d'avant son départ pour la Russie, nous citerons encore *le Nouveau Seigneur du village*, en 1813, et *les Deux Nuits*, en 1829. En 1817, à la mort de Méhul, Boïeldieu fut appelé à le remplacer à l'Institut.

A la suite de la représentation du *Chapeau Rouge*, en juillet 1818, l'excès de travail rendit le maître sérieusement malade. Un long repos fut jugé nécessaire. Il se retira alors à la campagne, dit Fétis, « et y vécut quelque temps dans un oubli presque complet de la musique, uniquement occupé du soin d'orner une propriété qu'il avait récemment acquise. Ce fut à cette époque que le titre et les fonctions de professeur de composition au Conservatoire de Paris lui furent offerts : l'espoir de communiquer à de jeunes musiciens les lumières de son expérience les lui firent accepter. Ce temps est celui du repos le plus long que Boïeldieu ait pris dans sa carrière, car il ne donna rien d'important dans l'espace de sept années. »

Ce fut après ce repos forcé que Boïeldieu donna *la Dame Blanche* et *les Deux Nuits*. Mais sa santé était loin d'être entièrement rétablie : à chaque instant, il était forcé d'interrompre un travail qui abrégeait ses jours. Il dut bientôt renoncer à toute occupation sérieuse et prit sa retraite comme professeur au Conservatoire.

Outre la pension qui lui fut liquidée en cette qualité, « le roi lui en donna une autre sur sa cassette. Le digne artiste ne jouit pas longtemps de ces avantages; car la révolution de juillet ayant éclaté, non seulement la pension de la cassette disparut avec l'ancienne royauté, mais dans un travail de révision sur les pensions de l'Opéra et du Conservatoire, il se trouva que quelques mois lui manquaient pour avoir droit à la sienne et une partie de son revenu lui fut enlevé. Ainsi, aux douleurs de la phthysie laryngée qui menaçait les jours de Boïeldieu, vinrent se joindre des inquiétudes sur son avenir. Le mal empirait chaque jour; tous les remèdes étaient employés sans qu'il en résultât aucune amélioration sensible dans l'état du malade. Un voyage à Pise fut conseillé. Boïeldieu le fit et ne s'en trouva pas mieux. Il revint à Paris plus faible, plus souffrant qu'il n'en était parti. Il espéra encore rétablir sa santé par l'usage des bains du midi qui lui avaient fait quelque bien autrefois, et il voulut en essayer. Il partit et arriva avec peine jusqu'à Bordeaux, voulut pousser plus loin, mais fut obligé de revenir en cette ville, effrayé par les progrès du mal. Sentant sa fin prochaine, il voulut revoir encore sa maison de campagne. On l'y rapporta mourant. Il s'éteignit quelques jours après, en 1834. » (Fétis.)

Boïeldieu appartient à l'école mélodique. « Sa musique facile, légère, spirituelle, que soutient une instrumentation savante sans vacarme, n'exclut pas la force dramatique. » Il a eu pour élèves Zimmermann, Fétis et Adolphe Adam.

* *

Le fils de l'illustre auteur de la *Dame Blanche*, M. Adrien Boieldieu, né à Paris le 3 novembre 1815, a, depuis 1838, fait représenter plusieurs opéras-comiques que l'on a parfois attribués à son père (*Marguerite*, l'*Aïeule*, le *Bouquet de l'Infante*, la *Butte des Moulins*, etc,). La Messe solennelle, exécutée à Rouen le dernier jour des Fêtes organisées pour le Centenaire de son père, était de sa composition.

Enfin, nous avons dit plus haut que, à son retour de Russie, Boïeldieu avait pour rivaux à l'Opéra-Comique Méhul, Catel et Nicolo. Nos lecteurs connaissent déjà le premier de ces compositeurs : en effet, un chapitre spécial a été consacré à Méhul. Nous serons bientôt amené à parler incidemment de Catel à propos d'Hérold. Quant à Nicolo, que nous n'avons pas encore eu l'occasion de leur faire connaître, ses travaux pour la scène française méritent cependant une mention.

Nicolas ISOUARD ou ISOARD, *dit* NICOLO, était né à Malte en 1777 d'un père d'origine française. Entré dans l'ordre de Malte, il prit des leçons de Sala et de Guglielmi; puis, après la suppression de l'ordre de Malte en 1798, il vint en France et s'adonna au genre de l'Opéra-Comique. Vingt-neuf partitions de lui ont été représentées à Paris, parmi lesquelles nous citerons les *Rendez-vous bourgeois*, en 1807; *Cendrillon*, en 1810; le *Billet de loterie*, en 1812; *Joconde*, et *Jeannot et Colin*, en 1814, etc. « La mort le surprit, en 1818, avant qu'il eût achevé *Aladin* ou la *Lampe merveilleuse*, en quatre actes, pour le Grand-Opéra : la partition fut terminée par Bénincori. Nicolo est un compositeur de l'école de Grétry, mais bien inférieur à ce maître. Son style est agréable, et quelquefois original. Plusieurs de ses ouvrages obtinrent beaucoup de succès. »

XXI. — Auber.

Daniel-François-Esprit AUBER naquit à Caen le 19 janvier 1784, pendant un voyage que ses parents faisaient en Normandie, province dont son père était d'ailleurs originaire. Celui-ci, riche marchand d'estampes à Paris, ne pensait point faire de son fils un musicien : il le destinait au commerce. Mais la vocation du jeune homme fut plus forte que la volonté paternelle. Le père céda d'autant plus aisément en présence des dispositions remarquables de l'enfant qu'il avait largement contribué à les développer.

En effet, M. Auber père, grand amateur de musique, dit M. Amédée Méreaux, « voulut que son fils, dès son enfance, fût initié aux principes de cet art. Il lui fit prendre des leçons

DANIEL-FRANÇOIS-ESPRIT AUBER. (P. 136.)

LE RÉPERTOIRE D'AUBER.

de Ladurner, pianiste et professeur distingué de l'époque. L'élève ne tarda pas à faire honneur à son maître, et il eut bientôt acquis un remarquable talent sur le piano. On peut dire qu'il fut un phénomène de musique..... M. Auber père, fier du talent précoce de son fils, donnait fréquemment des soirées musicales, et le tout jeune pianiste (qu'en famille on appelait *fanfan*) en faisait les honneurs, en exécutant les concertos de Mozart, dont l'orchestre était réduit en quatuor, avec accompagnement d'un second piano, faisant les parties d'instrument à vent et joué par Boëly, le pianiste et organiste classique par excellence.

» A l'âge de vingt ans, Auber fut envoyé à Londres, pour y apprendre le commerce auquel on le destinait ; mais telle n'était pas sa vocation. Aussi, après la rupture du traité d'Amiens, s'empressa-t-il de revenir à Paris, où il se livra entièrement à la musique, toutefois encore en amateur. De jolies romances et un trio pour piano, violon et violoncelle, morceau dont l'excellente facture attestait un sentiment élevé de l'art et une première éducation classique, lui firent une certaine réputation dans le monde dilettante de Paris.

» A cette époque, un célèbre violoncelliste, Lamare, fixait l'attention des artistes par un jus pur et surtout par un style d'une parfaite élégance. Mais, aussi stérile compositeur qu'il était exquis virtuose, il n'avait pas une idée mélodique à la disposition de son merveilleux talent d'interprétation. Auber, qui s'était intimement lié avec lui, céda aux instances de son ami, qui le pressait d'écrire, dans les conditions spéciales de son talent, des concertos de violoncelle. Lamare produisit un immense effet, dans tous ses concerts, avec ces morceaux, remplis de mélodies gracieuses et brillantes. Le **public** ne fut pas longtemps dupe de cette innocente supercherie : il y avait trop loin des piètres essais de Lamare à ces nouvelles compositions et, d'après les relations d'amitié bien connues, du violoncelliste avec Auber, le grand coupable fut reconnu : le voile de l'anonyme tomba, et désormais la valeur musicale des concertos de Lamare fut légitimement attribuée à Auber. »

Le jeune musicien débuta dans la musique lyrique par un petit opéra-comique en un acte, *Julie*, écrit sur un ancien libretto, qui fut représenté avec succès sur un théâtre de société. Quelque temps après, en Belgique, chez la princesse de Chimay, (plus connue sous le nom de Tallien, son premier mari), Auber écrivit un autre opéra-comique pour le théâtre du prince de Chimay.

Malgré ses premiers succès, le débutant comprenait bien que son éducation musicale était insuffisante. Il prit des leçons de Chérubini, qui lui enseigna l'harmonie. Sous la direction de ce maître, qu'il devait un jour remplacer au Conservatoire, il écrivit diverses œuvres de musique religieuse, entre autres une messe à quatre voix, dont l'*Agnus* est devenu plus tard la *Prière* de la *Muette de Portici*.

Ce ne fut réellement qu'en 1813 qu'Auber débuta dans l'opéra-comique par le *Séjour militaire*, bouffonnerie en un acte représentée au théâtre Feydeau et froidement accueillie par le public. Six ans plus tard, un autre acte, le *Testament et les Billets doux*, ne réussit pas mieux. En 1820 et 1821 seulement, la *Bergère châtelaine* et *Emma*, deux opéras-comiques en trois actes, commencèrent la série de ses succès et de ses triomphes.

Arrivé à l'âge de trente-sept ans, Auber, remarque M. Amédée Méreaux, « n'en est encore qu'à ses premiers succès. Mais quelle revanche pendant la seconde moitié de sa vie! Quelle série de succès avec tous ces opéras, dont les mélodies sont passées dans la langue musicale! Depuis 1823, il est associé à Scribe, et l'on connaît la longue et heureuse carrière de cette collaboration si bien assortie, et que la mort du poète a pu seule désunir. La fécondité d'Auber semble miraculeuse quand, dans une liste de plus de quarante opéras, on trouve, en relief, des partitions telles que *la Muette*, *le Domino Noir*, *le Maçon*, *Haydée*, véritables chefs-d'œuvre de genres différents, et lorsque, à quatre-vingt-cinq ans, on le voit composer *le Premier Jour de Bonheur*, que, grâce à la fraîcheur et à la juvénilité des idées, on aurait pu prendre pour l'aurore d'une nouvelle vie musicale. »

Nous n'avons point l'intention de donner ici la liste exacte et complète de tous ces délicieux ouvrages qui ont fait et font encore leur tour d'Europe depuis plus d'un demi-siècle. Cependant nos lecteurs nous sauront gré de mentionner les principaux. Ce sont : le *Maçon* (1826); la *Muette de Portici* (1828), représentée sur la scène du Grand Opéra ; *Fra-Diavolo* et le *Dieu et la Bayadère* (1830) ; le *Philtre* (1831); le *Serment* et *Gustave III* (1833); le *Cheval de bronze* (1835); l'*Ambassadrice* (1836); le *Domino Noir* (1837) ; les *Diamants de la Couronne* (1841); la *Part du Diable* (1843); la *Sirène* (1844) ; Haydée (1847); la *Circassienne* et la *Fiancée du roi de Garbe* (1864); le *Premier Jour de Bonheur* (1868); *Rêve d'Amour*, son dernier opéra-comique, donné à la salle Favart le 3 octobre 1869, quand le maître avait quatre-vingt-sept ans.

Auber était entré à l'Institut en 1829, comme successeur de Gossec. Après la révolution de 1830, pour laquelle il composa le chant de la *Parisienne*, il devint directeur des concerts de la cour de Louis-Philippe. Enfin, en 1842, il succéda à Chérubini comme directeur du Conservatoire, fonction qu'il remplit jusqu'au mois d'août 1870, c'est-à-dire jusqu'à l'*Année terrible*. « Il mourut le 11 mai 1871, moins de vieillesse que de la profonde affliction ressentie à la suite de nos désastres, car, sous le scepticisme un peu théâtral qu'afficha toujours notre *Anacréon de la musique* — comme l'a si bien nommé Victor Massé, — se dissimulaient une âme ardente de patriote et un cœur vraiment français. » Il était grand officier de la Légion d'honneur.

* * *

Auber avait la vie la mieux réglée, nous dit M. Amédée Méreaux ; « il se levait à cinq heures du matin et travaillait jusqu'à huit heures. A cette heure, il recevait les visites des amis auxquels il donnait ce rendez-vous matinal. A neuf heures, il recevait les élèves du Conservatoire; puis il était tout entier à ses fonctions de directeur ou de compositeur. Il ne faisait qu'un seul repas par jour. Le soir, il allait dans deux ou trois théâtres passer quelques moments de distraction facile. En rentrant chez lui, rue Saint-Georges, il faisait généralement une petite station au café Tortoni, et, s'il y prenait quelque chose, c'était une glace. Il était toujours couché entre minuit et une heure du matin.

» Son accueil était peu communicatif. Son extérieur, calme et réservé, était d'une extrême distinction. Son affabilité courtoise, mais froide, cachait un esprit délicat et fin, dont les saillies couraient le monde. Du reste, il recherchait peu les rapports d'intimité; aussi laisse-t-il moins d'amis que d'admirateurs. »

Auber était essentiellement Parisien; il disait souvent :

— Je m'étonne toujours d'entendre dire aux artistes qu'ils se retireront, l'un à la campagne, l'autre dans le midi, un autre en Touraine : moi, mon parti est bien pris, je me *retirerai à Paris*.

Et il a tenu parole; car depuis 1813 jusqu'à son dernier jour il est toujours resté dans ce Paris qu'il aimait tant, fidèle à ses habitudes, et ne manquant jamais de faire sa promenade au Bois de Boulogne de cinq heures à six. Il s'y rendait dans un petit coupé bas, à train jaune, bien connu de tous les habitués de l'aristocratique promenade. Le cheval blanc qui y était attelé était non moins connu : il était devenu légendaire et mérite une mention. C'était un immense rossard qui n'en finissait pas, haut sur ses jambes et paraissant assurément plus vieux que son maître. Sa robe blanche, sur la plus effianquée des carcasses, le dénonçait d'un bout du Bois à l'autre.

Malgré tout, disait un jour un chroniqueur à propos du vieux cheval d'Auber, je ne sais pas ce qu'il avait gardé, ce diable d'animal antédiluvien; on se retournait sur son passage. Etait-ce son cou de cygne ankylosé?... Le fait est qu'on surprenait des gens à le regarder de cet air ébahi et respectueux dont on contemplerait une douairière née sous le Directoire.

Pauvre cheval! On le réquisitionna pendant le siége. Un garçon boucher prétendait qu'on y découperait bien encore une côtelette dans le faux-filet. Mais une providence amie le sauva de l'abattoir. Hélas! la malheureuse bête ne recula que pour mieux sauter : elle périt sous la Commune. Un jour, des fédérés la prirent pour travailler aux fortifications, — et l'on n'en entendit plus jamais parler.

Rossini appelait les œuvres d'Auber de la *petite musique écrite par un grand maître*. En effet, dit l'un des biographes du compositeur français, « si l'on en excepte *la Muette de Portici*, où il a rendu avec bonheur des situations dramatiques et fortes, Auber montra peu de force et de passion. Chef de l'école française après Boïeldieu et Hérold, il possède à un degré éminent les qualités du génie de sa nation, la clarté, l'esprit et le goût. Ses compositions ont du mouvement et du charme; la mélodie est pure, abondante, gracieuse, rarement triviale; l'orchestration, riche, sinon puissante, présente une variété infinie de nuances et une délicatesse exquise. Mais Auber est demeuré étranger au mouvement imprimé de son temps à la musique en Allemagne, et ne paraît avoir reçu l'action d'aucun compositeur de ce pays. »

* * *

Douze ans après la mort d'Auber, Caen, sa ville natale, lui a élevé une statue. L'inauguration de ce monument, destiné à honorer la mémoire de l'illustre compositeur qui fut, pendant cinquante ans, le chef incontesté de l'école française, a eu lieu le dimanche 10 juin 1883.

Auber, écrivait à ce propos M. Léon Kerst, « Auber, l'esprit fait musicien, le génie même de la mélodie dans ce qu'elle a de plus adorable, c'est-à-dire le charme, la grâce, la verve, et aussi le sentiment, vient d'être acclamé, non plus qu'il ne le fut de son vivant, — ce serait impossible, — mais avec une conviction si chaleureuse, avec un élan si absolument national, que l'écho de cette fête artistique retentira dans le pays tout entier. — Ça été un beau et grand spectacle. »

A midi et demi la statue fut découverte, aux acclamations de la foule, et en présence de tous les hauts fonctionnaires du département du Calvados et des notabilités de l'art et de la presse venues de Paris pour assister à cette solennité.

La statue, due au ciseau du sculpteur Delaplanche, est en marbre blanc. Auber, dont la ressemblance est parfaite, est représenté avec l'habit à palmes de l'Institut et en culotte courte. Il est assis, souriant, dans un fauteuil. A ses pieds sont placées ses partitions les plus célèbres.

XXII. — Fétis.

« M. Auber et M. Fétis étaient à peu près du même âge : ils sont morts presque en même temps. Le savant directeur du Conservatoire de Bruxelles, qui fut à la fois musicographe, critique et compositeur, a accompli pendant sa longue carrière un ensemble de travaux à faire pâlir un bénédictin : il a écrit pour le piano et pour l'orchestre ; il a composé des sonates et des symphonies, de la musique de chambre et de la musique d'église, des motets, des litanies, des hymnes et des opéras : A neuf ans, il était organiste du chapitre noble de Sainte-Waudru et accompagnait le chœur des chanoinesses et les anciennes messes de vieux maîtres allemands et italiens; à quinze ans il avait déjà dans son bagage musical : deux concertos de piano, une symphonie concertante pour deux violons, alto et basse avec orchestre; des sonates et des fantaisies, un *Stabat*, une messe, des quatuors et un concerto de violon. Tout cela a été anéanti, nous dit-il, à l'exception de trois quatuors, composés à l'âge de douze ans, conservés par curiosité. »

Par ce début de l'article nécrologique consacré à Fétis par M. Ernest Reyer en 1871, nous voyons que le compositeur belge eut une grande précocité musicale. Il posséda en outre une remarquable fécondité et une activité infatigable. Né à Mons en 1784, François-Joseph Fétis apprit de bonne heure les éléments de la musique avec son père, organiste distingué et en même temps professeur de musique et directeur de concerts. Sous la direction paternelle, il apprit simultanément la pratique du violon et du piano.

Entré à seize ans au Conservatoire de Paris, il suivit la classe d'harmonie de Rey, se perfectionna sur le piano avec Boïeldieu et Pradher, et « fit une étude raisonnée des systèmes d'harmonie de Rameau, de Catel, de Kirnberger et de Sabbatini, » moine franciscain devenu un célèbre maître de chapelle qui a laissé d'importants écrits sur la musique. Sabbatini, né à Padoue, mourut à Rome en 1809. Il était élève du Père Martini.

Après avoir remporté le premier prix d'harmonie en 1802, Fétis partit l'année suivante pour l'Allemagne et l'Italie, qu'il parcourut et visita tout en compulsant les archives musicales des diverses villes où il séjournait et en se pénétrant des ouvrages d'Albrechtsberger (l'organiste autrichien dont nous avons parlé dans le chapitre consacré à Beethoven), et de Marpurg (né dans le Brandebourg en 1718, mort en 1798), musicien de talent et écrivain sagace et consciencieux qui s'était toujours appliqué au perfectionnement des méthodes musicales, et surtout à la propagation des principes de Rameau sur la théorie de la *basse fondamentale*. Marpurg a laissé, entre autres ouvrages remarquables, un *Traité de la fugue*, des *Lettres critiques sur la musique*, des *Principes de clavecin*, une *Introduction critique à l'histoire de la musique*, etc.

De retour à Paris, Fétis fonda un journal destiné à s'occuper spécialement de musique; mais cette première tentative de littérature musicale échoua complètement. A la suite de cet échec, en 1806, Fétis, incapable de demeurer inactif, conçut le projet de réviser le chant liturgique romain et fit à ce sujet d'immenses travaux. Ce fut une œuvre de bénédictin, pour laquelle le jeune musicien belge dut compulser « deux cent quarante-six manuscrits des bibliothèques de Paris, de Cambrai, d'Arras, du *Musée britannique* de Londres, de la bibliothèque des ducs de Bourgogne à Bruxelles, etc., etc., et dont plusieurs datent du ixe siècle. » Découragé à diverses reprises par l'indifférence du clergé pour les fautes musicales, Fétis abandonna plusieurs fois cette vaste entreprise : il interrompait pendant quelque temps son travail, qu'il reprenait cependant bientôt après avec un nouveau courage et qu'il a enfin achevé après trente années de recherches et de patience.

Vers 1808, grâce à son mariage avec une jeune fille fort riche, Fétis voyait s'ouvrir devant lui une existence heureuse et facile. L'avenir du musicien semblait assuré et pour toujours à l'abri des difficultés et de la gêne. Mais cette heureuse situation dura peu. En effet, en 1813, la banqueroute d'un financier, à qui Fétis avait confié toute la fortune de sa femme, ruina entièrement le jeune ménage. L'artiste redevenu pauvre dut alors quitter Paris et accepter les fonctions d'organiste à la collégiale de Saint-Pierre, à Douai, ce qui lui permit d'écrire son traité de *La Science de l'organiste*. Ce fut également à cette époque qu'il commença à amasser des matériaux pour sa *Biographie universelle des musiciens*, dont nous parlerons tout à l'heure.

Fétis revint à Paris en 1818, et commença à écrire pour le théâtre : mais il eut peu de succès dans le genre de la musique dramatique. De 1818 à 1832, il fit toutefois représenter divers opéras, parmi lesquels nous citerons les *Sœurs Jumelles* et *Marie Stuart en Ecosse*, en 1823; le *Bourgeois de Reims*, pièce écrite en 1824 à l'occasion du sacre de Charles X; la *Vieille*, en 1826, qui, reprise plus tard à l'Opéra-Comique, donna l'occasion à Berlioz de faire le mot suivant :

« Je viens d'entendre la *Vieille* musique de M. Fétis, »

écrivait ironiquement le critique musical du *Journal des Débats*, en supprimant la virgule après le titre de la pièce.

Le *Mannequin de Bergame*, en 1832, fut le dernier opéra de Fétis : il obtint même un certain succès. Mais, dit M. Ernest Reyer, « le génie de M. Fétis n'était rien moins que dramatique, et l'on ne trouve pas dans les ouvrages qu'il a écrits pour la scène cette fraîcheur d'idées, ces fines harmonies et cette nouveauté dans la forme qui distinguent la plupart de ses compositions instrumentales. »

Nommé en 1821 professeur de contre-point et de fugue au Conservatoire de Paris, Fétis devint, en 1833, maître de chapelle du roi des Belges et directeur du Conservatoire de Bruxelles, ville qu'il ne cessa d'habiter depuis lors. « De temps à autre, il faisait des *conférences musicales* et donnait des *concerts historiques*, afin de propager les connaissances qu'il avait acquises en archéologie musicale et de faire entendre les œuvres caractéristiques des anciennes écoles. Ce fut lui que Meyerbeer mourant désigna pour mettre en scène son opéra de l'*Africaine*. » Fidèle et dévoué exécuteur testamentaire du maëstro allemand, Fétis donna tous ses soins à cette mise en scène de la dernière pièce de l'auteur des *Huguenots*, au succès de laquelle il est permis de dire qu'il eut une grande part.

L'œuvre du directeur du Conservatoire de Bruxelles est considérable. Sans compter ses ouvrages didactiques dont nous nous occuperons un peu plus loin, il a laissé sept opéras, dont six ayant été représentés; comme musique de chant deux nocturnes et une canzonnette; une grande quantité de musique instrumentale pour piano et violon; enfin, en musique sacrée, plusieurs messes, — dont une de *Requiem*, exécutée en 1814 en commémoration de la mort de Louis XVI, est surtout remarquable, ainsi qu'un *Miserere*, les *Lamentations de Jérémie*, etc.

Parmi les ouvrages didactiques, historiques et critiques, que Fétis a fait paraître ou qui étaient en voie de publication au moment de sa mort, dit M. Ernest Reyer, les plus importants sont : le *Traité de fuge et de contre-point*, le *Traité de l'accompagnement de la partition*, la *Biographie universelle des musiciens*, la *Méthode des méthodes de piano*, la *Méthode des méthodes de chant*, le *Traité complet de la théorie et de la pratique de l'harmonie*, la *Philosophie générale de la musique*, l'*Histoire générale de la musique*, les *Souvenirs d'un vieux musicien* (Mémoires sur la vie de l'auteur et sur ses relations avec les hommes les plus célèbres dans l'art et dans la science pendant soixante ans), et une traduction française du *Traité de musique* de Boèce.

Jamais écrivain, ajoute le même critique, « ne fut si contredit dans ses opinions ni taxé d'autant d'erreurs. C'est de l'Allemagne surtout que lui sont venus les plus rudes coups : il est vrai que les savants belges, ses compatriotes, ne l'ont pas épargné davantage. Evidemment son œuvre est trop vaste pour être parfaite ; l'ensemble de ses travaux n'en est pas moins un des monuments les plus complets et les plus dignes de la reconnaissance des artistes qui aient été élevés de notre temps à l'art musical et à l'histoire de la musique...

« M. Fétis est le fondateur de la *Revue musicale;* en même temps qu'il collaborait à cette publication, il rédigeait le feuilleton du *Temps* et celui du *National*, ce qui l'a obligé plusieurs fois à écrire trois articles dans le même jour sur un opéra nouveau. Dans chacun de ces articles, qui paraissaient le surlendemain de la représentation, l'ouvrage était considéré sous un aspect différent. M. Fétis a publié aussi, dans la *Gazette musicale de Paris* et dans la *Revue de la musique religieuse*, une multitude d'articles de critique, de théorie, d'histoire et de philosophie de la musique, formant plus de deux mille cinq cents pages d'impression. »

Fétis est mort en 1871, à l'âge de quatre-vingt-sept ans. Le caractère du directeur du Conservatoire de Bruxelles a déjà été résumé en quelques mots : *C'était un esprit ami de la règle et un bon rentier musical.* Sa véritable gloire est d'avoir, avec Castil-Blaze, fondé en France la littérature musicale. C'est surtout à ce titre qu'il nous a paru intéressant de lui consacrer un chapitre dans le présent volume.

JACQUES MEYERBEER.

XXIII. — Meyerbeer.

Il n'est peut-être pas d'existence plus enviable que celle d'un artiste vraiment doué du génie de son art, quand les circonstances, qui si souvent étouffent les plus heureuses facultés, concourent au contraire à en assurer le libre et complet développement. Meyerbeer a été un de ces favoris de la nature et de la fortune. Non seulement il avait reçu du ciel des dons exceptionnels, mais, dès le début et pendant toute sa vie, il a été exempt des embarras qui ordinairement entravent et quelquefois arrêtent la marche des plus beaux génies; les préjugés mêmes qui semblaient pouvoir lui faire obstacle se sont aplanis devant lui : israélite, il est venu dans un temps où une pareille origine ne soulève plus les haines séculaires; Allemand et élevé dans le culte de la musique de son pays, il a été adopté comme musicien, d'abord par l'Italie, puis par la France devenue sa seconde patrie : c'est à Paris que son talent s'est transformé, et qu'il a obtenu ces éclatants et définitifs succès qui se sont imposés au reste du monde. Ajoutons que Meyerbeer a usé de tant d'avantages de manière à prouver que, par la seule force de son caractère, il était capable de vaincre toutes les difficultés, et devait arriver tôt ou tard au sommet.

Ainsi débutait, en 1866, une notice biographique anonyme fort bien faite, consacrée à l'illustre auteur du *Prophète*, notice à laquelle nous ferons d'ailleurs plusieurs autres emprunts dans le cours de ce chapitre. Donc, bien que Meyerbeer soit né à Berlin, la France peut à juste titre revendiquer l'honneur de plusieurs des chefs-d'œuvre de ce maître.

* * *

Jacques BEER, *dit* MEYER-BEER ou MEYERBEER, naquit en effet dans la capitale de la Prusse le 23 septembre 1794. « Son père était un riche banquier qui donna à ses enfants la plus solide éducation ; mais c'est surtout à leur mère que Meyerbeer et ses deux frères paraissent avoir dû la ferme direction qui de bonne heure fit de tous trois des hommes distingués. L'un, Wilhelm Beer, mort en 1850, est compté, dit M. Fétis, parmi les bons astronomes de l'Allemagne, et s'est fait connaître au monde savant par une carte de la Lune qui a obtenu le prix d'astronomie à l'Académie des sciences de Berlin ; l'autre, Michel Beer, était un poëte dramatique dont les premières œuvres, *le Paria* et *Strueusée*, ont fait vivement regretter, en 1835, la mort prématurée. L'illustre compositeur était l'aîné : il portait comme son père les noms de Jacques Beer ; il y ajouta celui de *Meyer*. Ce nom appartenait à un ami de sa famille qui, ayant conçu de lui de bonne heure la plus haute opinion, lui légua une immense fortune sous cette condition. »

A quatre ans, Jacques Beer trouvait d'instinct sur le piano l'harmonie des airs qu'il avait entendus. Dès l'âge de neuf ans, il était un pianiste très-remarquable et obtenait dans les concerts des succès extraordinaires. « Bientôt Clémenti, le pianiste le plus renommé de cette époque, lui offrit spontanément des leçons. » CLÉMENTI (né à Rome en 1752, mort en 1832), est considéré comme le chef de la meilleure école de mécanisme et de doigté : il était l'ami d'Haydn et de Mozart et forma plusieurs brillants élèves. Clémenti passa la plus grande partie de sa vie en Angleterre, où il fonda une maison de commerce pour la musique et une fabrique d'instruments, et publia divers ouvrages d'enseignement. On a également de lui un certain nombre de compositions musicales « d'un style léger, brillant, plein d'élégance, mais manquant de passion. »

Avec un pareil maître, Jacques Beer perfectionna rapidement son talent de virtuose. Il recevait en même temps des leçons de composition du chef d'orchestre de l'Opéra de Berlin ; mais son véritable maître fut l'abbé Vogler, dont nous avons déjà parlé dans le chapitre consacré à Weber, et qui passait en Allemagne pour le plus profond théoricien musical. L'abbé Vogler « tenait alors école à Darmstadt, où Meyerbeer alla chercher ses leçons à l'âge de seize ans. C'est là qu'il connut Weber, le futur auteur du *Freychutz* et d'*Obéron*, dont il devint le condisciple et avec lequel il se lia étroitement. »

— Si j'avais dû mourir, disait plus tard l'abbé Vogler, avant d'avoir formé de tels artistes, quelle douleur j'aurais ressentie ! Il y a en moi quelque chose que je n'ai pu faire sortir et que mes disciples réaliseront. Que serait devenu le Pérugin sans Raphaël ?

Même s'il n'avait pas formé un pareil élève, remarque fort justement le biographe déjà cité, le Pérugin serait un très-grand peintre, et Vogler n'est, dans ses œuvres, qu'un musicien savant et tourmenté ; mais il fut un excellent professeur, sa science était incontestable, et il l'a léguée aux deux compositeurs allemands les plus illustres de notre temps.

Meyerbeer passa plus de deux ans à Darmstadt. Il y écrivit beaucoup de musique religieuse, et un oratorio, *Dieu et la Nature*, qui lui valut le titre de compositeur ordinaire de la cour grand-ducale de Darmstadt : il avait dix-sept ans. Cependant Meyerbeer désirait ardemment aborder le théâtre. Il s'y essaya en composant en collaboration avec Weber un opéra-comique, *Abou-Hassan*, qui passa inaperçu. Dans une notice lue en séance publique de l'Académie des Beaux-Arts, M. Beulé a donné d'intéressants détails sur l'amitié qui unissait Weber et Meyerbeer et sur les premiers travaux de ces deux illustres maîtres.

Weber, dit-il, « avait huit ans de plus ; au contact de sa charmante et poétique nature, l'âme de Meyerbeer s'était réchauffée et comme attendrie. Rien, il est vrai, n'avait annoncé, en 1810, le génie qui devait produire le Freychütz. Ses deux premiers opéras n'avaient point été remarqués. *La critique manque de clairvoyance*, disait naïvement Weber, *réformons la critique. Le public a mauvais goût, faisons l'éducation du public.* En effet, il fonde une société, qu'il appelle *Société*

d'harmonie; elle est secrète; les affiliés sont en petit nombre; ils se cachent sous de faux noms; musiciens, ils s'engagent à devenir écrivains : ils envahiront les journaux; ils feront la loi à l'opinion ; ils feront surtout l'éloge des membres de l'association. Weber fut l'âme de cette Sainte-Vehme pacifique. Il se mit à l'œuvre avec une candeur qui écartait tout soupçon de charlatanisme, et une générosité qui ne pensait qu'à autrui. Meyerbeer en profita plus que personne. Exécute-t-on à Berlin, en 1811, son oratorio intitulé *Dieu et la Nature,* Weber l'annonce en ces termes dans une gazette musicale : « L'au-
» teur est un des premiers, sinon le premier pianiste de notre
» temps. Une vie ardente, une grâce vraie, la puissance réelle
» du génie qui prend son essor, sont des traits qu'on ne peut
» méconnaître. » Meyerbeer fait-il représenter son opéra d'*Abimélech* ou *les Deux Califes,* Weber en publie un éloge plus chaleureux encore. Il est vrai qu'il fut seul de son avis : il vantait des œuvres que Meyerbeer a lui-même condamnées à l'oubli. Sa partialité servit mal son ami : après avoir enflé son amour-propre, elle lui fit paraître les déceptions plus amères. Le jeune artiste traverse alors une phase de tristesse et une série d'échecs. D'abord il perd Weber, qui se fait directeur de théâtre. Puis Vogler, incapable de se fixer, ferme son école : il commence par voyager avec Meyerbeer, l'instruisant à la façon des péripatéticiens ; bientôt le maître et l'élève se quittent, celui-ci d'autant plus épris des succès dramatiques qu'ils lui semblent interdits. La *Fille de Jephté* est mal accueillie à Munich ; *Abimélech,* corrigé et représenté à Vienne l'année suivante, tombe complétement. Comment se montrer original après Gluck, Mozart, Beethoven, terribles moissonneurs qui ne laissent guère à glaner ?

« Meyerbeer aurait pu se consoler par ses triomphes de pianiste, car il rivalisait dans les concerts de Vienne avec le classique et brillant Hummel : ce n'étaient point là les applaudissements qu'il voulait. Sombre, aigri, il repoussait jusqu'à ses amis. Weber se désolait d'apprendre qu'il était en dissidence avec la société harmonique à peine fondée. Rien n'égale,

en effet, les découragements d'une âme de vingt ans, si ce
n'est sa promptitude à se relever et à se jeter dans les extrêmes.
Salieri dit un jour à Meyerbeer que l'Italie était le seul pays
où il apprendrait à faire vibrer toutes les cordes de la voix
humaine. Ce mot fut un trait de lumière. N'est-ce pas sous ce
climat enchanté que Haendel avait compris la puissance des
masses chorales, que Gluck avait conçu sa noble mélopée,
que Hase avait respiré un souffle pur qui annonce déjà
Mozart, que Mozart, à son tour, s'était enivré aux sources de
la grâce et de la beauté? N'était-ce pas un reflet de l'Italie,
transmis par le vieux Porpora, qui avait enveloppé de mélodie
la vivacité étincelante de Haydn? Libre et devenu sceptique,
Meyerbeer dit adieu à l'Allemagne, tandis que Weber, pauvre
et ferme dans ses convictions, restait attaché au sol de sa
patrie. Les deux amis se séparaient, aussi bien que leurs
destinées. L'un allait traverser toutes les écoles, butinant, se
composant un style, toujours prêt à se métamorphoser, grandissant après chaque métamorphose ; l'autre continuait de
lutter, fidèle à la muse germanique, cherchant une source qui
lui eût échappé, et découvrant, avant de mourir, des formes
neuves, des mélodies délicieuses, une poésie saisissante, dans
le monde fantastique des démons et des fées. »

**

En 1813, Meyerbeer partit pour l'Italie « alors toute à Rossini », où l'audition des opéras du maëstro de Pesaro le conduisit à modifier sa manière. « Rossini, qu'il voyait souvent,
l'encourageait à composer des opéras. Meyerbeer se souvenait
de ses chutes ; il répondait qu'il n'était qu'un humble pianiste ; mais il redoublait de travail », et s'efforçait de s'assimiler les procédés de la musique italienne. Enfin, en 1818, il
donne à Padoue son premier opéra italien, *Romualdo e Constanza*,
qui est écouté avec faveur. Puis, de 1818 à 1824, « chaque année est marquée par l'apparition d'une œuvre nouvelle applaudie sur quelqu'une des premières scènes de l'Italie. Enfin

l'éclatant succès du *Crociato in Egitto*, à Venise, place Meyerbeer, à trente-trois ans, au premier rang des compositeurs italiens. » Cet opéra fut bientôt acclamé dans toute l'Europe. Rossini qui, depuis un an, était de fait directeur du Théâtre-Italien de Paris, mit en répétition *Il Crociato* et appela Meyerbeer quelques jours avant la représentation pour présider en personne à l'exécution de son œuvre. La victoire fut aussi complète à Paris qu'à Venise.

A Paris, Meyerbeer se trouva en présence « d'un nouveau public qui applaudissait à la fois Weber et Rossini, et semblait fait pour apprécier également l'élégance mélodique qu'il avait apprise en Italie et la science harmonique de l'Allemagne où de bonne heure il avait été si habile. Il sentit, comme Glück avant lui, comme ensuite Spontini et Rossini, lorsqu'ils composèrent *la Vestale* et *Guillaume Tell,* qu'une nation où le théâtre est si populaire, et qui a produit sur la scène tant de chefs-d'œuvre, peut aussi avoir une musique dramatique qui lui soit propre. « Il cessa de produire, » dit M. Beulé, « se
» recueillit, étudia cette société française au cœur de laquelle
» son succès le poussait sans effort. Il vivait avec les hommes
» célèbres du temps, il observait, il écoutait, parlant peu, ne
» contredisant jamais, ne laissant rien échapper, discret et
» curieux, fin et concentré, passionné et persévérant. Ni son
» mariage, ni la perte de deux enfants, première apparition de
» la douleur dans une vie toujours heureuse, ne le détourné-
» rent du travail secret, réfléchi, qui préparait sa troisième
» transformation. » C'est dans cet intervalle de temps que Meyerbeer, revenant passagèrement à la musique religieuse, écrivit un *Stabat,* un *Miserere,* un *Te Deum, Douze Psaumes,* et ses *Huit cantiques de Klopstock.* »

Le travail incessant et acharné du compositeur fut largement récompensé, car la gloire de Meyerbeer fut surtout fondée et se développa par les pièces qu'il fit jouer au grand Opéra de Paris : *Robert-le-Diable* en 1831, les *Huguenots* en 1836, le *Prophète* en 1849. Ces trois chefs-d'œuvre firent le tour de l'Europe et leur succès est loin d'être épuisé encore aujourd'hui.

On a peine à comprendre, dit notre biographe anonyme,
« en comparant le *Crociato* à *Robert-le-Diable*, la transformation rapide qui s'est faite dans la pensée du musicien en quelques annnées. On sait que ce dernier ouvrage, destiné d'abord à l'Opéra-Comique, remanié pour le grand Opéra, où il fut appelé par le directeur des Beaux-Arts, M. de la Rochefoucault, ajourné par la révolution de 1830, ne fut représenté que le 20 novembre 1831. On paraissait compter peu sur le succès. Le directeur, que ce succès devait enrichir, n'avait accueilli et monté le nouvel opéra qu'avec défiance; il fut froidement reçu à la première représentation par le public d'abord surpris quelque peu, et violemment critiqué ensuite par la presse; mais lorsqu'on se fut habitué aux moyens compliqués et aux formes imprévues qui constituaient le style du compositeur, l'entraînement fut général. L'opéra de *Robert-le-Diable* a compté ses représentations par centaines; son poème a été traduit dans toutes les langues; il a été joué sur toutes les scènes... Si la gloire de Meyerbeer lui survit et grandit encore après sa mort, c'est que l'auteur de *Robert-le-Diable*, des *Huguenots* et du *Prophète* n'était pas seulement un homme habile disposant de ressources immenses, un musicien érudit qui comprenait et faisait sienne la pensée de tous les maîtres, un observateur profond qui pénétrait et démêlait à merveille les idées et les passions de ses contemporains : il avait le génie du drame lyrique. Comme les plus grands maîtres de la scène, il n'a pas exprimé ses seuls sentiments par ses mélodies et ses accords; il sait s'oublier lui-même pour se mettre tout entier dans les personnages qu'il crée. Dans toutes les situaions où il les suit, il s'anime de leurs passions et vit de leur souffle. Aussi sont-ils, on l'a dit, « individuels, ressemblants;
» ils touchent, ils persuadent, ils fascinent. C'est une magie
» irrésistible que de créer des types qui vivent au théâtre,
» autant par l'énergie de leur conception que par leur unité
» musicale et la tenue de leur caractère mélodique.

.*.

Dans les intervalles qui séparèrent ces grandes œuvres, Meyerbeer, nommé directeur de la musique du roi de Prusse Frédéric-Guillaume IV, composa des cantates, des mélodies, des marches, des morceaux d'orchestre, etc... Il écrivit aussi en 1844 un opéra allemand, *le Camp de Silésie*, qui fut reproduit avec changements et additions en 1847, sous le titre de *Wielka*. Enfin, en 1846, il mit en musique *Struensée*, drame posthume de son frère Michel Beer, ou plutôt il écrivit pour ce poème une ouverture, quatre entr'actes symphoniques et neuf morceaux qui doivent compter parmi ses productions originales.

C'est M. Fétis, qui, le premier, fit exécuter à Bruxelles par la Société des Concerts du Conservatoire, dont il était le chef d'orchestre et le directeur, la musique de *Struensée*, que Meyerbeer venait de lui envoyer de Berlin. Obligé, nous dit M. Fétis, « de séparer du drame la musique qui y est intimement liée, j'imaginai de réunir les morceaux de plusieurs scènes en un seul, au moyen de quelques mesures qui rendent les modulations naturelles, et d'exposer en peu de mots, dans le programme du Concert, les situations et les péripéties dramatiques, afin que le public pût juger avec quel bonheur d'expression le compositeur les avait rendues. Ces combinaisons eurent un plein succès... Instruit de ce grand succès qui touchait à son cœur d'artiste, Meyerbeer, alors à Paris, prit des informations sur le jour fixé pour une nouvelle exécution de *Struensée*, arriva incognito à Bruxelles, se cacha dans un coin de la salle, et retourna à Paris le même soir ou le lendemain matin, sans m'avoir vu. Je n'appris cette circonstance que dans l'été suivant, lorsque, me promenant à Spa avec le maître dans un endroit solitaire, il s'arrêta tout à coup, me prit les mains, et, après m'avoir conté l'anecdote de son voyage, me dit que je l'avais rendu très-heureux en m'identifiant à son sentiment dans la direction de l'exécution de son œuvre. Il m'apprit alors que son intention était de proposer un sujet à Scribe, pour un opéra dans lequel il pourrait mettre en relief la musique de *Struensée*, qui, dans sa forme actuelle, ne pouvait être entendue que par des occasions exceptionnelles. »

Meyerbeer fit encore représenter à Paris deux opéras-comiques, l'*Etoile du Nord* en 1854, et le *Pardon de Ploermel* en 1859. Il prouvait ainsi une fois de plus la flexibilité de son génie. « Parmi ses cantates, on distingue *la Fête à la Cour de Ferrare*, *la Marche des archers bavarois*, celles pour l'inauguration de la statue du grand Frédéric à Berlin et pour l'anniversaire de la naissance de Schiller, etc. Il a laissé, entre autres ouvrages manuscrits, des chœurs et intermèdes d'orchestre pour la tragédie des *Euménides* d'Eschyle. » (*Th. Bachelet.*)

Malheureusement plusieurs œuvres manuscrites de Meyerbeer ont été perdues, on ne sait comment, les unes du vivant de leur auteur, les autres après sa mort. M. Ernest Reyer raconte à ce sujet que, se trouvant un jour à Berlin chez Meyerbeer, celui-ci lui montra une grande armoire toute pleine de manuscrits, en lui disant :

— « Il y a là-dedans *plus de musique de moi que vous n'en connaissez*, et, entre autres morceaux inédits, tous ceux qui ont été retranchés de mes opéras, *le Prophète*, *les Huguenots* et *Robert-le-Diable*. Malheureusement l'ouverture que j'avais composée pour ce dernier ouvrage n'y est pas ; où est-elle?... je n'en sais rien ; malgré les recherches les plus minutieuses, il m'a été impossible de la retrouver. Tous ces morceaux supprimés forment la valeur d'un opéra. Scribe m'a proposé bien souvent de les utiliser ; c'était chose facile pour lui que d'écrire un libretto sur de la musique déjà faite, et je ne doute pas qu'il eût réussi à mettre en situation ces pages détachées d'œuvres différentes et à conserver à chacun de ces morceaux le caractère qui lui est propre ; je n'ai jamais voulu y consentir. »

L'ouverture de l'*Africaine*, entièrement composée par Meyerbeer et dont il avait commencé l'instrumentation, a eu le même sort que celle de *Robert-le-Diable* : après la mort du maître, on l'a vainement cherchée parmi les nombreux manuscrits qu'il a laissés. Il est vrai que jamais peut-être musicien ne passa autant de temps à écrire une partition que Meyerbeer à composer son dernier chef-d'œuvre, qui ne devait d'ailleurs être mis à la scène qu'après la mort du maître par les soins de M. Fétis, son fidèle exécuteur testamentaire.

En effet, presque aussitôt après la représentation des *Huguenots*, Meyerbeer « avait commencé à s'occuper de cette *Africaine* qui fut si longtemps annoncée, si impatiemment attendue, dont l'apparition, toujours ajournée par l'auteur encore mal satisfait de son œuvre, ne devait être qu'un triomphe posthume. Meyerbeer vint à Paris, au mois d'octobre 1863, pour distribuer les rôles et présider aux répétitions de son opéra. Au mois d'avril, il fut saisi par la maladie qui l'enleva en quelques jours, presque sans souffrance, et sans qu'il eût pu soupçonner qu'il était si gravement atteint. Il succomba le 2 mai 1864. La veille encore de sa mort, les copistes de l'Opéra travaillaient dans une pièce attenante à sa chambre à coucher, et il révisait leur travail avec un soin extrême. Ainsi, jusqu'à ses derniers instants, la même ardeur l'a soutenu, et il n'a cessé de mériter cet éloge prononcé naguère par son panégyriste officiel :

» Il a aimé son art jusqu'à l'adoration, et ce culte qui commence avec sa première pensée n'a fini qu'avec sa vie. Il a professé pour les maîtres un respect rare dans un siècle de dédain ; il a cherché leurs leçons dans tous les pays ; il n'a pas cessé d'étudier leurs plus belles créations quand il avait lui-même le droit de se croire un maître : il a dû à cette discipline la science la plus vaste, la plus sûre, la plus classique. Il s'est soumis à la loi du travail aussi courageusement que s'il avait obéi à la nécessité, mère de tant de chefs-d'œuvre. Le noviciat du compositeur est long, rebutant, sans compensation. Meyerbeer n'a reculé devant aucun labeur ; il a lutté avec une opiniâtreté qui montre une fois de plus que la patience est la moitié du génie. La richesse qui pour d'autres eût été un danger, n'a pas même eu pour lui de tentations. Exempt de besoins, insensible aux plaisirs, plein de mépris pour le luxe, il traversait le monde en observateur et en sage ; c'était un bénédictin libre, qui avait fait vœu d'être un grand musicien. Toutes ses pensées étaient concentrées sur l'exécution ou sur

GIAOCHIMO ROSSINI.

l'achèvement de ses opéras, pour lesquels il rêvait une perfection à peine terrestre. La mort le surprit travaillant encore, et son testament a prouvé qu'il étendait au-delà des limites de la vie ses scrupules et la religion de son art. »

XXIV. — Rossini.

« Si vous passez vers deux heures sur le boulevard des Italiens, vous y rencontrerez presque infailliblement Rossini faisant là sa promenade quotidienne au bras de quelqu'un de ses amis. » Voilà comment débutait, en 1864, un article consacré au grand maëstro italien. En effet, pendant les dernières années de sa vie, Rossini avait fait de Paris sa seconde patrie. Nul ne fut plus Parisien que ce grand homme, dit M. Henry Fouquier; « il adorait le boulevard, où il promenait ses perruques audacieuses et ses paletots vert-pomme invraisemblables. S'il garda toujours l'accent de son pays, trop profondément paresseux pour chercher, par quelque effort prolongé, à s'en débarrasser, il parlait notre langue à merveille, en connaissait toutes les subtilités, si bien que ses bons mots ont souvent défrayé nos gazettes : enfin, le dernier chant du cygne de Pesaro, qu'il a fait entendre d'ailleurs quelque vingt ou trente ans avant de mourir, a été *Guillaume Tell*, écrit sur un livret français pour notre Opéra et pour nos chanteurs. Il habitait, à Passy, la villa bâtie par lui sur un terrain que lui avait donné la ville de Paris, terrain qui avait la forme d'un piano à queue, ce qui parut très-spirituel dans le temps ; — c'est là qu'il est mort, et l'on pouvait croire que sa dépouille resterait en France. »

Il n'en fut pourtant point ainsi. Dix-huit ans après la mort de Rossini, l'Italie réclama à la France les restes mortels de son glorieux enfant : Ceux-ci exhumés du cimetière du Père-

Lachaise, en mai 1887, furent solennellement remis aux représentants du gouvernement italien en présence des plus hautes célébrités artistiques de Paris. Le *Cygne de Pesaro* — ainsi qu'on appela Rossini, — repose maintenant dans le cimetière de sa ville natale.

* * *

Giaochimo Rossini était né le 29 février 1792 à Pesaro, petite ville de la Romagne italienne où son père était trompette de ville et en même temps inspecteur de la boucherie. Sa mère était chanteuse de théâtre dans des troupes ambulantes. Dès l'âge de dix ans, dit M. Th. Bachelet, « il suivait ses parents dans les théâtres forains, jouait du cor à l'orchestre, ou faisait chanter les choristes. Confié à un certain Tesei, de Bologne, qui lui enseigna le chant et le piano, il se fit remarquer dans les églises par sa belle voix de Soprano, et au théâtre comme accompagnateur. En 1807, il entra au lycée de Bologne et étudia le contre-point avec l'abbé Mattei; mais les préceptes, les formules, les exercices eurent peu d'attrait pour un jeune homme impatient d'écrire et poussé d'instinct vers la carrière dramatique, et il devait suppléer aux travaux de l'école par l'étude des œuvres d'Haydn et de Mozart et par la pratique du théâtre. »

Le premier début de Rossini comme compositeur date du 8 août 1808, où, pour la fête du lycée de Bologne, il fit représenter une cantate, *Il Pianto d'armonia per la morte d'Orfeo*. Cette cantate eut du succès et décida, en quelque sorte, de la vocation du futur auteur du *Barbier de Séville*.

Bientôt après, Rossini fit paraître à Venise son premier opéra, la *Combiale di matrimonio*; cette partition lui fut payée deux cents francs. Déjà, en 1812, il faisait jouer sept opéras et un oratorio. Il avait à peine vingt ans. Sa réputation grandit rapidement : après la représentation, à Milan, de la *Pietra del paragone*, on le plaçait déjà au premier rang des musiciens de son pays.

Au milieu de la saison de 1813 parut la magnifique partition de *Tancredi*, puis l'*Italiana in Algeri* (l'Italienne à Alger), enfin le *Turco in Italia* : puis, successivement, de 1814 à 1822, *Elisabeth*, le *Barbier de Séville* (composé en treize jours), *Otello*, la *Cerenentola*, la *Gazza ladra*, *Armède*, *Mosé*, etc., etc. En 1822, Rossini quitte l'Italie et s'en vient faire représenter *Zelmira* à Vienne, puis retourne à Venise et y fait jouer la *Sémiramide*.

Ce fut peu de temps après qu'il quitta l'Italie pour la France et vint nous donner, entre autres ouvrages inoubliables, le *Barbier de Séville* et le *Siége de Corinthe*, écrits en Italie, mais surtout le *Comte Ory* et *Guillaume Tell* qui, représenté à l'Opéra en 1829, passe pour le chef-d'œuvre du maître. *Guillaume Tell* fut d'ailleurs la dernière œuvre importante de Rossini qui ne composa plus guère qu'un *Stabat*, en 1841, l'*Hymne à la paix* pour l'Exposition universelle de 1867 et une *Petite messe*.

La chute de son *Barbier de Séville* (auquel avait nui le succès de Paisiello, qui avait traité le même sujet), fut, paraît-il, la cause du départ de l'Italie effectué peu après par Rossini. Le jeune maëstro conservait une sourde irritation de la chute de ce chef-d'œuvre. A Naples, le jour de la première représentation, il avait, il est vrai, été si bien sifflé qu'il avait pris la fuite, croyant qu'on l'assommerait, et abandonné le fauteuil de chef d'orchestre. Il voyagea alors un peu partout, faisant représenter ses opéras dans les principales villes d'Europe. Après un court séjour à Londres, où il donna des leçons de chant, il vint à Paris. Là seulement Rossini devait recevoir la consécration de sa gloire. Sa musique, toute italienne, eut au début de la peine à s'y acclimater; mais son *Barbier de Séville* y obtint bientôt un tel succès qu'une révolution complète se fit à cet égard. L'enthousiasme n'eut point de bornes et fut pour le compositeur une douce compensation à son échec de Naples. Une autre compensation lui arriva par surcroît sous la forme d'une sinécure lucrative que lui accorda Charles X en lui donnant la place d'intendant général de sa musique et d'inspecteur du chant en France.

« En 1829, *Guillaume Tell* mit le comble à sa gloire. La froideur avec laquelle on reçut ce chef-d'œuvre, qui ne devait reprendre son rang que plus tard avec le chanteur Duprez, paraît avoir déterminé Rossini à ne plus écrire pour la scène. *Robert Bruce*, joué à l'Opéra en 1846, n'est qu'un pastiche fait avec son consentement, et dont la plus grande partie était prise à la *Donna del Lago*. Les Bouffes-Parisiens donnèrent de lui, en 1857, *Bruschino*, reprise d'une improvisation de jeunesse. Toutefois, Rossini écrivit encore beaucoup de musique qui, sauf un *Stabat*, composé en 1832 et publié seulement en 1841, et une *Messe* exécutée en 1864, est demeurée inédite. Tantôt il semblait avoir perdu la foi dans l'art, tantôt il s'irritait de voir ses œuvres délaissées en Italie et méconnues en Allemagne; ou bien, il se laissait aller à une insouciance, à une paresse de nature. En 1836, il retourna en Italie; il y devint veuf en 1845 (Rossini s'était marié en 1822) avec Mlle Colbran, cantatrice du théâtre de Naples), et contracta un second mariage en 1847. Les mouvements révolutionnaires de Bologne le contraignirent à gagner Florence, d'où il revint à Paris en 1855. »

Loin de l'enthousiasmer, raconte M. Henry Fouquier, « les agitateurs de 1848 lui avaient causé une terreur telle qu'il quitta l'Italie en hâte pour chercher en France la sécurité et le repos. Je ne veux pas aller jusqu'à dire qu'il fut mauvais patriote ou mauvais citoyen : mais il est visible qu'il fut assez indifférent et que son scepticisme d'esprit fut largement appliqué par lui dans la pratique de sa vie. — Il aima par-dessus tout la musique et le macaroni, et le reste glissa sur son âme légère et joyeuse. »

***

C'est en 1855 que Rossini vint définitivement s'établir à Paris, dit M. Amédée Méreaux; « c'est au sein de cette capitale des arts, pour laquelle il avait refait son œuvre, si splendidement couronné par *Guillaume Tell*, entièrement écrit pour l'Opéra, qu'il vint dresser son trône artistique dans cette maison de la Chaussée-d'Antin qui passera à la postérité avec la mémoire du *maëstro*, comme l'hôtel de la rue de Beaune avec le souvenir de Voltaire. C'était à Passy, à l'entrée du bois de Boulogne, que Rossini tenait sa cour d'été. C'est dans cette villa charmante et ornée avec autant de simplicité que de bon goût, qu'il recevait les visites des artistes les plus distingués, des hommes les plus éminents, des princes, des rois mêmes de toutes les parties de l'Europe. C'est autour de cette délicieuse résidence, dans les ombreuses avenues du bois de Boulogne, qu'il faisait souvent ses promenades solitaires. Sa rencontre était une joie pour quelques-uns des enfants qui tous les jours parcouraient en foule ces verdoyantes allées et parmi lesquels le grand maître s'était fait quelques bons petits amis... C'est ainsi que la vieillesse de Rossini s'est écoulée triomphalement dans cette France qu'il aimait et qui, après avoir su l'admirer et l'honorer pendant sa vie, ne cessera pas de le glorifier après sa mort. »

Paris, qui accueille également les génies nationaux et étrangers, avait, dès 1823, nommé associé de l'Académie des Beaux-Arts Rossini qui, à la fin de sa vie, était commandeur de la Légion d'honneur.

A trente-sept ans, à l'apogée de sa gloire, le maëstro avait pour toujours renoncé au théâtre. Il prit cette détermination à la suite de l'échec incompréhensible qu'éprouva, lors de son apparition, *Guillaume Tell*, son chef-d'œuvre, échec qui ne fut d'ailleurs qu'un accident momentané, car ce magnifique opéra ne tarda point à obtenir un incomparable succès. Depuis lors, bien que l'enthousiasme le plus grand ait réparé l'injuste accueil du début, Rossini a gardé une indifférence feinte ou réelle pour ses œuvres et la musique en général. Si parfois il a paru sortir de cette singulière apathie, il ne l'a fait qu'incomplètement et l'on a pu dire de son vivant qu'il appartenait déjà à la postérité plus qu'à ses contemporains.

Rossini a opéré une révolution dans la musique italienne, dit M. Bachelet, à qui nous empruntons sa remarquable appréciation du génie de l'auteur de *Guillaume Tell*. « Les compositeurs donnaient tout à la mélodie, au chant, et n'admettaient l'harmonie que comme un simple accompagnement, les instruments que comme soutien : il introduisit et fit goûter une harmonie pleine de dissonnances et modulant sans cesse, donna de l'importance aux combinaisons instrumentales, et employa au théâtre jusqu'aux instruments militaires, les tambours et la grosse caisse. C'était la mode d'écrire à la hâte, sur des pièces sans plan et sans ordre, pour des artistes qui imposaient leurs exigences, et on ne faisait nulle difficulté d'appliquer à des situations fortes et terribles une musique sereine, gaie, ornementée de traits de convention. Rossini n'échappa point complétement, dans ses premiers ouvrages, à l'influence de ce faux goût, et son inspiration ne se dégagea que plus tard, libre et pure, des fioritures consacrées par l'usage. Les critiques ont donc pu lui reprocher des négligences ou des défauts de facture, l'abus du *crescendo*, des *caballettes*, du rhythme à temps ternaires d'un mouvement rapide, et autres moyens à effet. Il a dû subir aussi, jusqu'à sa venue en France, l'emploi des sopranistes, si contraire à la vérité dramatique, et écrire pour mezzo-soprano des rôles d'homme qui appartenaient au ténor ou à la basse. Mais, par une innovation qui fit disparaître la langueur de l'opéra sérieux, il remplaça le récitatif libre par un récitatif accompagné, où l'instrumentation pittoresque donne un caractère plus décidé à chaque situation, une expression plus vive à toutes les passions. — *Guillaume Tell* marque le point culminant où atteignit Rossini en s'éloignant de l'ancienne école italienne, quand il voulut substituer le chant à la vocalisation, et faire de la déclamation ou de l'expression le fond de la mélodie : là se montre la vérité, la beauté des récitatifs, l'élégance, la noblesse de l'idée, la puissance de l'expression dramatique, la hardiesse des modulations, soutenues par l'instrumentation la plus riche. »

Deux statues ont été élevées à Rossini de son vivant : l'une orne le vestibule de l'Opéra, à Paris ; l'autre est à l'entrée de

Pesaro, sa ville natale. Il a donc eu de la sorte un glorieux avant-goût de la postérité, — ce qui est donné à bien peu de grands artistes.

* * *

Nos lecteurs n'auraient qu'une idée fort incomplète de ce que fut Rossini si nous ne leur montrions l'homme après avoir énuméré les travaux et les œuvres du maëstro. Nul ne fut plus généreux que lui; nul n'eut l'âme meilleure et exempte de jalousie. Il n'a laissé en mourant que des admirateurs et des amis. L'un de ceux-ci, M. Amédée Méreaux, s'est attaché à faire connaître plusieurs traits de ce grand cœur. En voici quelques-uns :

Peu de temps après sa première arrivée à Paris, Rossini eut pendant deux ans la direction de notre Théâtre-Italien. Le premier usage qu'il fit de son pouvoir directorial fut de faire monter *Il Crociato*, de son ami Meyerbeer. « C'était la plus belle partition italienne de celui qui devait devenir son émule. Rossini désira et obtint que Meyerbeer fût appelé pour venir diriger la mise en scène de son opéra à Paris... Du reste, Rossini a toujours agi de la sorte, c'est-à-dire en ne prenant conseil que de son cœur et faisant volontiers bon marché de son intérêt personnel. C'est lui qui, plus tard, contribua, de tout son pouvoir, à faire venir à Paris Bellini, Donizetti et Mercadante. »

La première rencontre que Rossini fit à Paris, à son arrivée dans cette ville où il ne connaissait personne, fut celle d'Auguste PANSERON (né à Paris en 1795, mort en 1859), qui avait remporté au Conservatoire le grand prix de composition en 1813, et qui, après avoir échoué au théâtre, se renfermait uniquement, comme compositeur, dans le genre de la musique d'église, et surtout dans celui des romances, où il obtenait un grand succès.

Rossini s'était lié avec Panseron en Italie, « lorsque le jeune musicien français, lauréat de l'Institut, suivait le cours de contre-point du Père Mattei, au Conservatoire de Bologne. Rossini, qui connaissait le caractère vif et enjoué de son ami, fut frappé de son air triste et préoccupé. Il l'interrogea et apprit de lui qu'il était fort embarrassé pour tirer son frère de la conscription. Il fallait pour cela ce qui lui manquait : — de l'argent.

« — Organise un concert, dit Rossini.

» — Tu ne sais pas ce que c'est qu'un concert à Paris, répond Panseron : beaucoup de fatigues, de peines, et pas de recette.

» Mais lorsque Rossini lui proposa d'être l'accompagnateur du concert, Panseron se sentit sauvé. Ce concert eut lieu dans la salle de la rue de Cléry : foule immense jusque dans la rue et recette s'élevant à plus du double de la somme nécessaire au rachat du conscrit. Voilà comme Rossini utilisait sa première apparition devant le public parisien, pour lequel il était non seulement une nouvelle célébrité, mais encore une curiosité artistique.....

» Rossini avait, avec connaissance de cause, une grande estime pour le talent de Boïeldieu et, par intuition, une sympathie très-vive pour sa personne, sympathie qui devint une étroite amitié. En entrant dans le salon de Boïeldieu, et pendant qu'on allait l'annoncer, il se mit au piano et chanta de sa belle voix l'air de *Jean de Paris* : « *Tout à l'amour, tout à l'honneur.* » Qu'on juge de la surprise de Boïeldieu, qui était bien l'homme le plus capable de sentir la délicatesse de cet hommage que lui adressait le plus grand compositeur dramatique du siècle. »

Rossini a toujours fait preuve du plus grand désintéressement, aussi bien dès le début de sa vie, lorsque, à dix ans, il se faisait le soutien de sa famille en chantant les offices en musique dans les églises de Bologne, que lorsque le succès lui eut procuré la fortune. Sa situation pécuniaire n'était pas encore devenue bien brillante quand un intelligent éditeur de Paris, M. Eugène Troupenas, se rendit acquéreur de la partition du *Siége de Corinthe*, « ce premier chef-d'œuvre adapté par Rossini lui-même à la scène de l'Opéra. M. Troupenas avait la ferme intention d'être l'éditeur de tout ce que Rossini composerait pour la scène française. Après la représentation et l'immense succès de *Moïse*, il vint chez le maëstro pour traiter de cette nouvelle partition. Rossini lui demanda d'abord s'il était content de la vente du *Siége de Corinthe*. — (Troupenas l'avait achetée six mille francs.)

» — Je n'ai pas à me plaindre, répondit l'éditeur, puisque, au bout d'un an, je ne suis en arrière que d'une dizaine de mille francs.

» — N'importe, dit Rossini, il vous faut un dédommagement.

» Et il lui céda la partition de *Moïse* au prix modeste de deux mille cinq cents francs. »

Rare désintéressement, n'est-ce pas? Voyons maintenant avec quelle délicatesse il savait rendre service.

Dans les derniers temps de la vie de l'illustre maëstro, Mlle Nicolo, fille du célèbre auteur de *Joconde* et de *Jeannot et Colin*, fut présentée à Rossini « dans une de ces intéressantes soirées où ce roi de la musique réunissait l'élite des artistes et des amateurs de Paris. » Mademoiselle Nicolo était elle-même très-bonne pianiste : de plus elle était l'auteur de plusieurs compositions dans lesquelles elle s'était montrée la digne fille du fécond mélodiste dont s'honore l'école française. « Invitée par Rossini à se faire entendre, elle joua un joli *andante* de sa composition, *une Plainte*, qui fut écoutée avec un vif intérêt. Le maître demanda le manuscrit, voulant, disait-il, relire ce qu'il avait entendu avec plaisir. Dès le lendemain, le morceau était donné à la gravure, et, quelques jours après, paraissait chez un éditeur de Paris, avec ce titre bien flatteur pour l'auteur :

» UNE PLAINTE, *pour le piano, par mademoiselle Nicolo, éditée par son ami et l'admirateur de son père, G. Rossini.*

» Ce grand et excellent cœur avait tous les secrets pour faire une bonne et aimable action : pour la première et unique fois de sa vie, il s'était fait éditeur, afin d'assurer à une modeste artiste une publicité si difficile à obtenir, même avec un grand nom. »

* * *

Rossini composait avec une rapidité et une facilité extraordinaires, et, quels que fussent ses triomphes, il ne se laissait point griser par l'orgueil du succès, comme nous l'allons voir par les deux anecdotes suivantes rapportées par M. E. de Mirecourt.

Jamais musicien, dit-il, « ne s'inspira de sujets plus opposés et n'y appropria son génie avec plus de bonheur. La *Pie voleuse*, le *Moïse* et la *Dame du Lac* révélèrent de nouveaux prodiges opérés par cette merveilleuse flexibilité de talent. A la première représentation de la *Pie voleuse*, le public fut saisi d'une sorte de délire. Les cris mille fois répétés de : *Vive Rossini!* forcèrent le compositeur à se lever plus de cent fois pour saluer la salle.

» — Quel beau succès, Maître! lui dirent ses voisins de l'orchestre.

» — Et quel mal de reins je vais avoir! leur répondit-il.

» Dans ces sortes d'occasions, où le cerveau d'un autre eût éclaté d'orgueil, Rossini était calme, froid, railleur. Sa musique la plus admirable lui coûtait si peu d'efforts! il se montrait presque scandalisé qu'elle lui rapportât tant de gloire. L'introduction du *Moïse* fut écrite en une heure, au milieu du bavardage de douze ou quinze de ses amis, auxquels il donnait la réplique tout en griffonnant ses notes; et la prière sublime qui termine cet opéra fut composée plus rapidement encore. Le jour de la première représentation, ce morceau n'existait pas. Grâce à la maladresse du machiniste de San-Carlo, qui avait organisé pour le passage de la mer Rouge une décoration ridicule, le dénouement avait été mal accueilli. Chaque fois qu'on jouait la pièce, on était sûr de voir applaudir les deux premiers actes et siffler le troisième. Cela devenait intolérable. Enfin l'auteur du libretto accourt, un matin, chez Rossini en criant :

» — J'ai sauvé le troisième acte !

» Le maître regarde les vers qu'on lui présente, et, dit Stendhal, « il saute en bas de son lit, s'assied à une table, tout » en chemise, et compose la prière de Moïse en huit ou dix » minutes au plus, sans piano. » Elle fut chantée le soir même. Le public ne s'aperçut plus que la mer était élevée de cinq ou six pieds au-dessus de ses rivages. »

Nous avons vu tout à l'heure combien Rossini avait bon cœur. Toutefois, son affabilité et son obligeance naturelles ne l'empêchaient point d'être en même temps caustique et railleur. Mais, quelque acérés que fussent ses traits d'esprit, ils n'allaient jamais jusqu'à la méchanceté; en revanche, ils étaient presque toujours d'une malignité très-fine et spirituelle. Témoin le suivant :

Un compositeur étranger apporte un jour à Rossini deux partitions, et prie le maître de vouloir bien les lire à loisir et lui dire ce qu'il en pense, en toute sincérité. Rossini s'excuse sur le peu de temps que le mauvais état de sa santé lui laisse pour s'occuper de musique. Le compositeur insiste, prie et supplie, si bien qu'il se retire avec la permission de revenir au bout de huit jours.

Très-exact au rendez-vous, le jeune musicien trouve le maître assis dans son fauteuil, calme et souriant. Mais depuis huit jours il a tant souffert, si peu dormi et si peu mangé, que c'est à peine s'il a pu trouver quelques instants pour examiner l'une des deux partitions sur lesquelles *son illustre confrère* a bien voulu lui demander son avis.

— « Eh bien ! que pensez-vous de celle-là, cher maître ?...

— » Il y a du bon... mais j'aime mieux l'autre. »

***

Nous avons déjà dit que Rossini composait avec une rapidité et une facilité extraordinaires : nous devons ajouter qu'il composait n'importe où et sans être assujetti à telle ou telle condition préparatoire. Le matin ou le soir, seul ou au milieu d'une cohue d'amis, sur le coin d'une table d'auberge ou devant le piano criard d'une troupe de campagne et au sein du vacarme d'une répétition, en se réveillant sur le midi, ou bien avant de se coucher, à deux ou trois heures du matin, après une longue soirée de fatigue ou d'ennui, toujours et à toute heure il était prêt.

Pendant une matinée d'hiver, venant d'écrire un duo dans son lit, où il travaillait faute de feu, il laissa sa musique tomber au milieu de la chambre, et, ne voulant pas se lever de peur de prendre froid, il se mit à écrire un autre duo qui n'avait pas la moindre ressemblance avec le premier.

Un de ses airs les plus populaires a été longtemps désigné, à Venise, sous le nom de l'*air du riz*, en souvenir de l'étonnante promptitude avec laquelle il avait été fait. Le morceau, primitivement écrit pour l'entrée de *Tancrède* dans l'opéra de ce nom, avait déplu à la cantatrice fort capricieuse, qui avait attendu la veille de la première représentation pour exiger une autre cavatine. Or, il faut savoir qu'en Lombardie tous les dîners commencent invariablement par un plat de riz ; c'est un mets qui est prêt en quatre minutes, et le cuisinier, peu d'instants avant qu'on ne se mette à table, a toujours soin de demander s'il est temps de mettre le riz au feu. Rossini rentrait chez lui désespéré, donnant au diable les exigences de *Tancrède,* lorsque cette question culinaire lui fut faite. On mit le riz au feu, et, avant qu'il fût cuit, l'air *Di tanti palpiti* était créé.

XXV. — Hérold.

Louis-Joseph-Ferdinand Hérold naquit à Paris le 28 janvier 1791. Son père, pianiste alsacien et l'un des bons élèves d'Emmanuel Bach, s'était depuis environ dix ans fixé à Paris en qualité de professeur de musique : il voulait que son fils devînt avocat. Dans cette intention, il lui fit faire de bonnes études littéraires. Toutefois, le jeune Ferdinand montrait de bonne heure un goût prononcé pour la musique. Ce charmant et spirituel enfant travaillait de son mieux, raconte M. Amédée Méreaux, « mais dès qu'il avait le temps, il faisait de la musique à sa manière. Il griffonnait des mélodies enfantines et sans doute fort irrégulières, mais en noircissant ainsi du papier de musique, il croyait composer et il était heureux. Les mères devinent tout. Celle d'Hérold, femme de cœur et d'esprit, que nous avons eu le bonheur de connaître telle encore à près de cent ans, s'empara d'un de ces manuscrits primitifs de son cher enfant et alla droit à Grétry pour lui demander ce qu'il en pensait et ce qu'il en augurait pour l'avenir du petit musicien.

« — *C'est plein de fautes, mais c'est pour cela qu'il doit continuer !*

» Voilà la réponse de l'auteur de *Richard Cœur-de-Lion* : c'est un joli paradoxe auquel le sens droit et l'esprit fin de Mme Hérold donnèrent une signification sérieuse et qui décida de l'avenir de Ferdinand Hérold. Son père venait de mourir, et la direction de ses études changea sous l'intelligente volonté de sa mère, qui le livra à la vocation qu'elle avait pressentie et que Grétry avait reconnue chez lui. »

Le jeune Hérold entra au Conservatoire de musique de Paris en 1806. Admis dans la classe de piano d'Adam, (le père de l'auteur du *Châlet*), il fit de rapides progrès sous la direction de cet excellent professeur dont il fut un des plus brillants élèves. Catel (1) et Méhul lui enseignèrent l'harmonie et la composition. Après avoir obtenu le premier prix de piano en 1810, Ferdinand Hérold, au mois d'août 1812, remporta le grand prix de Rome avec une cantate intitulée *Mademoiselle de la Vallière*, et partit pour l'Italie. Le temps qu'il passa à Rome comme pensionnaire du gouvernement fut, disait-il souvent, « le plus heureux de sa vie. » Cet heureux temps dura jusqu'en 1815, époque où il se rendit à Naples, dont le séjour lui fut non moins agréable. Il donna dans cette ville son premier ouvrage dramatique, *la gioventù di Enrico quinto* (la jeunesse d'Henri V), opéra en deux actes qui obtint un éclatant succès. Ce triomphe d'Hérold à son début était d'autant plus beau qu'il fut le premier exemple d'un semblable accueil fait par les Napolitains à un compositeur étranger à leur nation.

L'année suivante, Hérold rentra à Paris après avoir toutefois visité l'Allemagne. Il ne laissait à l'étranger que des amis. A son retour, ses compatriotes ne lui témoignèrent pas moins de cordialité. Boïeldieu, alors dans toute la force de son génie, lui demanda sa collaboration pour une œuvre de circonstance, *Charles de France*, opéra-comique en deux actes qui venait de lui être commandé par le gouvernement.

Quelques mois après, dit M. Amédée Méreaux, « Hérold eut le poème des *Rosières* à mettre en musique, et cette partition le fit apprécier à toute sa valeur. Il avait pris place parmi

---

(1) Charles-Simon CATEL, né à l'Aigle (Orne), en 1773, étudia, dit M. Th. Bachelet, « l'harmonie et la composition sous Gossec. Attaché, en 1790, au corps de musique de la garde nationale de Paris, il écrivit des marches et des pas redoublés que les régiments adoptèrent pendant les guerres de la Révolution. Il composa des hymnes à la *Victoire* et à l'*Egalité*, sur les paroles de Lebrun et de Chénier. Nommé professeur au Conservatoire, il publia en 1802 son *Traité d'Harmonie*, qui a été le seul guide des maîtres pendant vingt ans, et entra à l'Institut en 1815... Un *De profundis*, écrit en 1792, révèle de grandes qualités. » Catel a également donné quelques compositions dramatiques qui furent froidement accueillies. Il mourut à Paris, en 1830.

les maîtres de la scène lyrique, et un second poème ne tarda pas à lui être livré. *La Clochette* fut représentée en 1817, et les artistes, déjà bien édifiés sur le talent d'Hérold, reconnurent unanimement, en dépit du public, qui ne s'émut pas beaucoup à l'audition de cette nouvelle œuvre, de remarquables progrès sous les différents aspects de l'entente scénique, de l'expression musicale, du coloris dramatique et de l'orchestration.

» Nous approchons d'une époque d'épreuve pour Hérold. Le théâtre sembla se fermer pour lui après lui avoir si largement ouvert ses portes. C'est alors que le jeune musicien se souvint qu'il était pianiste et des plus distingués. Il avait composé à Naples deux concertos, dédiés à ses royales élèves, mais depuis il n'avait rien écrit pour le piano. Il se remit donc à l'œuvre et produisit des pièces instrumentales pleines de goût et d'un style facile et brillant qui en assura bien vite la vogue. Ce genre de composition devint promptement une ressource féconde pour Hérold, qui avait des devoirs à remplir, et qui se serait sacrifié plutôt que de les négliger. Sa mère était veuve depuis plusieurs années ; elle comptait sur un fils qui était tout pour elle. »

Malgré les tribulations incessantes dont il était alors assailli, Hérold, de 1818 à 1820, écrivit ou donna encore quatre opéras : mais ces œuvres furent froidement accueillies par le public. Le jeune compositeur était bien près du découragement lorsqu'il écrivit, en 1823, la partition du *Muletier*, opéra-comique en un acte, «dont la musique distinguée, dramatique et empreinte d'un cachet d'individualité, fit sensation et eut un succès réel et incontesté. »

Puis, vinrent de nouveaux échecs. Pendant trois années consécutives Hérold n'obtint aucun succès avec quatre autres œuvres dramatiques montées tant à l'Opéra-comique qu'à l'Opéra. Enfin, dit M. Amédée Méreaux, «en 1826, dans *Marie*, (trois actes), Hérold se révéla; il fut lui-même, c'est-à-dire le musicien de grâce, de sensibilité, d'esprit, d'invention et de piquante originalité. C'était la première fois qu'un libretto lui offrait l'occasion de mettre en œuvre ces qualités et de se livrer aux tendances de son génie. Il en profita; il écrivit une partition exquise, et il conquit une sympathique popularité dans le monde musical, qui, jusqu'alors, il faut bien le dire, l'avait plus estimé qu'aimé comme il devait l'être, et qui, depuis, raffola de son génie et de tout ce qu'il produisit.....

« En 1831, le jour de gloire arriva. Il fut splendide, et sa mémoire est ineffaçable. *Zampa* parut, acclamé par Paris et par la France, admiré par l'Allemagne, et le nom d'Hérold fut européen. Le compositeur éclectique est devenu créateur. Il a formé sa langue et il la parle en maître. *Zampa* est toute une école, et, nous sommes heureux et fiers de le dire, c'est l'école française, la vérité scénique, la mélodie colorée et intimement mise en drame, l'inspiration soutenue par la science, l'invention musicale, sous toutes ses formes, rehaussée par la puissance orchestrale dans toutes ses nuances, dans toutes ses oppositions!

» Déjà la santé d'Hérold était altérée. Peut-être des soins et le repos auraient-ils pu le sauver, mais le travail était pour sa nature une nécessité, un besoin impérieux, auquel il n'aurait pu résister, quand même il l'eût voulu.

» En 1832, il rendit service à la nouvelle administration de l'Opéra-comique en improvisant un acte rempli de jolis détails, la *Médecine sans Médecin;* puis à la fin de la même année, au mois de décembre, il donna le *Pré-aux-Clercs*, ce suprême chef-d'œuvre, ce solennel adieu à la vie, cet immortel souvenir légué à la postérité. La maladie de poitrine qu'il avait trop négligée l'enleva un mois après ce triomphe, l'un des plus beaux de notre scène lyrique depuis la *Dame Blanche*. Hérold avait laissé quelques morceaux d'un opéra-comique en deux actes, *Ludovic*, qui fut achevé par Halevy, et qui fut représenté avec succès en 1834. »

En 1818, afin de subvenir plus largement aux besoins de sa mère, Hérold avait accepté la place de pianiste accompagnateur au Théâtre-Italien de Paris; et quelques années plus tard, en 1826, il avait obtenu celles de chef des chœurs, puis de chef du chant au grand Opéra. Malgré le temps que lui prenaient ces fonctions, il écrivit pour ce dernier théâtre un certain nombre de partitions de ballets qui, d'après M. Th. Bachelet, « n'ont rien ajouté à sa gloire. »

Les productions instrumentales d'Hérold, ajoute le même biographe, « se composent de deux symphonies, de trois quatuors, de cinquante-sept œuvres de piano. Sa musique se distingue par l'abondance des motifs heureux, la fraîcheur et la grâce des mélodies, la force dramatique, et le génie de l'instrumentation. Presque tous ses ouvrages obtinrent beaucoup de succès, et plusieurs sont des chefs-d'œuvre, tels que le *Muletier*, *Marie*, *Zampa* et le *Pré-aux-Clercs*. »

M. Ferdinand Hérold, né aux Ternes, près Paris, le 16 octobre 1828, actuellement Sénateur, et qui a été successivement membre du gouvernement de la Défense nationale, Député, Préfet de la Seine, etc., est le fils de l'auteur de ces chefs-d'œuvre de l'école française.

XXVI. — Donizetti.

Né à Bergame en 1798, Gaëtano DONIZETTI était fils d'un petit employé qui avait grand'peine à faire vivre sa famille avec ses maigres ressources : celui-ci fit cependant faire à Gaëtano de sérieuses études littéraires car il voulait faire de lui un avocat. Quant au jeune homme, son désir le plus vif était d'être architecte; il devint musicien et fut un des plus illustres maîtres de l'Italie moderne.

Ses études littéraires terminées, Donizetti entra à l'Institut musical de Bergame qui venait d'être créé en 1805. Jean-Simon MAYER ou MAYR (né en 1763 en Bavière, mort à Bergame en 1845), était alors directeur de cet établissement. Auteur de plusieurs messes, psaumes, oratorios, cantates Mayer a écrit également une foule d'opéras, dont un seul, *Médée*, est resté au théâtre. « Dépourvu de facultés créatrices, placé entre Mozart et Rossini, il fut bien vite éclipsé par ces deux maîtres. »

Mayer prit Donizetti en si grande amitié dès l'entrée du jeune homme à l'Institut, qu'il ne l'appelait jamais que « son cher fils. » Il constata d'ailleurs bien vite les rares dispositions musicales de son élève et obtint de la famille de celui-ci qu'il fût envoyé au Conservatoire de Bologne. Là, pendant trois ans, sous la direction du Père Mattei, Donizetti étudia le contre-point et la fugue.

Mayer qui, malgré ses insuccès dramatiques, ne voyait rien de plus beau que le théâtre, engageait constamment son élève de prédilection à écrire des opéras. Mais le père de Donizetti n'était point de cet avis, et il se mit dans une si grande colère quand son fils parut disposé à suivre les conseil de son premier professeur que le jeune homme fit un coup de tête : il s'engagea dans un régiment qui tenait garnison à Venise. Ce fut dans cette ville que, tout en étant soldat, il fit représenter son premier opéra, Enrico di Borgogna, en 1818. Il n'avait que vingt ans.

Ce début fut si bien accueilli qu'on lui demanda aussitôt une seconde partition. Il la donna l'année suivante avec le même succès. Il se rendit alors à Rome, où il écrivit en 1822 *Zoraïde di Granata*, qui lui valut d'être porté en triomphe à la fin de la représentation et d'être libéré du service militaire. Dès lors, ses opéras se suivent rapidement, car Donizetti écrivait avec une facilité prodigieuse.

En 1830, à l'époque où Bellini obtenait les plus grands triomphes avec *le Pirate*, Donizetti, subissant son influence, fit représenter *Anna Bolena* à Milan. Ce fut pour lui l'occasion d'un nouveau succès malgré la présence de Bellini dans cette même ville où l'on venait de jouer sa *Sonnanbula*. Citons encore les partitions suivantes écrites à cette même époque par Donizetti : *Elisir d'amore* ; *il Furioso* ; puis, en 1833, *Parisina*, *Torquato Tasso* et *Lucrezia Borgia*, jouées aux théâtres de Florence, de Rome et de Milan.

En 1835, après avoir encore fait représenter *Gemma di Vergy* en Italie, Donizetti vint pour la première fois à Paris et y donna *Marino Faliero :* mais la présence de Bellini dans notre capitale fut nuisible à cette partition dont les beautés ne furent pas aussi applaudies qu'elles auraient dû l'être. Aussi Donizetti, cédant le terrain à son rival, partit aussitôt pour Naples où il porta, au milieu de l'année, *Lucia de Lammermoor*, son chef-d'œuvre, à la suite duquel il fut nommé professeur de contre-point au Conservatoire de Naples. *Belisario* et *Roberto d'Evreux*, représentés à Venise et à Naples, suivirent de près le grand triomphe de *Lucia*.

On était en 1837. Le choléra qui sévissait alors en Italie enleva en quelques heures à Donizetti, marié depuis peu, sa femme et ses deux enfants. Le maëstro demeura d'abord comme assommé par cette triple catastrophe; puis le travail l'aida peu à peu à sortir de cette prostration. Ses amis parvinrent à le décider à s'éloigner des endroits qui lui rappelaient de si douloureux souvenirs. Donizetti se rendit à Naples, où il rencontra Adolphe Nourrit, qui venait de quitter l'Opéra de Paris.

De 1812 à 1837 la famille Nourrit a donné deux excellents chanteurs à notre Académie de musique. Le premier, Louis Nourrit, né à Montpellier en 1780 et mort en 1832, était entré au Conservatoire en 1802. Après y avoir reçu les leçons de Garat, il avait débuté, à l'Opéra, dans le rôle de *Renaud* et était demeuré attaché à cette scène, en qualité de premier ténor, de 1812 à 1826. Il avait une fort belle qualité de voix, un chant large et correct, mais était un peu froid.

Son fils Adolphe Nourrit, également né à Montpellier, mais en 1802, lui fut bien supérieur. Il débuta à l'Opéra en 1821, pendant que son père y chantait encore. Il fut tout à la fois, dit un de ses biographes, un grand chanteur, un habile tragédien et un charmant comédien. Plein d'âme et de sensibilité, il eut les créations les plus heureuses et les plus variées dans le *Siège de Corinthe*, *Moïse*, *le Comte Ory*, *la Muette de Portici*, *le Philtre*, *Guillaume Tell*, *Robert-le-Diable*, *la*

Juive et les *Huguenots*. Il était dans tout l'éclat de ses succès lorsqu'on engagea Duprez. Blessé de la rivalité qu'on lui suscitait, il prit sa retraite en 1837, alla chanter à Naples, ne fut pas satisfait du succès qu'il obtint, crut sa voix altérée, perdit un instant la raison, et mourut en 1839 dans un accès de fièvre chaude.

Ce fut Adolphe Nourrit, comme on vient de le voir, que Donizetti rencontra à Naples : le maëstro et le chanteur y étaient arrivés presque en même temps. Les deux musiciens se concertèrent promptement pour tirer mutuellement parti de leur rencontre. Donizetti composa pour le grand chanteur français l'opéra de Poliutto (Polyeucté), dont Nourrit avait lui-même écrit le livret tiré de la tragédie de Corneille qui porte le même titre. Mais les deux auteurs avaient compté sans la censure napolitaine, qui s'opposa à la représentation de cet ouvrage, attendu, disait-elle, « qu'il ne convenait pas de mettre à la scène des personnages auxquels étaient rendu un culte public. »

Le dépit qu'en éprouva Nourrit contribua beaucoup à sa folie et à sa mort. Quant à Donizetti, cela le décida à quitter sa patrie. Il revint à Paris en 1840 : mais cette fois il y était connu; sa réputation l'y avait précédé et *Lucie de Lammermoor* avait déjà été applaudie sur notre première scène lyrique. D'ailleurs Bellini, son rival, était mort.

Et cependant Donizetti n'obtint pas encore chez nous tout le succès qu'il méritait. Il nous apportait trois nouveaux opéras, dont deux au moins étaient des chefs-d'œuvre, *la Fille du Régiment*, *les Martyrs* et *la Favorite* : ces partitions, dont Paris eut la primeur, ne furent réellement acclamées en France qu'après avoir été applaudies sur toutes les scènes de l'Europe.

Donizetti retourna alors à Rome où il donna *Adelia*, puis à Milan ou fut jouée *Maria Padrilla* en 1842. La même année, il alla à Vienne composer *Linda di Cha mounix*, qui fut pour lui un triomphe et lui valut le titre de maître de chapelle et de compositeur de la Cour impériale. L'année suivante, il donna encore à Paris *Don Pascale* et *Don Sébastien* : puis, ce fut à Naples, en 1844, que fut représentée *Catarina Cornaro*, son dernier ouvrage.

En effet, Donizetti sentit bientôt les premières atteintes d'une affection cérébrale. Il se rendit cependant à Paris pour y terminer un autre opéra, *Elisabeth*, qu'il destinait à la scène française et qui y fut joué seulement après sa mort. Mais, pendant qu'il achevait son travail, une soudaine attaque de paralysie vint éteindre sa vive intelligence. Il ne put plus rien faire à partir de ce moment. Entré dans une maison de santé, à Ivry, en 1846, il fut reconduit l'année suivante à Bergame, où il mourut le 1ᵉʳ avril 1848 après une longue et cruelle agonie. La ville de Bergame lui fit dans sa cathédrale de magnifiques et solennelles funérailles.

Doué d'une fécondité remarquable, Donizetti a produit plus de soixante opéras dont nous avons cité les principaux, sans compter une foule de morceaux de genres divers. Après sa mort, on a gravé de lui en France un *Ave Maria* et un *Miserere*. « Il a été le chef de l'école italienne depuis le silence de Rossini. Dans ses chefs-d'œuvre (*Anna Bolena*, *Lucie*, *la Favorite*), il a pu atteindre le degré suprême de l'émotion dramatique, l'expression complète des sentiments tendres et passionnés ; mais, à côté des éclairs de génie, on aperçoit trop souvent les négligences, les faiblesses, résultat inévitable de la précipitation avec laquelle il écrivait. »

Au physique, Donizetti était de grande taille : au moral, il était doux, obligeant et doué d'une extrême sensibilité. « Il fut le premier compositeur italien qui ait refusé de paraître à l'orchestre pendant les trois premières représentations d'un nouvel opéra, ainsi que l'usage l'exigeait de temps immémorial. Le soir de la première représentation de *la Favorite*, il alla se promener aux Champs-Elysées jusqu'à la fin du spectacle pour se soustraire aux émotions qu'il aurait pu éprouver... Sur sa table de travail se trouvait soigneusement déposé un grattoir en corne blanche que son père lui avait donné lorsque, après lui avoir pardonné, il consentit à ce qu'il se fît musicien.

» — Ce grattoir ne m'a jamais quitté, disait-il, et, quoique je m'en serve peu, je l'ai toujours près de moi quand je compose : il me semble porter avec lui la bénédiction paternelle. »

Comme celui de Haydn, le crâne de Donizetti a éprouvé de singulières vicissitudes après la mort du maëstro. Un neveu de l'auteur de *Lucie* et de *la Favorite* en a récemment entretenu le public dans la lettre suivante :

« ... Un médecin, le docteur Carcano, après avoir fait, en 1848, l'autopsie de mon grand-oncle, en a conservé le crâne pour faire des études. Le docteur Carcano venant à mourir, tout son mobilier fut vendu à l'encan. En 1875, les restes de Donizetti furent transférés du cimetière à la basilique de Bergame, où ils furent déposés dans le monument érigé par ses deux frères, François et Joseph. C'est à cette occasion qu'on se souvint que le crâne n'avait pas encore été retiré de chez le docteur Carcano.

» On alla aux informations et on put établir, d'après le registre de vente du défunt médecin, qu'une *Coupe* avait été achetée pour quelques centimes par un charcutier. On se rendit chez ce dernier et on découvrit, en effet, dans le tiroir du comptoir, le crâne qu'on recherchait. Le brave charcutier, ignorant l'origine de cet objet, s'en servait comme d'une sébile pour y mettre de la monnaie. On lui acheta cette sébile moyennant un prix supérieur à celui qu'il l'avait payée et on plaça le crâne à la bibliothèque de Bergame, où il est conservé depuis lors religieusement.

» Agréez, etc...

» *Signé* : J. Donizetti. »

BUSTE DE F. HALÉVY, EXÉCUTÉ PAR Mme F. HALÉVY.
(P. 179.)

XXVII. — F. Halévy.

Jacques-François-Fromental-Elie HALÉVY est né à Paris, Rue-Neuve des Mathurins, le 27 mai 1799, en l'an VII, comme on disait alors. Ses parents étaient israélites et originaires de la Bavière.

Halévy montra dès son jeune âge un goût très-vif pour la musique; et une heureuse circonstance lui ouvrit de bonne heure la voie où le portait sa vocation. Son frère Léon et lui suivaient les cours d'une petite école de l'enclos du Temple dirigée par M. Cazot. Or, le fils de ce chef d'institution était répétiteur de solfége au Conservatoire de musique : il remarqua les heureuses dispositions musicales de François-Fromental, qui n'avait alors que dix ans, et le fit entrer au Conservatoire, où l'enfant fit de rapides progrès. Cherubini lui enseigna la composition, et Berton l'harmonie.

Henri-Montau (BERTON, né à Paris en 1767, après avoir été élève de Sacchini, s'était fait connaître par des oratorios exécutés aux concerts spirituels de l'époque. Auteur de plusieurs opéras (*La Romance* (1804), les *Maris garçons* (1806), *Françoise de Foix* (1809), etc.), aujourd'hui oubliés, mais qui l'ont placé au rang des meilleurs maîtres français, Berton avait une prédilection particulière pour les œuvres de Paisiello. Il fut nommé professeur d'harmonie et de composition au Conservatoire en 1796, directeur de l'Opéra-Italien en 1806 et élu membre de l'Institut en 1815. Dès l'âge de quinze ans, il était violon au grand Opéra : il est mort en 1844. — Son fils, Henri Berton, auteur de *Ninette à la Cour*, fut enlevé par le choléra en 1832. — L'auteur *des Maris garçons* était fils de Pierre-Montéau BERTON (né à Paris en 1727 et mort en 1780), surintendant de la musique de Louis XV, qui était directeur de l'Opéra lorsque Glück et Piccini se firent connaître, et auteur lui-même de plusieurs œuvres dramatiques.

Mais revenons à Halévy. En 1819, le jeune élève d'Henri Berton et de Cherubini remportait le grand prix de composition, le *Prix de Rome*, qui lui permettait d'aller séjourner en Italie. Il avait alors vingt ans. Mais, avant de partir, il fut chargé, en 1820, à l'occasion de la mort du duc de Berry, de mettre en musique le psaume *De profundis*. L'œuvre du jeune musicien fut exécutée à grand orchestre au temple israélite et l'on y remarqua, dit un auditeur, « un sentiment religieux qui annonçait un maître. » Lorsqu'Halévy partit cette même année pour l'Italie, il avait en outre écrit déjà la partition des *Bohémiennes*, un grand opéra qui ne fut d'ailleurs jamais représenté.

Tout en étudiant à Rome et à Naples, le jeune lauréat composait des canzonette et divers autres morceaux. A Vienne, où il séjourna en 1822, il écrivit le finale d'un grand opéra, un psaume, une ouverture à grand orchestre. Dans cette ville, il eut le bonheur de connaître Beethoven, et il conserva toute sa vie, raconte son frère Léon, « un souvenir d'attendrissement et d'admiration pour le grand artiste qu'il avait vu triste, pauvre, dans un réduit champêtre près de Vienne, travaillant toujours, et tirant de son piano des sons qu'il n'entendait plus. »

De retour à Paris, voyons-nous dans l'une des notices biographiques du grand compositeur, Halévy écrivit trois opéras (*Le Jaloux et le Méfiant*, opéra-comique; *Pygmalion*, sur des paroles de MM. Patin et Arnoult; et *Erostrate*), qui ne furent pas plus représentés que ne l'avaient été les *Bohémiennes*. Cependant le mérite du jeune compositeur était dès lors reconnu. Il était professeur au Conservatoire, et, en 1826, année où il eut le malheur de perdre son père (sa mère était morte jeune), il était aussi accompagnateur en chef au Théâtre-Italien. En 1829 il fut appelé à partager avec Hérold les fonctions de chef de chant à l'Opéra. Il avait déjà fait jouer, à l'Opéra-comique : l'*Artisan* (1827); *le Roi et le Batelier* (1828);

a été de circonstance pour la fête de Charles X ; le *Dilettante d'Avignon*, autre acte plein de verve et de gaieté et son premier succès ; la *Langue musicale* ; les *Souvenirs de Lafleur* ; et à l'Opéra : la *Tentation* en collaboration avec M. Gide ; le ballet de *Manon-Lescaut* ; et *Ludovic* (partition laissée inachevée par Hérold, que termina Halévy). Il avait en outre, en 1829, donné au Théâtre-Italien un opéra en trois actes, *Clari*, où Mme Malibran avait un rôle. Mais son œuvre capitale, celle qui l'éleva définitivement à la célébrité, fut *la Juive*, représentée à l'Opéra le 23 février 1835 et demeurée l'un des chefs-d'œuvre de la scène française. La même année, sa partition de l'*Eclair* (16 décembre), à l'Opéra-comique, eut aussi un grand succès.

A la suite de *la Juive*, Halévy fut, en 1836, élu membre de l'Académie des Beaux-Arts en remplacement de Reicha. En 1838, il fit représenter à l'Opéra *Guido et Ginevra*, partition que les musiciens n'estimèrent point inférieure à celle de *la Juive*.

Nous ne voulons point donner ici la nomenclature complète des œuvres du maître. Nous nous bornerons à citer encore les opéras et opéras-comiques suivants : les *Treize*, en 1839 ; le *Guitarrero* et la *Reine de Chypre*, en 1841 ; *Charles VI*, en 1843 ; le *Lazzarone*, en 1844 ; les *Mousquetaires de la Reine*, en 1846 ; le *Val d'Andorre*, en 1848 ; la *Fée aux Roses*, en 1849 ; la *Dame de pique*, en 1850 ; le *Prométhée enchaîné*, (scènes lyriques d'après Eschyle), la même année ; la *Tempesta* (la Tempête), opéra féerique représenté au Théâtre-Italien de Londres en 1851 ; le *Juif-errant*, en 1852 ; le *Nabab*, en 1853 ; *Jaguarita l'Indienne*, en 1855 ; la *Magicienne*, en 1858.

Halévy a en outre laissé un opéra inédit et inachevé, *Noé*, et publié plusieurs compositions non destinées au théâtre telles que des cantates (*les Plages du Nil*, en 1856), des morceaux de musique religieuse, des romances, des nocturnes, etc.

Parmi les diverses œuvres dramatiques du maître, dit le biographe déjà cité, il est inutile de rappeler avec quels applaudissements quatre surtout furent accueillies : la *Reine de Chypre*, *Charles VI*, les *Mousquetaires de la Reine* et *Jaguarita*. Ces opéras restent, avec la *Juive*, *l'Eclair* et *Guido et Ginevra*, les titres à la renommée qui assurent le mieux à leur auteur une place parmi les premiers compositeurs dont la France s'honore.

Halévy, ajoute-t-il, comme musicien était doué d'un génie qui ne saurait être contesté ; mais il était aussi à tous autres égards, un homme remarquable. Nous l'avons connu, et nous avons toujours été charmé des rares qualités de son caractère autant que de celles de sa haute intelligence et de la droiture de sa raison. Il était bienveillant, très-sensé, très-instruit, d'un entretien intéressant, agréable, et où se révélait sa force intérieure avec simplicité et sans le moindre indice d'orgueil.

Nommé, en 1854, secrétaire perpétuel de l'Académie des Beaux-Arts, « il a prouvé, dans cette fonction difficile, et en écrivant les éloges de plusieurs de ses confrères, (Onslow, Blouet, David d'Angers, etc.), qu'il ne s'était pas tout enfermé dans les études spéciales de son art, et qu'il s'était fortifié et orné l'esprit par la lecture des chefs-d'œuvre de l'antiquité et des temps modernes. » Comme écrivain, Halévy a en outre pris part à la rédaction du *Dictionnaire des Beaux-Arts*, que l'Académie a commencé de publier en 1858, et écrit plusieurs livres : *Souvenirs et Portraits* ; *Derniers Souvenirs* ; *Etude sur la vie et les œuvres de Cherubini* ; *Origines de l'Opéra en France* ; *Vie de Britton le charbonnier* ; *Vie de Gregorio Allegri* ou *les Miserere de la chapelle Sixtine* ; *Vie de l'organiste Frohberger*, etc. Enfin, son travail sur le diapason et ses *Leçons de lecture musicale* ne seront point de sitôt oubliés.

* * *

Dans la notice biographique de son illustre frère qu'il a publiée sous le titre de *F. Halévy, sa vie et ses œuvres*, (Récits et impressions personnelles. — Souvenirs), M. Léon Halévy raconte d'une façon touchante la mort du maëstro au milieu de sa famille, à Nice, le 17 mars 1862.

« L'un de ses derniers caprices de malade, dit-il, fut une riante fantaisie musicale. Un matin il demanda tout à coup la *Donna del Lago* (la Dame du Lac), de Rossini, et la *Serva padrona* (la Servante maîtresse), de Pergolèse. Il fallut qu'à l'instant même on lui cherchât les partitions chez les marchands de musique de Nice. On les lui apporta ; il se mit lui-même au piano, et il accompagna quelques airs de Pergolèse que lui chanta l'aînée de ses filles.

» Peu de jours avant sa mort, quelques paroles qui semblaient l'effet d'un délire passager n'étaient que le résultat d'une modification soudaine dans sa manière de s'exprimer et de sentir. Lui qui, d'habitude, avait toujours mieux aimé parler littérature, philosophie, peinture, politique même, que parler musique, dans les derniers temps, au contraire, il employait de préférence les expressions et les images qui rappelaient l'art qu'il avait tant aimé, tant illustré. Un soir, il cherchait à prendre un livre placé sur une table un peu trop loin de sa main pour qu'il pût l'atteindre sans un effort qui l'eût fatigué :

» – N'est-ce pas que je ne fais rien *dans le ton?* — dit-il à sa fille qui lui donna le livre : — Conviens-en, ma chère Esther, je ne fais plus rien *dans le ton*.

» Le matin même de sa mort, il fit une application plus imprévue, plus bizarre et plus touchante encore de ce langage musical qui lui devenait cher et familier. Il était assis sur son divan ; il voulut s'y étendre et reposer sa tête sur l'oreiller. Mais il n'y serait pas parvenu de lui-même, et il fallut l'aider.

» — Couchez-moi *en gamme*, dit-il à ses deux filles.

» Elles le comprirent ; elles l'inclinèrent lentement, doucement, et comme en mesure, et, à chaque mouvement, il disait en souriant :

» — *Do, ré, mi, fa, sol, la,* — jusqu'à ce que sa tête reposât sur les coussins.

» Ces notes, dont il avait fait un si merveilleux usage, lui avaient servi une dernière fois, mais pour reposer sur un oreiller sa tête mourante à l'aide de ses deux filles chéries.

» Le soleil, ce jour-là, fut l'un des plus beaux qui se fût levé sur Nice; il entrait à pleins rayons par la fenêtre, près de laquelle il avait voulu qu'on le plaçât. Les enfants d'une dame polonaise qui habitait aussi la villa jouaient à quelque distance dans le jardin, et si, de temps à autre, leurs rires joyeux n'eussent monté jusqu'à lui, si les oiseaux n'eussent chanté, rien n'eût troublé cette indéfinissable harmonie du silence qui s'exhale d'un beau ciel par une douce matinée de printemps. A contempler cette figure sereine, qui reposait, pâle et calme, sur ce canapé inondé de lumière et vers lequel s'élevait le parfum des citronniers et des fleurs, personne n'eût songé à la mort, à moins qu'on ne se fût rappelé cette parole du Psalmiste : *On ne verra point la tombe quand on verra les bons qui meurent.* C'est ainsi que le maître aimé s'acheminait vers ce champ du repos que l'Italie nomme le *champ sacré*, que nous appelons tristement le cimetière, et que les Hébreux n'ont jamais appelé que de ce nom consolateur : *la maison des vivants.* »

Voici encore quelques lignes où M. Léon Halévy apprécie admirablement à la fois son frère et son art :

« Je lui ai toujours vu pratiquer son art avec un respect de lui-même, une foi et une ferveur qui auraient ajouté, s'il était possible, à l'idée que je me suis toujours faite de l'excellence et comme de la sainteté de la musique : art tout idéal qui puisse tout en lui-même et n'emprunte rien à la matière; qui sait peindre, et qui n'a ni la couleur ni le pinceau; qui reproduit sans le modèle; qui est la science des sons, et qui s'élève à mesure qu'il se rapproche de l'homme moral, comme il s'abaisse s'il veut imiter le bruit matériel; art divin qui exalte l'homme ou qui l'apaise, qui s'associe aux fêtes de la liberté, aux douleurs et aux joies de la patrie, entoure le pays de défenseurs, les temples de pompe et d'éclat, et, s'il se livre quelquefois aux serviles adulations, est plutôt complice que coupable. C'est parce qu'Halévy comprenait bien la haute mission du musicien, qu'il ornait sans cesse de conquêtes nouvelles son intelligence et son esprit: et il dut sans doute à l'amour et à l'étude de cette langue universelle, qui unit et qui rapproche, ce don merveilleux et comme cette science innée des langues qui divisent et qui séparent. »

XXVIII. — Adolphe Adam.

Fils d'un professeur de piano (1), « qui sut former beaucoup d'excellents élèves et gagner peu d'argent, » Adolphe-Charles ADAM naquit à Paris le 24 juillet 1803. Il montra de bonne heure de grandes dispositions pour la musique. Sans vouloir les contrarier, M. Adam père désirait toutefois que son fils possédât avant tout une instruction classique sérieuse. Aussi Adolphe fut-il, dès l'âge de onze ans, mis en pension chez M. Gersin, chef d'institution à Belleville. Mais l'étude du latin et du grec fut loin de sourire autant que celle de la musique à l'enfant, qui consacrait tout le temps dont il pouvait disposer à s'exercer sur le clavecin du pensionnat.

Enfant gâté de sa mère, qui ne venait jamais à Belleville sans avoir préalablement rendu visite à un confiseur, raconte M. E. de Mirecourt, « Adolphe donnait par jour douze pralines d'honoraires à un de ses camarades. Celui-ci lui fabriquait régulièrement ses versions et ses thèmes et se glissait derrière son banc pour lui souffler une réponse à peu près convenable, quand le professeur exigeait en classe des explications sur les devoirs du jour. Adolphe arrivait par ce pro-

(1) Jean-Louis ADAM, « célèbre pianiste, né à Müttersholtz (Bas-Rhin), vers 1760, et mort en 1848 : il étudia sans maître, vint à Paris à dix-sept ans et s'y fit connaître par des symphonies concertantes de sa composition pour piano, harpe et violon. Professeur au Conservatoire en 1797, il eut pour élèves H. Lemoine, Mademoiselle Beck, Kalkbrenner, etc. Il a laissé *Méthode de doigter*, *Méthode de piano*, es *Quatuors d'Haydn et de Pleyel arrangés pour le clavecin*, etc. » *(Dézabry et Bathelet.)*

cédé machiavélique à remplir à peu près les conditions scolaires et à triompher sur toute la ligne dans la partie de l'enseignement musical. — On criait au prodige.

» A la distribution des prix, il exécutait des sonates merveilleuses, et M. le curé de Belleville demanda en grâce à M. Gersin de permettre au brillant élève de toucher l'orgue de la paroisse aux grandes solennités religieuses. L'autorisation fut accordée. Par les seules dispositions qu'il tenait de la nature, l'adolescent devint en quelques mois un organiste de première force.

» Hérold, filleul d'Adam père, amené au *Salut* à l'église de Belleville, un jour de Fête-Dieu, pour entendre le jeune élève, lui dit en l'embrassant :

» — Je n'y comprends rien ; tu as évidemment reçu quelques leçons des anges ! »

Adolphe Adam avait alors à peine quatorze ans.

* * *

Le père du jeune organiste comprit qu'il ne devait pas contrarier plus longtemps d'aussi remarquables dispositions, ni retarder davantage l'instruction musicale de son fils. Il lui permit d'abandonner l'institution Gersin et d'entrer au Conservatoire. Là, Adolphe Adam compléta les études qu'il avait commencées avec son père. Admis dans la classe d'orgue de M. Benoît, il suivit également avec ardeur les cours de fugue et de contre-point de Reicha et de composition de Boïeldieu. A vingt-deux ans, il remportait le prix de l'Institut.

Les dispositions naturelles du jeune musicien semblaient devoir le porter de préférence vers les compositions du genre religieux. Toutefois, ce fut au théâtre qu'il débuta par quelques airs de vaudeville qu'Hérold lui fit écrire. Puis, en 1829, *Pierre et Catherine*, sa première partition, fut jouée à l'Opéra-comique. Quatre autres la suivirent bientôt au même théâtre : *Damilowa* et *Joséphine* ou le *Retour de Wagram*, en 1830 ; le *Morceau d'ensemble* et le *Grand Prix*, en 1831. La musique

d'Adam devint rapidement populaire. Plusieurs morceaux de
ces opéras étaient journellement chantés dans les rues par la
population ouvrière. Le jeune compositeur avait d'emblée
conquis une telle célébrité que les Anglais l'attirèrent à Londres en lui faisant de flatteuses propositions.

En Angleterre, Adam obtint un grand succès avec un ballet
de *Faust* et deux opéras-comiques : *Le diamant noir*, et *Sa première Campagne*. Il était en train de faire fortune lorsqu'il fut
atteint d'un rhume violent qui l'obligea d'abandonner le climat
brumeux de la Tamise. Il revint en France pour rétablir sa
santé. Paris allait lui donner la gloire à la suite d'une succession ininterrompue de brillants et remarquables succès.

De 1833 à 1840, Adam donna douze opéras ou opéras-comiques et remporta douze victoires devant le public qui ne se
lassait pas d'applaudir le fécond auteur d'une musique toujours facile, brillante et spirituelle. Citons entre autres : *Le
Proscrit* (1833); *le Châlet* (1834), son chef-d'œuvre universellement connu et qu'on ne se lasse jamais d'entendre; *le Postillon de Longjumeau* (1836); *le Brasseur de Preston* (1838); *la
Reine d'un jour* (1839), etc...

Adam s'était déjà, comme on le voit, fait une belle situation
à Paris. Pourtant, il l'abandonna momentanément et partit
encore à l'étranger. Sa réputation était devenue européenne et
le czar désirait pour Saint-Pétersbourg la primeur de quelques œuvres du maëstro. Dans l'espoir de conquérir cette indépendance toujours enviée de l'artiste et que donne seule la
fortune, l'auteur du *Châlet* partit pour la Russie. Mais, à peine
avait-il eu le temps d'y faire représenter un ballet, l'*Écumeur de
mer*, qu'il fut atteint d'une grave maladie de poitrine, contractée dans ces froides régions. Il faillit en mourir. Dès que le
retour du printemps permit au convalescent de se remettre en
route, Adam reprit le chemin de la France en passant par
Berlin, où il fit représenter un opéra-comique, les *Hamadriades* (1840).

A peine rentré à Paris, le maëstro donna à l'Opéra *Giselle*
(1841), ballet qui est demeuré un des triomphes du répertoire.

Peu de temps après, en 1844, il était appelé à occuper à l'Institut le fauteuil vacant par suite de la mort de Berton. Déjà après le succès éclatant du *Châlet*, il avait reçu le ruban de chevalier de la Légion d'honneur, qu'il devait échanger, en 1847, contre la rosette d'officier.

* * *

Toutefois, dans les arts comme partout, remarque fort justement M. E. de Mirecourt, « ceux qui changent de place perdent la position conquise. Adolphe Adam put se convaincre de cette vérité radicale. Beaucoup de compositeurs avaient gagné du terrain pendant son absence. Halévy et Meyerbeer trônaient rue Le Peletier. Auber, flanqué de l'inépuisable M. Scribe, encombrait les avenues de l'Opéra-comique. Irrité des obstacles et des lenteurs que rencontrait sur nos premières scènes sa fécondité musicale, l'auteur de *Giselle* eut cette fantaisie dangereuse de créer lui-même un théâtre, où il pût régner en maître. »

Pendant ses séjours en Angleterre et en Russie, et à la suite de ses divers succès en France, Adam avait acquis une certaine fortune, que l'on supposait plus considérable qu'elle ne l'était réellement. Elle fut rapidement engloutie dans son exploitation théâtrale que ruina la révolution de Février 1848. Il eut beau lutter courageusement pour se relever, il n'y parvint point, et demeura jusqu'à la fin de sa vie dans un état de gêne voisin de la misère.

La fécondité d'Adam n'était cependant point tarie. Depuis son retour de Russie il avait eu de nouveaux et nombreux succès : à l'Opéra, la *Jolie fille de Gand* et le *Diable à quatre* ; et, à l'Opéra-comique, le *Roi d'Yvetot*, *Lambert Simnal* (que Monpou avait laissé inachevé et qu'il termina), *Cagliostro*, etc... Enfin, il faut ajouter à toutes ces œuvres les arrangements du *Richard-Cœur-de-Lion*, de Grétry, en 1841, et du *Déserteur*, de Monsigny, en 1843, puis une foule de morceaux de piano, des cantates, des marches militaires, des marches funèbres, deux *Messes*, un *Mois de Marie*, etc.

Après sa ruine, le maëstro redoubla de fébrile activité et produisit une prodigieuse quantité d'œuvres nouvelles, parmi lesquelles nous citerons le ballet de *Grisélidis*, le *Toréador*, *Giralda*, *Si j'étais Roi*, le *Bijou perdu*, *Mam'selle Grégoire*, *Falstaff*, les *Pantins de Violette*, la *Poupée de Nuremberg*, le ballet du *Corsaire*, etc... Toutefois, la plupart de ces dernières productions sont quelque peu inférieures à ses anciennes compositions. On leur reproche avec justice d'avoir le cachet de la négligence, dit M. E. de Mirecourt, qui ajoute :

« Le musicien travaillait pour payer ses dettes ; il travaillait vite, à bâtons rompus, avec inquiétude et malaise, conditions déplorables et tout à fait impropres aux créations magistrales. Adam mourut à la peine, accablé de fatigue et de chagrin..... On l'encourageait dans sa lutte pénible ; on cherchait à débarrasser ce beau talent des entraves qui gênaient son essor ; mais la sympathie qui entoura ses derniers jours ne put lui rendre sa santé perdue. Il succomba le 3 mai 1856, dans la 53ᵉ année de son âge...

» Le goût d'Adolphe Adam pour la musique religieuse eut à la fin de sa carrière une vive recrudescence. On a exécuté de lui à Saint-Eustache, le 26 mars 1847 et le 22 novembre 1850, deux messes solennelles d'une puissance extraordinaire et d'une beauté d'harmonie que les plus grands maîtres ont rarement atteintes. C'est lui qui nous a laissé ce chant sublime sur la Nativité du Christ, qu'il est impossible d'entendre sans qu'un élan de foi radieuse vous transporte l'âme :

» *Noël ! Noël ! Voici le Rédempteur !* »

» Pour Adolphe Adam ce fut le chant du cygne. On peut dire, en renouvelant le mot d'Hérold, que ce merveilleux cantique n'a pu lui être dicté que par les anges. »

Adam, qui avait déjà consacré une grande partie de sa convalescence à Saint-Pétersbourg à publier quelques lettres curieuses sur l'*État de la musique en Russie*, rédigea pour divers journaux, durant les embarras financiers de la fin de sa vie, de spirituels articles de critique musicale. Ces articles ont été réunis en deux volumes sous le titre de *Souvenirs d'un Musicien*.

XXIX. — Berlioz.

Sur la façade d'une maison de la rue de Calais, à Paris, le passant lit l'inscription suivante :

« *Dans cette maison est mort, le 8 mars 1869, Hector Berlioz,*
» *compositeur de musique, né à la Côte-Saint-André le 11 dé-*
» *cembre 1803.* »

A quelques pas de cette maison, qui fut sa dernière demeure ici-bas, sur la pelouse centrale du square Vintimille, une statue a été élevée, le 17 octobre 1886, au maëstro incompris pendant sa vie, — tardive, mais juste et glorieuse réparation qui lui a été accordée dix-sept ans après sa mort.

Sur un piédestal haut de deux mètres, Berlioz apparaît debout, dans l'attitude de la méditation, la tête soutenue par le bras droit qui s'appuie sur un pupitre de chef d'orchestre. M. Alfred Lenoir, le sculpteur de cette œuvre remarquable, a fort bien rendu l'attitude de l'homme qui conçoit et de l'homme qui exécute, du musicien qui écrivait la *Symphonie fantastique* et du chef d'orchestre qui dirigeait, dans la salle de l'Exposition de l'Industrie, un festival de onze cents exécutants, « la plus formidable armée musicale qu'on eût jamais vue. »

Berlioz, disait M. Charles Garnier le jour de l'inauguration de ce beau monument, « Berlioz, attaqué et discuté d'abord, puis accepté et acclamé maintenant, a, sans conteste, marqué d'un sillon fertile son passage dans l'art musical. Son imagination vive et parfois intolérante, sa foi en son œuvre,

HECTOR BERLIOZ. (P. 191.)

son cœur enflammé ont pu lui attirer des détracteurs, des ennemis peut-être, jamais des indifférents. En tout cas, il laisse après lui un enseignement et une consolation : un enseignement, parce qu'il a montré que les idées appuyées sur les convictions doivent se poursuivre sans faiblesse et sans hésitation; une consolation, parce qu'il a prouvé que cette conscience de sa force finit toujours par s'imposer et triompher des obstacles. »

Avant Berlioz, dit de son côté M. Amédée Méreaux, « dans le domaine de la symphonie, la France n'avait rien à opposer aux sublimes produits de l'Allemagne. C'est au XIX° siècle seulement que la France devait faire cette conquête, et à Berlioz était réservé l'honneur d'ajouter à la couronne française un fleuron symphonique. C'est ce qu'il a fait avec l'élévation d'un esprit supérieur, avec le courage d'un homme de foi artistique, avec l'inébranlable volonté d'un musicien inspiré de sa grande et noble mission. »

***

Celui qui devait illustrer son nom par ses savantes et magnifiques compositions musicales, fut d'abord destiné à la carrière médicale. Son père, médecin distingué dans le département de l'Isère, envoya dans cette intention le jeune homme à Paris pour y suivre les cours de la Faculté de Médecine. Mais Hector Berlioz avait déjà la vocation musicale. Il abandonna bientôt la médecine pour entrer au Conservatoire dans la classe de Reicha, en 1826. Peu après, il publia sa première messe en musique, messe à quatre voix avec chœurs et orchestre. Puis, les ouvertures de *Waverley* et des *Francs-juges*, une *Symphonie fantastique* sur la *Tempête* de Shakespeare, et des scènes de *Faust* attirèrent sur lui l'attention. Dès ces premières compositions, il montrait déjà des velléités de rénovation musicale.

On était alors à une époque d'effervescence littéraire. L'école romantique en littérature allait éclore en 1828. Berlioz devint, dans son art, le chef d'une sorte d'école romantique : il attribua à la musique « une puissance expressive sans limites, et voulut rendre, à l'aide des seules ressources de la mélodie et de l'instrumentation, les sentiments et les idées mêmes qui n'ont pour interprète que la parole. »

Malgré ses premiers succès, Berlioz, travailleur infatigable, voulut concourir pour le prix de Rome. Dans ce but, il rentra au Conservatoire dans la classe de Lesueur; et, en 1830, sa cantate de *Sardanapale* lui faisait obtenir le grand prix désiré. Avant de se mettre en route pour l'Italie, il écrivit encore une *Symphonie funèbre et triomphale* en l'honneur des victimes de la Révolution de juillet.

Pendant son séjour de dix-huit mois à Rome et à Naples, il mit en musique la *Ballade du pêcheur* de Gœthe, et le chœur des Ombres de l'*Hamlet* de Shakespeare; il composa en outre les ouvertures du *Roi Lear* et de *Rob-Roy*, et *le Retour à la vie*, qu'il fit entendre à Paris en 1832. Cette dernière composition était une symphonie avec chœurs, chants et discours, dans laquelle « il s'était vu obligé, contrairement à son système, d'intercaler des passages parlés, afin de rendre sa pensée intelligible. Malgré son insuccès, une symphonie d'Harold en 1833 — qu'il appela *mélologue* ou mélange de musique et de discours, — et une messe de *Requiem* pour les obsèques Damrémont en 1836, achevèrent d'établir sa réputation. »

Benvenuto Cellini, grand opéra en deux actes qu'il fit représenter en 1838, ne réussit point. Du reste, presque toutes ses œuvres étaient, de la part du public, l'objet de nombreuses contestations. Tout autre aurait pu se décourager; Berlioz au contraire se remettait au travail avec une nouvelle ardeur. D'ailleurs ses insuccès étaient parfois largement compensés par de précieux témoignages d'estime et de sympathie. Ainsi, à cette même époque, deux jours après un concert où il avait fait entendre quelques-unes de ses plus belles œuvres orchestrales, Berlioz, malade de fatigue, reçut de l'illustre Paganini la lettre suivante qui lui apportait la confiance, l'oubli de ce qu'il avait souffert et la force de résister à ce qu'il avait à souffrir encore :

« Mon cher ami,

» Beethoven mort, il n'y avait que Berlioz qui pût le faire
» revivre ; et moi, qui ai goûté vos divines compositions, di-
» gnes d'un génie tel que vous, je crois de mon devoir de vous
» prier de vouloir bien accepter, comme un hommage de ma
» part, vingt mille francs qui vous seront remis par le baron
» de Rothschild sur la présentation de l'incluse.

» Croyez-moi toujours votre très-affectionné ami,

» Nicolo Paganini. »

A cette lettre Berlioz répondit aussitôt :

« O digne et grand artiste,

» Comment vous exprimer ma reconnaissance ? Je ne suis
» pas riche ; mais, croyez-moi, le suffrage d'un homme de
» génie tel que vous me touche mille fois plus que la géné-
» rosité royale de votre présent.

» Les paroles me manquent ; je courrai vous embrasser
» sitôt que je pourrai quitter mon lit, où je suis encore retenu
» aujourd'hui.

« Hector Berlioz. »

.·.

Un an après l'insuccès de *Benvenuto Cellini*, en 1839, Berlioz remporta un succès d'enthousiasme avec sa symphonie de *Roméo et Juliette*. Puis vinrent la *Symphonie funèbre et triomphale* écrite pour l'inauguration de la colonne de Juillet, en 1840 ; le *Carnaval romain*, ouverture, en 1843 ; l'*Hymne à la France*, exécuté dans la salle de l'Exposition de l'Industrie, en 1844 ; la *Damnation de Faust*, légende en quatre parties, en 1846 ; l'*Enfance du Christ*, trilogie sacrée, en 1854. L'origine de ce dernier oratorio est un prétendu fragment d'un *Mystère* en style ancien, intitulé la *Fuite en Egypte* et composé de trois morceaux, dont un chœur, (l'*Adieu des Bergers*).

autrefois composé par Berlioz dans une circonstance assez curieuse. Ce chœur n'était d'ailleurs tout d'abord qu'un simple *andantino*, improvisé pour l'orgue. Voici comment Berlioz raconte lui-même l'intéressante anecdote de la composition primitive de l'*Adieu des Bergers* dans une lettre à M. Ella, directeur de l'Union musicale à Londres, en lui envoyant la *Fuite en Egypte* :

« Vous me demandez pourquoi *le Mystère* (*la Fuite en Egypte*), porte cette indication : *Attribué à Pierre Ducré, maître de chapelle imaginaire*.

» C'est par suite d'une faute que j'ai commise, faute grave dont j'ai été sévèrement puni, et que je me reprocherai toujours. Voici le fait :

» Je me trouvais un soir chez M. le baron de M..., intelligent et sincère ami des arts, avec un de mes anciens condisciples de l'Académie de Rome, le savant architecte Duc. Tout le monde jouait, qui à l'écarté, qui au whist, qui au brelan, excepté moi.

» Je déteste les cartes; à force de patience, et après trente ans d'efforts, je suis parvenu à ne savoir aucun jeu de cette espèce, afin de ne pouvoir, en aucun cas, être appréhendé au corps par les joueurs qui ont besoin d'un partenaire.

» Je m'ennuyais d'une façon évidente, quand Duc se tournant vers moi :

» — *Puisque tu ne fais rien, tu devrais écrire un morceau de musique pour mon album !*

» — *Volontiers !*

» Je prends un bout de papier, j'y trace quelques portées, sur lesquelles vient bientôt se poser un *andantino* à quatre parties, pour l'orgue. Je crois y trouver un certain caractère de mysticité agreste et naïve, et l'idée me vint aussitôt d'y appliquer des paroles du même genre. Le morceau d'orgue disparaît et devient le chœur des bergers de Bethléem adressant leurs adieux à l'enfant Jésus, au moment du départ de la sainte famille pour l'Egypte. On interrompt les parties de whist et de brelan pour entendre mon saint fabliau. On s'égaye autant du tour moyen âge de mes vers que de celui de ma musique.

» — *Maintenant*, dis-je à Duc, *je vais mettre ton nom là-dessous, je veux te compromettre.*

» — *Quelle idée! mes amis savent bien que j'ignore tout à fait la composition.*

» — *Voilà une belle raison, en vérité, pour ne pas composer; mais puisque ta vanité se refuse à adopter mon morceau, attends, je vais créer un nom dont le tien fera partie. Ce sera celui de Pierre Ducré, que j'institue maître de musique de la Sainte-Chapelle de Paris au dix-septième siècle, cela donnera à mon manuscrit tout le prix d'une curiosité archéologique.*

» Ainsi fut fait. Quelques jours après, j'écrivis chez moi le morceau du *Repos de la Sainte Famille*, en commençant, cette fois, par les paroles, et une petite ouverture fuguée, pour un petit orchestre, dans un petit style innocent, en *fa dièze mineur* sans note sensible; mode qui n'est plus de mode, qui ressemble au plain-chant, et que les savants vous diront être un dérivé de quelque mode phrygien, ou dorien, ou mixto-lydien de l'ancienne Grèce, ce qui ne fait absolument rien à la chose, mais dans lequel réside évidemment le caractère mélancolique et un peu niais des vieilles complaintes populaires.

» Un mois plus tard, je ne songeais plus à ma partition rétrospective, quand un chœur vint à manquer dans le programme d'un concert que j'avais à diriger. Il me parut plaisant de le remplacer par celui des *Bergers* de mon *Mystère*, que je laissai sous le nom de Pierre Ducré, maître de musique de la Sainte-Chapelle de Paris (1679). Les choristes, aux répétitions, s'éprirent tout d'abord d'une vive affection pour cette musique d'ancêtres. — *Mais où avez-vous déterré cela?* me dirent-ils. — *Déterré est presque le mot*, répondis-je sans hésiter. *On l'a trouvé dans une armoire murée en faisant la récente restauration de la Sainte-Chapelle. Mais c'était écrit sur le parchemin en vieille notation, que j'ai eu beaucoup de peine à déchiffrer.*

» Le concert a lieu; le morceau de Pierre Ducré est très-bien exécuté, encore mieux accueilli : les critiques en font l'éloge le surlendemain, en me félicitant de ma découverte. Un seul émet des doutes sur son authenticité et sur son âge. Ce qui prouve bien, quoique vous en disiez, gallophobe que vous êtes, qu'il y a des gens d'esprit partout. Un autre critique s'attendrit sur le malheur de ce pauvre ancien maître dont l'inspiration musicale se révèle aux Parisiens après cent soixante-treize ans d'obscurité. « Car, dit-il, aucun de nous n'avait encore entendu parler de lui, et le *Dictionnaire biographique des Musiciens*, de M. Fétis, où se trouvent partout des choses si extraordinaires, n'en fait pas mention ! »

» Le dimanche suivant, Duc se trouvant chez une jeune et belle dame qui aime beaucoup l'ancienne musique et professe un grand mépris pour les productions modernes, quand leur date lui est connue, aborde ainsi la reine du salon :

» — Eh bien, madame, comment avez-vous trouvé notre dernier concert ?

» — Oh ! fort mélangé comme toujours.

» — Et le morceau de Pierre Ducré ?

» — Parfait, délicieux ! voilà de la musique ! Le temps ne lui a rien ôté de sa fraîcheur. C'est la vraie mélodie, dont les compositeurs contemporains nous font bien remarquer la rareté. Ce n'est pas votre M. Berlioz, en tout cas, qui fera jamais rien de pareil.

» Duc, à ces mots, ne peut retenir un éclat de rire, et a l'imprudence de répliquer :

» — Hélas, madame, c'est pourtant mon M. Berlioz qui a fait l'*Adieu des Bergers*, et qui l'a fait devant moi, un soir, sur le coin d'une table d'écarté.

» La belle dame se mord les lèvres ; les roses du dépit viennent nuancer sa pâleur, et, tournant le dos à Duc, lui jette avec humeur cette cruelle phrase :

» — M. Berlioz est un impertinent !

» Vous jugez, mon cher Ella, de ma honte, quand Duc vint me répéter l'apostrophe. Je me hâtai alors de faire amende honorable, en publiant humblement sous mon nom cette pauvre petite œuvre, mais en laissant toutefois subsister sur le titre les mots : *Attribué à Pierre Ducré, maître de chapelle imaginaire*, pour me rappeler ainsi le souvenir de ma coupable supercherie.

» Maintenant on dira ce qu'on voudra ; ma conscience ne me reproche rien. Je ne suis plus exposé à voir, par ma faute, la sensibilité des hommes doux et bons s'épandre sur des malheurs fictifs à faire rougir les dames pâles, et à jeter des doutes dans l'esprit de certains critiques habitués à ne douter de rien. Je ne pêcherai plus. Adieu, mon cher Ella, que mon funeste exemple vous serve de leçon. Ne vous avisez jamais de prendre ainsi au trébuchet la religion musicale de vos abonnés. Craignez l'épithète que j'ai subie. Vous ne savez pas ce que c'est que d'être traité d'impertinent, surtout par une belle dame pâle.

» Votre ami contrit,
» HECTOR BERLIOZ. »

Après l'*Enfance du Christ*, son chef-d'œuvre, Berlioz a encore produit un *Te Deum*, à deux chœurs, en 1856 ; *Béatrice et Bénédict*, opéra-comique en deux actes représenté à Bade en 1862 ; les *Troyens à Carthage*, opéra en cinq actes joué au Théâtre-Lyrique de Paris, mais sans succès. Il a laissé en outre plusieurs compositions pour chant sur diverses poésies telles que *Irlande*, le *Cinq Mai*, les *Nuits d'été*, *Sara la baigneuse*, la *Captive*, *Tristia*, *Feuillets d'Album*, etc., et ajouté des récitatifs au *Freychütz* de Weber. Enfin, comme littérateur, il a publié, outre de nombreux feuilletons de critique musicale : *Un voyage en Allemagne et en Italie* ; *Études sur Rameau, Glück, Beethoven, Weber* ; les *Soirées de l'orchestre*, etc.

Berlioz était bibliothécaire du Conservatoire, membre de l'Institut (classe des Beaux-Arts), et officier de la Légion d'honneur.

* * *

Berlioz ne fut jamais riche, dit M. A. Méreaux ; « il vécut modestement, mais entouré de toute la considération que, en dehors du prestige de son génie, lui assuraient l'honorabilité, l'indépendance et la noblesse de son caractère. Il a pu blesser quelques amours-propres, mais ce n'est jamais à la personne qu'il s'est adressé ; ses critiques, vives et incisives quelquefois, n'avaient d'autre mobile que l'intérêt de l'art qu'il aimait tant. Le beau et le bon trouvèrent toujours en lui un impartial appréciateur et souvent un admirateur expansif. — Berlioz a créé l'école romantique en musique, mais il n'a jamais approuvé les excentricités de ses prétendus adeptes. Il a toujours pensé que le beau absolu n'était pas à trouver, et qu'il existait avec toute sa puissance dans les symphonies de Beethoven, dans les partitions de Glück, dans l'*Ave verum* de Mozart, dans le trio de *Guillaume Tell*, dans la bénédiction des poignards des *Huguenots*. Nous citons ces derniers morceaux isolés, parce qu'il les désignait souvent comme ce qu'il connaissait de plus beau en musique ; il n'en parlait que les larmes aux yeux. Il pensait, ainsi que le disait dernièrement notre spirituel confrère Oscar Commettant, il pensait que *la musique, sans doute, n'a pas pour objet exclusif d'être agréable à l'oreille, mais qu'elle a mille fois moins encore pour objet de lui être désagréable, de la torturer, de l'assassiner.....* Berlioz ne dut rien à la faveur. Son mérite seul lui assura une modeste mais très-honorable position. Son génie a fait le reste et lui a conquis une gloire européenne. »

Il y a dix-sept ans que Berlioz est mort, écrivait M. Arthur Pougin au mois d'octobre 1886, « et qu'il ne reste plus de lui qu'un peu de cendre et de poussière ; mais l'artiste revit tout entier dans ses œuvres, auxquelles enfin l'on consent, dans sa patrie même, à rendre justice... Il a fallu que ce fils glorieux mourût pour que la France lui rendît justice : mais le jour de la réparation est arrivé, et Berlioz est enfin considéré, chez nous ainsi qu'ailleurs, comme l'un des plus grands musiciens de l'ère contemporaine... Il restera, on en peut être assuré à l'heure présente, l'une des gloires les plus pures, les plus nobles et les plus éclatantes de l'art musical français au XIXe siècle. »

Enfin, M. Ernest Reyer, successeur de Berlioz à l'Institut, le jour de l'inauguration de la statue de l'auteur de l'*Enfance du Christ*, terminait son discours par cette magnifique péroraison : « Le voilà debout et rayonnant sur son piédestal de granit, l'éminent artiste, le maître pour lequel nous avons combattu nous aussi et que nous avons aimé. Bonn a la statue de Beethoven, Salzbourg celle de Mozart, Dresde celle de Weber. Nous avons, nous, la statue de Berlioz. Soyons heureux et fiers de la posséder enfin, et remercions ceux qui nous ont aidés à élever ce monument, à rendre cet éclatant hommage à la gloire d'un musicien français, au traducteur inspiré de Shakespeare et de Virgile, au digne continuateur de Glück et de Beethoven, à l'un des plus illustres compositeurs de tous les temps, au plus extraordinaire peut-être qui ait jamais existé. »

Un monument funèbre digne de lui a également été élevé à Berlioz au cimetière Montmartre où repose sa dépouille mortelle. Ce monument a été inauguré au commencement de mars 1887, et se compose d'une stèle haute de deux mètres, sur laquelle est appliqué un médaillon en bronze représentant le maëstro. Ce médaillon, œuvre du sculpteur Godebski, est surmonté d'une lyre et d'une plume également en bronze. Au dessous sont inscrits les noms des œuvres musicales et littéraires de Berlioz.

XXX. — Bellini.

Vincenzo BELLINI naquit à Catane en 1802. Son père et son grand-père étaient musiciens. Son père, dégoûté de ce que ses efforts et ses travaux ne lui avaient point apporté la célébrité, ne voulait pas, dit-on, pousser Vincenzo dans la carrière musicale ; il rêvait pour son fils « une profession plus noble. »

Cependant le jeune homme fut envoyé à Naples aux frais de la ville de Catane pour y poursuivre son éducation musicale, et admis, en 1819, au Conservatoire de cette ville. Ses progrès y furent très-médiocres; il travaillait peu ou point. On prétend qu'un de ses professeurs se plaignait constamment de la paresse du jeune étudiant.

Au Conservatoire Bellini recevait pourtant les leçons du célèbre contrapontiste Zingarelli (né à Naples en 1752, mort en 1837), alors directeur de cet établissement. Nicolas-Antoine ZINGARELLI, qui fut maître de chapelle à la cathédrale de Milan, à Notre-Dame-de-Lorette et à Saint-Pierre de Rome, a écrit une grande quantité de musique d'église et plusieurs opéras (*Il Telemacco, Il conte di Saldagna, Inés de Castro*, etc.). Outre Bellini, il eut pour élèves Mercadante, Morlacchi et Ricci. Mais Bellini ne sut guère profiter de ses leçons.

En effet, le génie du jeune musicien « ne le portait pas vers les combinaisons harmoniques, et ses premières œuvres (quinze symphonies, trois messes, douze psaumes, etc.), furent un travail stérile pour lui. » Les premières études pénibles auxquelles il était obligé de s'adonner ennuyaient profondément Bellini. Sa véritable vocation ne s'éveilla que lorsqu'il put s'adonner à la musique dramatique : elle se révéla par le petit opéra *Andelson e Salvina*, joué en 1825 dans l'intérieur du Conservatoire, et par la cantate d'Ismène. L'année suivante, *Bianca e Fernando* eut un grand succès. Le roi fut enthousiasmé par l'audition de cet opéra et Bellini dut même paraître sur la scène pour venir le saluer.

Cet heureux début fit ouvrir à Bellini les portes du théâtre de la Scala, à Milan, où il eut le bonheur de rencontrer le poète Felice Romani, qui lui écrivit presque tous les livrets de ses nouvelles partitions. *Il Pirata* (le Pirate), en 1827, et *la Straniera* (l'Etrangère), en 1829, furent l'un et l'autre bien accueillis : la dernière de ces partitions excita même à Milan le plus vif enthousiasme. *Zaïre,* qui les suivit, eut peu de succès; mais cet échec fut glorieusement réparé par *I Capuletti ed i Montecchi* (les Capulets et les Montaigu), en 1830, la

Sonnambula (la Somnambule), et *la Norma*, en mars et décembre 1831.

La Somnambule, Norma, ainsi que *les Puritains* que Bellini fit représenter en 1834, sont des chefs-d'œuvre. Cependant *Norma* est, des trois partitions, celle que leur auteur affectionnait le plus, si l'on en croit l'anecdote suivante :

« Un jour, à Paris, une dame demandait à Bellini lequel de ses opéras lui paraissait le plus approcher de la perfection. La question ainsi posée embarrassait la modestie du maëstro qui fit une réponse évasive. La dame insista et ajouta pour l'obliger à se prononcer :

» — Si vous étiez sur mer avec toutes vos partitions, et que le navire qui vous porterait fît naufrage.....

» — Ah ! s'écria-t-il, sans lui donner le temps d'achever la phrase, je lâcherais tout pour sauver *la Norma*. »

Cet opéra avait d'ailleurs rapidement fait le tour de l'Europe. A Paris, la Malibran en augmenta encore le succès par sa belle voix. Parvenu à l'apogée de sa gloire, Bellini revint dans sa ville natale en passant par Rome et par Naples : il y fut accueilli avec le plus grand enthousiasme. Son retour fut triomphal.

Toutefois, le maëstro ne s'endormit point sur ses lauriers. Dès 1833, il va à Venise faire représenter, pendant le Carnaval, l'opéra de *Beatrice di Tenda*, qui fut reçu avec froideur. *Les Puritains*, représentés l'année suivante au Théâtre-Italien de Paris sous le titre primitif de *Têtes rondes et Cavaliers*, le consolèrent de ce demi-échec. Le directeur de cette scène lui avait en effet demandé une partition et Bellini était parti pour la France.

Ce fut au commencement de 1834 que le maëstro vint à Paris pour terminer les *Puritains* et en diriger les répétitions. Il avait pour interprètes Tamburini, Lablache, Rubini, la Grisi. La première représentation eut un immense succès. Bellini fut acclamé et, malgré ses protestations, enlevé et porté en triomphe sur la scène. Louis-Philippe, qui assistait à la représentation, attacha lui-même à la boutonnière du compositeur la croix de la Légion d'honneur.

Malheureusement, le travail assidu et les émotions altérèrent promptement la santé de Bellini : les médecins lui ordonnèrent l'air de la campagne. Il se retira à Puteaux. C'est là qu'il mourut, emporté par une maladie intestinale, le 24 septembre 1835. Il n'avait que trente-trois ans.

Paris fit au jeune maëstro un service solennel à l'église des Invalides, mais ne put conserver sa dépouille mortelle. Catane réclama le corps de son illustre enfant : il lui fut rendu en 1876.

Bellini avait le caractère doux, était foncièrement honnête et très-modeste. Il avait les cheveux blonds et les yeux bleus, ce qui est très-rare en Italie. On le recherchait autant comme homme du monde que comme musicien. La musique de Bellini plaît particulièrement à ceux qui, dans cet art, recherchent surtout le sentiment et le naturel.

Le maëstro a eu la bonne fortune de trouver des interprètes tels que Rubini, Lablache, Tamburini, et mesdames Pasta, Malibran et Grisi, célèbres chanteurs et cantatrices à qui nous allons un peu plus loin consacrer quelques lignes.

Bellini, dit M. Th. Bachelet, « ne fut point un grand harmoniste, un savant compositeur : faible dans l'harmonie et l'orchestration, incohérent dans ses plans, inhabile à conduire et développer les morceaux d'ensemble, il eut néanmoins des dons naturels et précieux qui feront vivre ses œuvres : ses chants, d'une forme et d'une couleur nouvelles, vont au cœur ; ils ont un caractère élégiaque, une teinte de mélancolie douce, rêveuse et plaintive, qui charme et émeut tout à la fois. La mélodie, toujours distinguée, exprime la passion naïve et tendre : il y règne une grâce, une fraîcheur indéfinissables. Dans certaines scènes de *la Somnambule* et de *Norma*, le pathétique est poussé à un degré merveilleux, que ne semblait pas comporter l'inspiration ordinaire de Bellini. »

* * *

Puisque, à propos de Bellini, nous avons été amené à parler de quelques-uns des plus éminents artistes du chant du commencement de ce siècle, nos lecteurs nous sauront gré sans doute de leur faire connaître chacun d'eux en quelques mots :

Jean-Baptiste RUBINI, né en 1795 à Romano, près de Bergame, « fut d'abord violoniste au théâtre de sa ville natale, puis débuta, à l'âge de douze ans, dans un rôle de femme, et devint choriste à Bergame. » Engagé dans une troupe ambulante, il parcourut diverses villes du Piémont, donnant des concerts sans grand succès. Il ne fut réellement « apprécié qu'après avoir joué la *Gazza ladra* (la Pie voleuse) de Rossini. Il se fit entendre à Paris en 1825 dans la *Cerenentula* (Cendrillon), et dès lors son existence artistique ne fut plus qu'une suite de triomphes. Les opéras de Bellini lui durent une grande part de leur succès. Rubini avait une magnifique voix de ténor, à la fois agile et puissante, et possédait l'art du chant dans sa perfection. » Il est mort en 1854.

Antonio TAMBURINI, né à Faënza en 1800, et mort en 1876, ne vint à Paris en 1832 se faire applaudir pendant une vingtaine d'années au Théâtre-Italien qu'après avoir été constamment acclamé en Italie pendant quatorze ans.

Malgré son nom d'apparence française, Louis LABLACHE était également Italien : il naquit à Naples en 1794. « A l'âge de trente-six ans, et dans toute la plénitude de son talent, il vint au Théâtre-Italien de Paris, qu'il ne quitta presque plus. Lablache avait une magnifique voix de basse chantante, et si puissante que les Italiens l'appelaient le *héraut du chant* : elle embrassait deux octaves pleines, montant du *sol* grave au *sol* aigu de poitrine. En même temps, elle était agile, souple, gracieuse. Non moins étonnant comme comédien, Lablache était plein de dignité dans les rôles sérieux; et jamais, dans les rôles comiques ou bouffes, gaieté ne fut plus communicative que la sienne. » (Th. Bachelet.) Lablache est mort en 1858.

Quant à Mme MALIBRAN (Marie-Félicité GARCIA), elle était française. Née à Paris en 1808, elle était fille de Manuel Garcia. C'est à l'Opéra-Italien de Londres que débuta cette célèbre cantatrice. Puis, son père l'emmena en Amérique où elle épousa un banquier français nommé Malibran. De retour en France, elle se fit entendre en 1827 au Théâtre-Italien de Paris, parcourut l'Europe, excitant « le plus vif enthousiasme dans toutes les capitales : une fièvre l'emporta à Manchester en 1836, peu de temps après qu'elle se fut remariée avec le violoniste de Bériot. Elle réunissait les deux voix de soprano aigu et de contralto, et produisait une indicible expression par l'énergie de son chant dramatique. » — Mme Viardot, (Pauline Garcia), est la sœur cadette de Mme Malibran.

La famille de Judith PASTA était israélite. La célèbre cantatrice naquit en Italie, auprès de Côme, en 1798, et fit ses premières études de chant au Conservatoire de Milan. Après avoir joué sur des théâtres secondaires, dit M. Th. Bachelet, « elle vint en 1816 se faire entendre à Paris, où elle eut peu de succès. Mais, à la suite de nouvelles études, elle y reparut avec éclat en 1821, et, jusqu'en 1827, ne remporta que des triomphes. Quand elle revint en 1834 sa voix était altérée. Mme Pasta s'identifiait merveilleusement avec les personnages qu'elle devait représenter, et donnait à ses accents quelque chose de profond et de pénétrant. » Ce fut pour elle que Bellini écrivit *la Somnambule* et *Norma*, et Pacini sa *Niobé*. Elle mourut en 1865.

Giulia GRISI, née à Milan en 1811, après avoir étudié au Conservatoire de sa ville natale sous la direction de Marliani, débuta à Bologne dans la *Zelmira* de Rossini. Elle chanta également peu de temps après dans la *Zoraïde* du même auteur et dans les *Capulets* de Vaccaï. Elle avait déjà obtenu les plus grands succès sur les divers théâtres de l'Italie lorsqu'elle fut engagée, en 1832, au Théâtre-Italien de Paris. *Sémiramis*, *Otello*, *le Barbier de Séville*, *Norma*, *Anna Bolena*, les

Félix MENDELSSOHN. (p. 205.)

Puritains, *Don Juan*, furent ses plus brillants triomphes, dit un de ses biographes. Elle abandonna la scène française en 1848, et n'y reparut qu'en 1856, mais sans éclat. Elle mourut en 1869. — Elle était aussi grande tragédienne que bonne cantatrice : sa voix de mezzo-soprano possédait la justesse, la légèreté et l'étendue.

XXXI. — Mendelssohn.

> Fille de la douleur, harmonie, harmonie,
> Langue que pour l'amour inventa le génie,
> Qui lui vint d'Italie et qui nous vint des cieux,
> Douce langue de cœur, la seule où la pensée,
> Cette vierge timide et d'une ombre offensée,
> Passe en gardant son voile et sans craindre les yeux ;
> Tu sais ce qu'un enfant peut entendre et peut dire
> Dans les soupirs divins, nés de l'air qu'il respire,
> Tristes comme son cœur et doux comme sa voix.
> On surprend un regard, une larme qui coule ;
> Le reste est un mystère ignoré de la foule,
> Comme celui des flots, de la nuit et des bois.

Dans ces beaux vers le poète laisse entendre cette vérité que les œuvres d'un artiste, quelque soit la nationalité de celui qui les a créées, s'adressent à tous les peuples et sont goûtées dans tous les pays aussi bien qu'à toutes les époques, quand elles portent l'empreinte du génie. Et cela est vrai surtout pour la musique, l'art universel par excellence.

Que nos lecteurs n'aillent point croire, d'après ce préambule, que Mendelssohn ait eu une existence malheureuse et constamment en proie à la souffrance. Loin de là. Pour ce maître du moins — lisons-nous dans un fort intéressant article qui lui a été consacré en 1874 et auquel nous ferons plusieurs emprunts, — « la musique n'a pas toujours été *fille de la douleur*; quelquefois, à la vérité, on le vit exhaler sa souffrance en une céleste harmonie ; un jour surtout où, revenant de voyage, il trouva vide la place d'un ami. Mais, en général, il connut bien plutôt les joies que les tristesses de l'existence. Les délices de l'affection filiale, de l'amitié fraternelle, de l'amour conjugal et paternel lui furent prodiguées, et toutes les circonstances de sa vie, le milieu choisi, cultivé, où il se trouva toujours, contribuèrent puissamment au développement de son génie. — Quel bienfaisant tableau que celui d'une vie heureuse ! Et lorsqu'en même temps elle est pure, exempte de passions coupables, dirigée par le sentiment du devoir, remplie par les préoccupations les plus élevées, quel spectacle plus noble et plus bienfaisant encore ! »

* * *

Félix MENDELSSOHN-BARTHOLDY naquit à Berlin en 1809. Il appartenait à une ancienne famille israélite, depuis peu convertie au christianisme. Son grand-père, Mosès Mendelssohn, (né en 1729, mort en 1786), avait été un écrivain et un littérateur d'un réel talent. Les *Lettres sur la littérature*, publiées par lui de concert avec Lessing et Nicolaï, imprimèrent à la langue allemande un nouveau caractère. « Presque tous ses ouvrages ont trait à la philosophie. Son style est plein d'élégance, de goût et de correction : sa logique serrée est cependant toujours polie. » Venu fort pauvre à Berlin en 1742, Mosès Mendelssohn parvint à une assez grande aisance, grâce au produit de ses ouvrages et à un emploi lucratif qui lui fut accordé.

Félix Mendelssohn, petit-fils du savant Mosès, devait lui aussi rendre son nom célèbre par son génie musical : il mérita en outre pendant toute la durée de sa vie d'être cité comme un exemple de piété filiale. Jamais enfant, jamais homme n'affectionna mieux ses parents que ce grand musicien et ne montra plus de déférence à leurs conseils.

Sa mère, femme énergique et d'un esprit cultivé, avait dirigé avec la plus grande fermeté l'éducation de toute sa jeune famille. Lorsque, dans son enfance, Félix prolongeait plus que de raison ses instants de loisir et de récréation, la brave et digne femme n'avait qu'à lui dire :

— Que fais-tu, Félix ?

Et ces simples mots suffisaient pour rappeler aussitôt l'écolier à son devoir. Celui-ci se souvint sans doute toute sa vie de cette exhortation maternelle, car jamais il ne connut l'oisiveté.

Félix Mendelssohn reçut également de son père cette impulsion vigoureuse, laborieuse et saine dont toute la carrière du grand artiste devait se ressentir. En son père il avait placé la plus grande de ses affections. Même lorsqu'il fut en âge d'être indépendant, il ne prit jamais une détermination un peu sérieuse sans le consulter. Et cependant son père avait une certaine irritabilité de caractère qui exerçait parfois la patience de son entourage. Mais Félix envisageait cette disposition regrettable avec une sorte de compassion toute filiale. Témoin ce passage d'une lettre adressée de Rome par lui à son frère et à ses sœurs :

« Je crains, » dit-il, « que vous ne péchiez dans votre conduite envers le père, et cela par un petit manque de douceur, de complaisance pour ses idées. Pourquoi ne pas lui donner raison, à lui qui a tant fait pour nous; pourquoi ne pas lui céder, surtout quand cela ne nuit à personne, et que cela peut, au contraire, lui conserver sa gaieté, sa bonne humeur? »

Félix avait vingt-six ans lorsqu'il écrivait les quelques lignes que l'on vient de lire.

« De bonnes habitudes patriarcales régnaient dans la famille Mendelssohn; les anniversaires y étaient marqués par quelque fête joyeuse et sérieuse à la fois, où la musique tenait toujours la première place. Ainsi, lorsque vinrent les noces d'argent de son père et de sa mère, Félix s'était dès longtemps préparé à les célébrer dignement : il avait composé dans ce but, pendant un voyage en Ecosse, une sorte d'idylle, charmante petite pièce chantée où un rôle était assigné à chaque membre de la famille. Mille péripéties pleines d'ungoisse pour le jeune artiste risquèrent de faire échouer ses efforts : heureusement enfin, tout réussit à son gré, et ce petit opéra fut un vrai monument d'amour filial. En effet, on engagea Félix à le publier; mais il s'y refusa, désirant, disait-il, qu'il gardât un caractère intime et ne sortît point du sanctuaire de la famille. — Le thème, qu'on trouva fort beau, était dans l'intention de l'auteur une dédicace; il exprimait les sentiments d'amour et de tendre vénération qui l'animaient à l'égard de ses parents. »

* * *

Avant son voyage en Italie, Mendelssohn avait, à vingt-quatre ans, en 1833, accepté la place de directeur du Conservatoire de Dusseldorf. A peine eut-il pris possession de ce poste que son père accourut auprès de lui pour assister à une grande fête musicale dirigée par Félix et pour consacrer par sa présence les nouvelles fonctions du jeune artiste. Puis, il l'accompagna à Londres où l'attendait une série de nouveaux triomphes, car Félix Mendelssohn commençait à être célèbre.

Déjà en effet, à cette époque, après avoir débuté par se faire connaître comme pianiste, et avoir publié des quatuors, des sonates, des symphonies et des ouvertures, le jeune compositeur avait fait représenter, en 1827, un opéra intitulé : *Les noces de Gamache*.

Quelques années, après ce voyage à Londres, au moment où Félix venait d'abandonner Dusseldorf pour occuper un emploi similaire à Leipzig — sa ville de prédilection, — et où il se réjouissait avec son père de pouvoir désormais aborder cette nouvelle sphère d'activité, la mort de ce père tendrement aimé arriva comme un coup de foudre. « Ce fut pour Félix le plus grand chagrin de sa vie : brisé de douleur, il vint assister, comme dans un rêve affreux, aux funérailles de ce père tant aimé, qui jusque-là avait été le conducteur de sa jeunesse, le confident respecté de toutes ses pensées et de toutes ses démarches. Longtemps le jeune homme, après ce coup terrible, resta comme anéanti : envahi par une indifférence complète, par une apathie étrange et inconnue jusqu'alors, il ne retrouvait plus le grand mobile qui avait donné l'impulsion à tous ses actes. » Il écrivait alors à Schubring, un de ses meilleurs amis de l'université :

« Je subis le plus grand malheur qui puisse m'arriver. Trois semaines se sont écoulées, et je n'éprouve plus, il est vrai, la douleur poignante des premiers jours ; mais je vois d'autant plus clairement qu'il ne me reste que deux alternatives : il faut qu'une ère nouvelle s'ouvre pour moi, ou bien que tout s'écroule ; désormais, ma vie d'autrefois a cessé. »

Peu à peu cependant Félix recommença à vivre, c'est-à-dire à travailler. Puis, il se décida à se marier. « Son mariage, il le savait, avait été l'un des plus grands désirs de son père, et le respect de sa mémoire engagea fortement Mendelssohn à chercher une compagne... Douce, grave, calme, sérieuse, douée de grâce et de beauté, sa chère Cécile lui donna quelques années d'un bonheur sans mélange ; et au milieu de toutes les déceptions, de toutes les péripéties, de toutes les agitations inhérentes à la carrière des arts, il retrouva constamment en elle ce que, suivant l'expression d'une femme distinguée, la femme devrait toujours être pour son mari, *son repos et sa paix.* »

Hélas ! Félix Mendelssohn ne devait pas jouir longtemps de ce bonheur domestique : il mourut en 1847, à peine âgé de trente-huit ans.

Les grandes espérances que le jeune maître avait données dans des oratorios d'*Elie*, de la *Conversion de Saint-Paul*, et dans des chœurs d'Antigone, furent ainsi détruites par sa mort prématurée. Félix Mendelssohn était, depuis 1841, maître de chapelle du roi Frédéric-Guillaume IV.

XXXII. — Robert Schumann.

« Le succès des œuvres de Schumann nous paraît inévitable; mais il peut être lent encore à se généraliser. Dans la situation actuelle, la moyenne de notre éducation musicale est encore inférieure aux difficultés matérielles qu'offrent la plupart de ses compositions. Mais nous pouvons affirmer par notre propre expérience que ceux qui auront le courage d'affronter ces difficultés seront amplement payés de leur peine. Nous avons entendu, et nous risquons encore d'entendre plus d'une critique inconsidérée à propos de Schumann; mais nous savons que le propre des génies vraiment originaux est de demeurer longtemps incompris, et nous nous souvenons d'avoir entendu, non pas seulement des amateurs, mais des maîtres (Onslow par exemple), contester sérieusement la valeur des dernières productions de Beethoven. Schumann est du nombre de ces talents qui, n'ayant fait aucune concession aux caprices éphémères de la mode, en sont récompensés par une estime plus grande de la postérité et rajeunissent au lieu de vieillir. »

Ainsi s'exprimait, en 1863, M. le baron Ernouf, dans une notice très-détaillée et fort bien faite sur la vie et les œuvres de Robert Schumann publiée dans la *Revue Contemporaine*. A cette époque, les œuvres de l'illustre musicien commençaient à être connues en France, où l'on se passionnait pour ou contre leur auteur. Depuis lors, la réputation de Schumann n'a chez nous, conformément aux judicieuses prévisions du baron Ernouf, fait que croître et s'affirmer chaque jour davantage : il est maintenant et à juste titre considéré comme un maître aussi bien en France qu'en Allemagne.

* * *

Robert Schumann, né en 1810 à Zwickau, en Saxe, « se forma presque seul par l'étude des œuvres de Haydn et de Mozart. Après avoir publié des mélodies sur des poésies de lord Byron, animé par les succès du violoniste Paganini, qu'il avait entendu en Italie, il voulut aussi devenir un virtuose et choisit le piano : mais une infirmité de la main droite, en 1831, l'obligea de renoncer à ce dessein, et de se consacrer à la composition... En 1850, il accepta à Dusseldorf une place de maître de chapelle, que sa santé le contraignit bientôt d'abandonner; Schumann fut encore un critique distingué : il fonda en 1834 une *Gazette musicale,* et on a réuni ses articles sous le titre d'*Ecrits divers sur la musique et les musiciens.* » (Th. Bachelet.) Ces articles forment quatre volumes publiés en 1854, l'année même de la mort du maëstro allemand.

Voilà, résumée en quelques mots, la vie de Robert Schumann; mais cette brève notice biographique ne donne qu'une idée bien imparfaite de ce que fut la courte et malheureuse existence de ce musicien de génie, mort dans une maison de fous. Un écrivain, qui a connu l'auteur du *Paradis et la Péri* au moment où la terrible et cruelle maladie qui devait l'emporter commençait à l'atteindre, fait connaître d'intéressants détails sur la vie et les œuvres de Robert Schumann dans les lignes suivantes publiées en 1860 dans le *Magasin pittoresque :*

Les musiciens compositeurs sont entre deux écueils, dit-il : s'ils produisent des mélodies et des formes nouvelles, on les accuse d'être baroques et obscurs; et si leurs œuvres rappellent ce que le public aime et connaît déjà, on les accuse de manquer d'originalité. C'est que la grande majorité des gens qui écoutent de la musique n'appellent mélodie que celle qui leur est connue ou à peu près. Par suite, tous les hommes de génie qui ont produit réellement des mélodies nouvelles ont été accusés d'en manquer par ceux qui étaient habitués aux anciennes. Cette accusation a atteint Haendel, Bach, Haydn,

Gluck, Mozart; et, sans être trop vieux, nous pouvons facilement nous rappeler quels rires de pitié et même quelles colères excitait la musique de Beethoven, alors que ce grand artiste était cependant déjà mort depuis plusieurs années, et qu'on avait eu le temps de l'apprécier sans avoir le jugement embarrassé par ce sentiment involontaire d'envie qui s'attache presque toujours aux vivants.

Les esprits éclairés, les érudits, qui ont des vues un peu larges en musique et qui devinent le génie à première vue ou à première audition, sont trop rares pour avoir quelque influence sur le goût des masses, qui ne font que s'amuser avec la musique, et ne la jugent que par instinct, et non par principes. Cela est fâcheux pour les compositeurs : aucune profession n'est plus exposée à l'injustice des contemporains, parce que peut-être la musique est encore de tous les arts le moins étudié et le moins compris.

A l'époque où Beethoven, C. M. Weber et Schubert venaient de mourir presque simultanément, l'Allemagne possédait deux jeunes musiciens qui pouvaient être considérés, sinon avec certitude, du moins avec espoir, comme dignes de continuer la série de grands musiciens qui avait si glorieusement régné sur le monde musical : c'était Félix Mendelssohn-Bartholdy et Robert Schumann. Leur sort fut très-inégal.

Le premier, génie précoce, caractère ardent au travail, esprit plutôt éclectique qu'original, homme aimable et sociable au plus haut degré, fut fêté et heureux, pendant sa courte existence, en Allemagne et en Angleterre. En France, après avoir été trop longtemps ignorée, incomprise et mal jugée, sa musique est aujourd'hui convenablement connue et sentie.

Robert Schumann, qu'on regardait comme le rival ou plutôt comme l'émule de Mendelssohn, restait le seul digne soutien de la gloire musicale allemande. Il avait reçu sans doute une instruction théorique moins complète que Mendelssohn, mais son instinct musical avait plus de force et d'originalité. Quoique plein d'admiration pour les œuvres des maîtres, il se sentait poussé par un besoin inné d'originalité;

il pouvait bien, du reste, avoir d'excellents motifs pour ne pas répéter, comme tant d'autres, ce qui a été fait. Sa déplorable fin a prouvé, d'un autre côté, que l'excentricité de sa vie d'artiste, que sa taciturnité, étaient l'effet fatal d'une maladie cérébrale. Quoique Schumann eût reçu une éducation littéraire très-complète, quoiqu'il ait beaucoup écrit d'articles de critique musicale, on peut dire que la musique fut la seule langue dans laquelle s'exprimèrent les idées de son esprit profond, et dans laquelle s'épanchèrent les affections, les chimères, les joies et les tourments de son âme passionnée. Ses compositions s'élèvent au nombre de cent cinquante environ, savoir : des morceaux de piano, depuis de charmants petits riens pour des enfants jusqu'aux concerti. Dans cette catégorie, les trois trios, le quatuor et surtout le grand quintette, sont des chefs-d'œuvre qu'on jouera d'enthousiasme, lorsqu'on les aura assez entendus pour les comprendre. Il a composé trois quatuors pour instruments à cordes qui furent dédiés à Mendelssohn. De ses quatre symphonies, nous avons seulement entendu la dernière, qui a causé une profonde émotion dans un des derniers grands festivals d'Allemagne; ses *leiders*, très-nombreux, sont tous remarquables par leur originalité et pénétrants d'expression. Il a fait représenter un opéra de *Geneviève de Brabant* (1847), dont l'apparition a excité un vif intérêt et qui n'a pas eu de succès auprès du public. Ses cantates et son oratorio romantique du *Paradis et la Péri* (1843), sont souvent chantés dans les sociétés musicales d'Allemagne. Quelles que soient, à un certain point de vue, les imperfections des œuvres de Robert Schumann, on reconnaîtra en elles, lorsqu'on les aura convenablement étudiées, les qualités qui leur méritent une haute place dans l'estime du monde musical et dans l'histoire de l'art, c'est-à-dire l'originalité et l'expression idéale de nobles émotions. En Allemagne, Schumann a toujours été honoré comme un maître, non seulement de la part des jeunes gens, mais encore de la part des vétérans de l'art. Il a été l'objet d'une monobiographie très-étendue et digne de servir de modèle aux travaux de ce genre : l'auteur de cette Biographie, publiée à Dresde en 1858, s'appelle Wasilewski.

Nous avons sous les yeux en écrivant ces lignes le portrait de Schumann dessiné en 1853, quinze jours avant que l'illustre artiste cédât à la déplorable tentation de se jeter dans le Rhin, à Dusseldorf, et peu de mois avant qu'il mourut dans une maison d'aliénés, près de Bonn. Quoiqu'il parlât peu, nous l'avions trouvé affectueux et aimable ; mais, par moments, sa pupille se dilatait et son regard prenait une expression étrange et effrayante. Ce fut alors qu'il commença d'avoir des espèces d'hallucinations musicales : il croyait entendre un son qui le poursuivait sans cesse. Une nuit, il se leva subitement, disant que Schubert et Mendelssohn lui avaient envoyé un thème qu'il fallait travailler sur-le-champ, ce qu'il fit, malgré les observations de sa femme, illustre virtuose qui possédait toutes les qualités qui manquaient à son mari et qui lui étaient nécessaires.

Il demanda bientôt à entrer dans une maison de santé, ce qui fut différé. Cependant son état s'aggravait ; des fantômes lui apparaissaient ; il disait qu'il était un pécheur indigne de l'amour des hommes ; et le lundi de Carnaval, 27 février 1854, après midi, étant au milieu de ses amis, il sortit brusquement et courut se jeter dans le Rhin. Des matelots le sauvèrent : des passants reconnurent Schumann et le ramenèrent à sa maison. Il y eut alors urgence de l'enfermer ; il fut conduit à l'établissement d'Eudenich, près de Bonn, et il y mourut le 29 juillet 1854, à peine âgé de quarante-cinq ans.

*
* *

Bien que Robert Schumann soit mort jeune — lisons-nous dans le remarquable travail de critique musicale que M. Ernest Reyer a publié en 1864 sous le titre de *Souvenirs d'Allemagne*, — son œuvre est considérable et se compose de musique de piano et de musique d'église, de *lieder*, de trios, de quatuors, de quintettes, de chœurs d'hommes sans accompagnement, d'ouvertures, de cantates, d'oratorios, de symphonies, etc., formant une collection de près de cent cinquante numéros. Il n'a écrit qu'un seul opéra sur *Geneviève de Brabant;* mais le succès ne répondit pas à son attente, et cet ouvrage, joué à Leipzick en 1850, ne fut donné que trois fois. Si quelques-uns de ses *lieder* rappellent un peu la manière de Schubert, la majeure partie est conçue dans un style particulier à l'auteur, dont le plus grand soin a toujours été de rechercher les rhythmes nouveaux et les cadences inusitées.

» Pour bien comprendre la grâce, le sentiment poétique et l'élégante inspiration de certaines mélodies de Schumann, il faut les entendre interpréter par Mme Viardot, de même que ses œuvres pour le piano acquièrent une physionomie toute nouvelle, une originalité plus saillante encore sous les doigts de Mme Clara Schumann, la grande et respectable artiste qui fut la compagne du célèbre compositeur. Ce qui nuira longtemps peut-être à la *popularisation* des œuvres symphoniques et vocales de Robert Schumann, c'est le grand nombre de difficultés d'exécution qu'elles présentent. Il composait au piano, et bien souvent il a paru ne pas se rendre compte des périls qu'offrent au chanteur ou à l'instrumentiste certains traits, certaines intonations que le clavier du piano reproduit tout naturellement. D'ailleurs, Schumann n'a jamais montré une habileté bien remarquable dans le maniement de l'orchestre; au lieu de se préoccuper de faire chanter chaque instrument dans les conditions de sonorité les plus favorables, on dirait qu'il multipliait les obstacles dans le seul but de placer ses interprètes devant des impossibilités matérielles, ou de leur ménager la puérile satisfaction de la difficulté vaincue. En revanche, il a usé largement du style fugué, pour lequel l'admiration que lui inspirait Sébastien Bach devait lui donner une préférence toute particulière. « Chaque jour, a-t-il écrit quelque part, je me prosterne devant ce grand saint de la musique, je me confesse à ce génie incommensurable, incomparable, dont le commerce m'épure et me fortifie. » Et son dernier ouvrage a été la confection d'une basse chiffrée pour les sonates de violon de Sébastien Bach.

» Les grandes cantates ou ballades que Schumann a écrites pour orchestre et chœur forment la partie la plus importante de son œuvre, et la plus recommandable à l'attention de la postérité. Il a laissé un *Faust* inachevé, qui aurait, dit-on, pu être son chef-d'œuvre, et duquel il s'était occupé dès l'âge de treize ans. Schumann n'a pourtant pas été, comme Mozart, un enfant prodige. Sa vocation fut même longtemps combattue par la volonté de sa mère et plus tard par celle de son tuteur. *Le Paradis et la Péri,* dont le sujet est emprunté au poème anglais de *Lalla Rook,* passe pour l'œuvre capitale du maître. On y trouve bien çà et là quelques réminiscences de Weber et de Mendelssohn; mais l'inspiration s'y montre assez fréquemment, et, au point de vue de la science, il y a des pages on ne peut plus intéressantes pour le musicien..... « *Il est inconcevable et presque honteux* » — écrivait en 1863 M. le baron Ernouf à propos du *Paradis et la Péri,* — « *qu'un pareil ouvrage n'est pas encore été exécuté à Paris.* »

» *Manfred,* le *Pèlerinage de la Rose, Mignon,* le *Fils du roi* et la *Malédiction du chanteur,* bien qu'ils ne soient pas conçus dans des proportions aussi vastes que le *Paradis et la Péri,* n'en méritent pas moins une attention sérieuse de la part des musiciens. »

GIUSEPPE VERDI. (P. 217.)

XXXIII. — Verdi.

Guiseppe Verdi vint au monde le 9 octobre 1814 dans un petit village de l'ancien duché de Parme où son père était aubergiste. Comme il montra dès l'enfance de rares dispositions pour la musique, l'organiste de la petite église de son village lui donna les premières leçons de cet art dans lequel l'élève devint rapidement plus fort que le maître. Un compatriote influent, Antonio Barezzi, s'intéressa alors à ce précoce petit musicien de neuf ans et lui donna les moyens d'aller continuer ses études à Milan. Pendant trois ans, de 1833 à 1836, Guiseppe travailla avec ardeur dans cette ville sous la direction de Lavigna, alors directeur du théâtre de la Scala. Ce fut là qu'il fit entendre sa première œuvre dramatique intitulée *Oberto di San Bonifacio*.

C'était en 1839. Verdi avait à peine vingt-cinq ans. Ce début fut heureux : le jeune musicien remporta un véritable succès avec son premier drame musical. Se croyant désormais assuré de n'obtenir que des triomphes, il écrivit à la hâte une nouvelle partition sur un libretto bouffe, *Un Giorno di regno* (Une journée de règne), et s'empressa de la porter à la scène. La désillusion fut prompte et cruelle, car la chute fut cette fois complète.

Verdi ressentit un vif dépit de cet insuccès. Momentanément découragé, il demeura pendant près d'un an sans rien produire. Puis, se remettant courageusement à l'œuvre, « il écrivit son *Nabucco*, représenté à la *Scala*, pendant le carnaval de 1842, avec un succès éclatant. Compté dès lors parmi les maîtres, du moins en Italie, il produisit successivement : en 1843, *I Lombardi alla prima Crociata*, *Ernani*, *i due Foscari* et *Giovanna d'Arco* ; en 1845, à Naples, *Alzire*, qui n'eut point de succès; en 1846, au même théâtre, *Attila*, qui réussit complétement; en 1847, *Macbeth* : cette partition, par laquelle le musicien osait s'attaquer à Shakespeare, fut écrite pour le théâtre de Florence. Le public rappela Verdi plus de trente fois à chacune des trois premières représentations : une foule, exaltée d'ailleurs par des allusions politiques, l'escortait à la sortie du théâtre; on lui offrit une couronne de lauriers en or. »

L'Italie aspirait alors ardemment à son unité politique. Une grande fermentation agitait toute la péninsule désireuse de reconquérir son autonomie. Verdi appartenait depuis longtemps au parti qui excitait et dirigeait ce mouvement. Ses opinions étaient connues, et par une singularité remarquable, son nom, VERDI, se trouvait formé des cinq lettres initiales de la fameuse devise devenue le mot d'ordre de tout patriote : *Vittorio-Emmanuele, Re D'Italia* (Victor-Emmanuel, roi d'Italie), — mot d'ordre « qui fut pendant plusieurs années le cri adopté dans les mouvements populaires de l'Italie du Nord. » Cette curieuse coïncidence fut l'origine, en faveur de Verdi, d'une grande popularité politique, dont bénéficièrent en Italie les œuvres du Compositeur.

La plupart de celles-ci avaient d'ailleurs une réelle valeur. La réputation de Verdi avait même rapidement franchi les bornes de l'Italie. On l'applaudissait à Londres et à Paris; après ses compatriotes, l'Europe à son tour reconnaissait en lui un maître. En effet, l'année même du triomphe de *Macbeth* à Florence, Verdi faisait représenter à Londres *I Masnadieri* (Les Brigands), interprétés par Jenny Lind, Lablache, Gardini, etc., — toutes les sommités artistiques du chant de cette époque : de plus, le libretto de *I Lombardi*, traduit par A. Royer et G. Vaëz, était, sous le titre de *Jérusalem*, chanté à l'Opéra de Paris le 26 novembre 1847.

Tous ces premiers succès, toutes ces flatteuses victoires remportées dans sa patrie et à l'étranger ne firent qu'exciter la verve du jeune maëstro qui donna successivement en Italie, de 1848 à 1853, toute une série d'œuvres nouvelles, parmi lesquelles nous citerons : *La Battaghia di Legnano*, interdite dès les premières représentations à Rome à cause de la couleur politique du poème; *Luisa Miller*, au théâtre de Naples ; *Il Rigoletto*, à Venise, (d'après le *Roi s'amuse* de Victor Hugo); *Il Trovatore* (le Trouvère), à Rome pendant le carnaval de 1853 ; *la Traviata*, dont le sujet est tiré de la *Dame aux Camélias* d'A. Dumas fils, à Venise; etc. Ces trois derniers opéras sont de véritables chefs-d'œuvre.

En juin 1855, pendant l'Exposition universelle, lisons-nous dans M. G. Vapereau, « l'Académie impériale de musique représenta les *Vêpres Siciliennes*, écrites pour la scène française, où fut encore transporté *le Trouvère*, en 1857, avec addition de musique nouvelle et ballet. Le Théâtre-Italien a donné, de 1845 à 1860, presque tous les opéras de M. Verdi : *Ernani*, *Nabucco, Il Trovatore, Rigoletto, la Traviata*, etc.

» M. Verdi n'avait donc pas écrit moins de vingt opéras en dix-sept ans, sans compter : *Aroldo, Simone Boccanegra, una Vendetta in domino*, joués en Italie, *le Roi Lear, un ballo in maschera*, dont le libretto est la traduction de Gustave III, de Scribe. Malgré tous ses succès sur les scènes italiennes, il était difficilement accepté par le dilettantisme parisien, et ses partitions rencontrèrent en France des préventions et des antipathies profondes auxquelles succéda à la fin une grande vogue. En présence du silence obstiné de Rossini et de la lenteur de production de Meyerbeer, on devait accueillir un maëstro fécond, dont le talent, plein de facilité et d'éclat, sinon le génie créateur, venait répondre au besoin d'émotions nouvelles.

» Une des principales œuvres écrites par M. Verdi pour une scène française fut son grand opéra en cinq actes, *Don Carlos* (Opéra — 11 mars 1867), sur un livret de Méry et de M. C. du Locle : Cet ouvrage, où une instrumentation très-soignée s'unissait aux grands effets dramatiques et rappelait la puissante manière des Meyerber et des Halévy, eut à Paris un succès mêlé de beaucoup de discussions et passa sur les principaux théâtres de l'Europe. On a joué depuis, aux Italiens.

de Paris, *Giovanna d'Arco,* en quatre actes (mars 1868), qui fut un des triomphes de Mlle Patti ; à la Scala de Milan, *la Forza de Destino* (février 1869), qui fut un triomphe pour le maëstro lui-même ; etc. Nous ne parlons pas de certaines appropriations à la Scène française d'ouvrages anciens, comme les *Brigands* (Athénée, 3 février 1870), traduction des *Masnadieri*. M. Verdi a écrit depuis un grand opéra en quatre actes, *Aïda,* dont le sujet était emprunté à l'histoire Egyptienne et spécialement destiné au théâtre du Caire. Représenté pour la première fois dans cette ville, en décembre 1871, il fut joué depuis en Autriche, en Russie et en Amérique, avant d'être monté à Paris, d'abord au Théâtre-Italien (avril 1876), puis à l'Opéra (1880), où il eut sur ces deux scènes un grand succès : ce fut le maëstro lui-même qui surveilla les répétitions et dirigea l'orchestre aux premières representations. »

Comme nous venons de le voir, Aïda fut représenté pour la première fois en Egypte. Ce fut une véritable solennité musicale, à laquelle se rendirent la plupart des sommités artistiques de l'Europe. Cet opéra, dans la partition duquel Verdi avait montré son talent sous une face sensiblement nouvelle, fit une impression profonde, comme on peut le constater par le passage suivant d'une correspondance de M. Ernest Reyer écrite du Caire même à la suite des premières auditions.

« Voilà donc, disait-il, une œuvre très-intéressante, très-remarquable, qui sera certainement appréciée en France comme en Italie, et qui a été écrite à l'instigation d'un prince égyptien. Si magnifique et si absolu que soit le souverain de ce pays, il n'avait pas le pouvoir de décréter un chef-d'œuvre, et il le savait bien lorsqu'il a demandé, pour en donner la primeur au théâtre du Caire, une partition inédite au plus populaire des compositeurs italiens. M. Verdi, avec les meilleures intentions du monde, eût très-bien pu répondre au désir du Khédive, comme il répondit, il y a quelques années, à l'invitation du Czar, par la *Forza del destino*. Heureusement le sujet d'*Aïda* vaut infiniment mieux que celui-ci et a bien mieux servi l'inspiration du compositeur. Il y a même trouvé l'occasion de faire de la couleur locale, ce qui ne lui est pas arrivé souvent, et ce qu'il ne semblait pas rechercher dans ses précédents ouvrages. Un motif turc qu'on lui a envoyé de Constantinople et une mélodie indigène qui accompagne sur la flûte les évolutions des derviches tourneurs ont été à M. Verdi d'un précieux secours, et j'ajouterai que ces deux thèmes qui ont beaucoup de caractère, mais qui comportent quelques mesures seulement, acquièrent dans la partition une importance réelle par la façon habile dont ils sont traités, par l'instrumentation et la disposition des voix..... A ceux qui nient le mouvement en musique, M. Verdi vient de répondre comme le philosophe de l'antiquité : il a marché. Certes, l'ancien Verdi subsiste encore... Mais un autre Verdi s'y manifeste aussi, usant d'une manière fort habile de tous les artifices de la fugue et du contre-point, accouplant les timbres avec une ingéniosité rare, brisant les vieux moules mélodiques, même ceux qui lui étaient particuliers, caressant tour à tour les grands récits et les longues mélopées, recherchant les harmonies les plus nouvelles, les plus étranges quelquefois, les modulations les plus inattendues, donnant à l'accompagnement plus d'intérêt, souvent plus de valeur qu'à la mélodie elle-même. »

Trois ans plus tard, Verdi remportait un nouveau triomphe avec une *Messe de Requiem*, œuvre magistrale de musique sacrée, genre qu'il n'avait pas encore abordé et auquel il fut amené par sa pieuse affection pour un ami. En effet, cette messe, exécutée le 22 mai 1874 dans l'église Saint-Marc à Milan, avait été composée pour l'anniversaire de la mort d'Alexandre Manzoni, l'auteur des *Fiancés*, l'un des plus grands poètes italiens de ce siècle et l'ami intime de l'auteur du *Trouvère*. M. Camille du Locle, alors directeur de l'Opéra-comique de Paris et également ami de Verdi, était allé à Milan pour assister à l'exécution de cette œuvre. Témoin du succès d'enthousiasme qu'elle excita, il obtint de l'illustre maître l'autorisation de la faire entendre à Paris. Dès son retour en France, M. Camille du Locle fit diligence pour faire connaître aux Parisiens cette *Messe* magnifique qui, par ses soins, fut exécutée dès le mois de juin, non pas dans une église, mais dans un théâtre, non pas à Saint-Eustache ou à Notre-Dame, mais à l'Opéra-comique, puis à la salle Ventadour. C'était la première fois qu'on entendait une *Messe* dans une salle de spectacle.

Le succès fut presque aussi grand à Paris qu'à Milan. Le maëstro reçut des félicitations unanimes. Le *Requiem* de M. Verdi, écrivait à cette époque M. Ernest Reyer, « est bien plus une œuvre dramatique qu'une œuvre religieuse; mais il ne serait pas juste de se placer, pour la juger, à un autre point de vue que celui où s'est placé le compositeur pour l'écrire. Les musiciens qui, depuis la révolution accomplie par Palestrina, se sont inspirés des textes liturgiques, ont cru devoir s'astreindre, dans des limites différentes, à ce que l'on appelle les exigences du style religieux. Ces exigences ne comportent pas seulement l'emploi du contre-point, de la fugue, des imitations, en un mot, de tous les artifices de la science scolastique ; mais elles imposent à la mélodie une forme et un caractère particuliers. Or, c'est principalement par le caractère et par la forme de la mélodie que M. Verdi, dans son *Requiem*, s'est affranchi, je ne dirai pas d'une règle, mais d'une coutume... Une fois cette réserve faite, je serai plus à l'aise pour louer comme elle le mérite la belle et savante composition de l'auteur d'*Aïda*. J'ai constaté, on s'en souvient peut-être, en rendant compte de cet ouvrage, que je suis allé entendre au Caire, combien il était supérieur, suivant moi, aux précédents ouvrages de M. Verdi, et quelle transformation il indiquait dans le talent du maître. Dans la *Messe de Requiem*, ce sont les mêmes préoccupations, les mêmes recherches, les mêmes procédés, le même soin, avec les mêmes délicatesses de détail, apportés au travail de l'instrumentation. Je ne veux pas aller plus loin, et, m'autorisant de quelques réminiscences qui ne pouvaient m'échapper, aller jusqu'à dire que c'est le même style. D'ailleurs les ressemblances de ce genre se rencontrent peut-être plus fréquemment chez les compositeurs dont l'individualité est marquée d'une forte empreinte, et j'ai répondu d'avance à ceux qui pourraient s'étonner de ces souvenirs fugitifs d'une œuvre essentiellement dramatique dans une œuvre écrite sur un texte religieux. »

Nous félicitons M. du Locle, conclut M. Ernest Reyer, « et nous le remercions bien sincèrement de l'initiative qu'il a prise. Le directeur courait des risques auxquels le poète, le collaborateur et l'ami de M. Verdi, n'a pas songé. Aujourd'hui le succès l'a récompensé. »

L'auteur du *Trouvère* et d'*Aïda* reçut, dans le cours de sa vie, de flatteuses distinctions et de nombreux honneurs, tant de ses compatriotes que de plusieurs gouvernements étrangers. En Italie, il a fait partie, en 1859, de l'Assemblée nationale de Parme qui vota l'annexion à la Sardaigne. En 1861, il fut élu député au Parlement italien et devint Sénateur du royaume d'Italie le 2 novembre 1874. A Paris, dès le 10 décembre 1859, Verdi était élu correspondant de l'Académie des Beaux-Arts : à la mort de Meyerbeer, en 1864, il devint associé étranger de cette même branche de l'Institut en remplacement de l'auteur des *Huguenots* et de *Robert-le-Diable*. Nommé commandeur de la Légion d'honneur le 30 avril 1875, il fut promu grand officier en mars 1880. En Russie, Verdi avait été l'objet d'une distinction non moins flatteuse : le Czar l'avait nommé, en 1862, grand-croix de l'ordre de Stanislas, décoration qui n'avait encore été attribuée à aucun artiste.

XXXIV. — Félicien David.

Né le 8 mars 1810 à Cadenet, bourg du département de Vaucluse, Félicien DAVID devint orphelin à cinq ans et fut élevé par une de ses sœurs, beaucoup plus âgée que lui. On peut dire de David, comme de Mozart, d'Offenbach et de bien d'autres musiciens, qu'il posséda le sentiment musical en venant au monde et montra à cet égard une remarquable précocité. « Il sut la gamme beaucoup plus tôt que l'alphabet, » dit un de ses biographes. A cinq ans, il charmait tous les habitants de Cadenet par la façon dont il chantait les nombreuses romances que sa sœur lui avait enseignées. M. Garnier, premier hautbois de l'Opéra, de passage dans le département, émerveillé d'une intelligence musicale aussi vive, conseilla à la famille d'envoyer l'enfant étudier à la maîtrise d'Aix.

On suivit le conseil; et Félicien, à peine âgé de sept ans, fut admis comme élève à la maîtrise. Au bout d'un an, il exécutait des morceaux de violon très-difficiles et tenait sa place au premier pupitre. M. Marius Roux, son professeur, raconte M. E. de Mirecourt, « le surprit, un jour, griffonnant des notes sur du papier rayé.

« — Que fais-tu là? demanda-t-il.

» — Je compose un motet, répondit l'enfant.

» — Mais tu ne sais pas encore les règles de la composition ?

» — Je tâche de les deviner. C'est fini; voyez s'il y a des fautes.

» Le maître de chapelle prit un violon, joua tour à tour les diverses parties du motet; puis, regardant son élève et prenant un ton sévère :

» — Pourquoi mentir? lui dit-il. Tu as copié cela quelque part.

» — En vérité, non, je vous le jure, répondit Félicien.

» Le motet fut exécuté, le dimanche suivant, à la cathédrale, et l'enfant de chœur eut un triple triomphe. Il fallut, dans l'intérêt même de son avenir, modérer quelque peu son instinct musical; autrement il eût négligé tout le reste et n'eût rien appris de ce qui est indispensable à l'éducation la plus vulgaire. »

Lorsque la voix de Félicien se mit à muer, il ne fut plus possible de le garder à la maîtrise. Son professeur lui obtint une bourse dans un collége ecclésiastique des environs, où il alla faire ses études classiques. En réalité, il continua de s'adonner surtout à la musique et en sortit muni d'un très-mince bagage littéraire, « mais, en revanche, avec une imagination musicale déjà féconde. »

A dix-huit ans, que faire pour vivre dans une petite ville, lorsque l'on n'a de goût que pour la musique et que l'on est sans famille et sans ressources ?... Voilà le terrible problème que se posa Félicien David à sa sortie du collége. Il le résolut tout d'abord en acceptant une place de clerc d'avoué. Mais la procédure ne le charmait guère et, dès l'année suivante, il s'estima fort heureux d'obtenir la place de maître de chapelle de la cathédrale d'Aix, aux appointements de huit cents francs par an. David fit merveille. « Tous les dillettanti de la province accouraient l'entendre.

« — Il faut aller à Paris, lui disait-on. Vous deviendrez un grand artiste.

» — Hélas ! répondait Félicien, c'est mon plus vif désir. »

La pauvreté du maître de chapelle lui semblait un obstacle insurmontable à la réalisation de ce voyage et d'un séjour dans la capitale. Cependant un de ses oncles finit par se laisser gagner par l'enthousiasme général en faveur du pauvre artiste : il lui accorda une pension de cinquante francs par mois pour aller étudier à Paris.

David, dit M. E. de Mirecourt, « partit avec ces médiocres

ressources, comptant sur la protection du ciel et sur son courage beaucoup plus que sur les cinquante francs de son oncle. Il avait vingt ans, une santé robuste et le pressentiment de sa gloire future. On supporte avec cela bien des vicissitudes et bien des misères. Cherubini, directeur du Conservatoire, admira le talent du jeune homme. Il lui ouvrit toute grande la porte des classes. Félicien étudia l'harmonie sous M. Millot; mais, trouvant que la méthode adoptée par ce maître n'allait pas assez vite au gré de son ardeur, il économisa vingt francs par mois sur sa pension modique et prit des leçons de Réber. Il lui restait trente francs pour sa nourriture et son loyer. Pour comble de malheur, la conscription approchait. Un numéro fatal pouvait sortir de l'urne et fermer à Félicien l'entrée de sa carrière; mais la Providence, plus généreuse que son oncle, lui rendit le sort propice. Il tira le numéro 264. — Quelques leçons de piano lui furent demandées et lui constituèrent un petit revenu, au moyen duquel il put achever ses études au Conservatoire dans la classe de contre-point de M. Fétis et dans la classe d'orgue de M. Benoît. »

* * *

A la suite de la révolution de 1830, Félicien David embrassa avec ardeur les doctrines que préconisait à Ménilmontant le Père Enfantin. Il se fit Saint-Simonien (1) et composa les hymnes que chantaient ses coreligionnaires dans leurs

---

(1) *Saint-Simonien*, nom donné aux sectateurs de la doctrine de Saint-Simon, économiste et philosophe de la famille de l'auteur des *Mémoires*, né en 1760, mort en 1825. Les principaux disciples de Saint-Simon furent Auguste Comte, Olinde Rodrigue, Bazard, Enfantin, etc. Sa doctrine, dit M. Bachelet, « fondée sur cette croyance que la destinée de l'homme ici-bas est de produire par le travail, est nécessairement circonscrite à l'*utile* ; elle proclame l'*industrie* comme but de la société humaine ; les savants, les artistes, les producteurs de toute espèce forment la seule aristocratie légitime: tous les travailleurs doivent s'associer pour atteindre le but commun ; les *oisifs* sont proscrits. Les sectateurs de cette école, dite *industrialiste*, ont pris le nom de *Saint-Simoniens*. Après la mort du maître, ils s'exposèrent au ridicule en voulant passer de la théorie à la pratique, créèrent une nou-

réunions mystiques. Lors de la dissolution de l'association en 1833, il suivit ceux des Saint-Simoniens qui partirent pour l'Orient. Après avoir quelque peu séjourné à Lyon et à Avignon, les fugitifs s'embarquèrent à Marseille pour le Bosphore. Leurs vicissitudes ne faisaient que commencer.

En effet, expulsés de Constantinople par le sultan, ils furent par son ordre conduits à Smyrne dans une mauvaise barque délabrée qui, malgré une continuelle appréhension de naufrage, parvint cependant à destination au bout de sept jours. Après trois mois de séjour à Smyrne, Félicien, suivi de deux compagnons seulement, entreprit le voyage de Jérusalem. De là, il alla successivement séjourner à Alexandrie et au Caire, et enfin revint en France. Son absence avait duré près de trois ans.

Il avait profité de son séjour en Orient pour recueillir des airs populaires dont il sut plus tard tirer un excellent profit. Il en rapportait des *Mélodies Orientales* qui furent assez froidement accueillies au début. « Bercé par les symphonies de Beethoven, mais obéissant à l'inspiration mélodique et vocale des artistes méridionaux, il essaya d'opérer une fusion entre l'école allemande et l'école italienne, tout en conservant à sa musique le cachet d'originalité qui la distingue. On jeta les hauts cris... Seul contre tous, David accepta la lutte et ne perdit pas un seul instant courage. De 1835 à 1840, il composa une première symphonie en *fa*, une seconde en *mi* naturel, vingt-quatre *quintetti*, et deux *nonetti* pour instruments de cuivre, douze mélodies pour violon et piano, et plus de trente romances, parmi lesquelles on peut citer le *Chibouque*, l'*Égyptienne*, le *Bédouin*, le *Jour des Morts* et l'*Ange rebelle*..... Deux mois lui suffirent pour composer la symphonie en *mi bémol* et vingt nouvelles romances, dont les principales sont : les *Adieux à Charence* (petite ville des Basses-Alpes), le *Rhin*

velle hiérarchie sociale, proclamèrent l'égalité absolue de l'homme et de la femme, voulurent réformer le mariage, abolir toute espèce d'hérédité pour substituer entre les hommes une filiation conventionnelle, et créer un culte nouveau. En 1833, leur association fut dissoute par autorité judiciaire. »

allemand, l'*Oubli*, la *Rêverie*, la *Pensée*, l'*Océan* et les *Hirondelles*. Toutes ces productions, lancées au hasard pour entretenir une popularité naissante, donnaient assez de ressources au jeune artiste pour l'aider à compléter l'œuvre sur laquelle il espérait définitivement établir les bases de sa renommée. » (*E. de Mirecourt.*)

Cette œuvre était le *Désert*, œuvre musicale d'un genre tout à fait nouveau baptisée *ode-symphonie* par le jeune maître qui la créait. Le *Désert* eut un succès européen et est resté son chef-d'œuvre. M. E. de Mirecourt va nous faire assister à la naissance, pour ainsi dire, de cette partition grandiose.

« Un littérateur, dit-il, qui depuis ne s'est plus essayé dans aucun ouvrage lyrique, composa un livret scrupuleusement conforme aux indications de Félicien David. Il y avait huit ans bientôt que l'artiste était revenu de son voyage. Aucune de ses impressions ne s'était effacée. Les tableaux grandioses qui avaient frappé ses regards se représentaient fidèlement à son souvenir, et les brises orientales lui envoyaient leurs parfums à travers les espaces. Du mois de décembre 1843 au mois de mai 1844, il écrivit la partition du *Désert*. Pauvre et sans crédit, Félicien copia lui-même, à mesure, l'orchestration de son œuvre, ainsi que les parties de chant, c'est-à-dire plus de deux mille pages de musique..... Enfin le jour solennel de l'exécution arrive... Nous ne rappellerons pas ici le gigantesque effet de la musique de Félicien David sur son auditoire. Il faut lire les journaux de l'époque pour s'en faire une idée bien exacte. Le nom de l'artiste courut d'un bout de l'Europe à l'autre, comme porté sur un fil électrique. »

Félicien David était désormais célèbre et momentanément à l'abri du besoin. Il en profita pour voyager en Allemagne; visita Dresde, Leipzig, Berlin, où Meyerbeer lui fit un flatteur accueil et le présenta à la cour de Prusse. Il revint par Bade, Francfort, Munich, etc., recueillant partout, dans les concerts où il faisait entendre le *Désert*, d'unanimes et enthousiastes applaudissements.

Arrivé à la célébrité, David ne s'arrêta point sur le chemin de la gloire. Il donna deux ans plus tard *Moïse sur le Sinaï* qui, « comme magnificence, comme pompe et comme majesté, monte à des élévations prestigieuses. » Puis, il fit entendre successivement **Christophe Colomb** en 1847, l'*Eden* en 1848, la **Perle du Brésil** en 1851, *Herculanum* en 1859, *Lalla-Rouch* en 1862.

Après **Christophe Colomb**, en 1847, comme on venait de jouer cette ode-symphonie dans la salle de concerts des Tuileries, Louis-Philippe appela l'auteur dans sa loge et lui attacha sur la poitrine la croix de la Légion d'honneur.

Félicien David mourut en 1876 : il avait, en 1869, remplacé Berlioz à l'Institut. — On doit prochainement élever une statue à l'auteur du *Désert*.

XXXV. — Victor Massé.

« A voir l'enthousiasme que soulèvent certains drames lyriques sur des sujets mythologiques où les chanteurs ne chantent pas, où les sentiments humains sont bannis et remplacés par une harmonie tourmentée et une orchestration qui sans cesse veut être imitative, je me demande à quoi m'ont servi mes études et même si je suis encore musicien. Mes maîtres m'ont enseigné à aimer la mélodie, à la considérer comme le plus heureux effort du compositeur véritablement inspiré, quand elle s'allie à l'expression des paroles, qu'elle n'emprunte rien aux formules usées, en un mot, quand elle est individuelle. Or, je cherche dans ces *drames lyriques* cette fleur embaumée et enivrante, cette marque du génie, sans pouvoir la trouver.

» Est-ce donc que la nature des hommes a subitement changé, qu'ils n'aiment plus ce qu'ils ont aimé et qu'ils aiment ce qu'ils n'aimaient pas? Moi, j'aime toujours la mélodie et, dût-on m'accuser, à mon âge, d'être un vieux radoteur, je soutiens qu'il n'y a pas de musique sans mélodie. Oui, la musique s'éloigne de son essence, elle perd son véritable caractère d'expression, le charme qui lui est propre, et de *humaine* devient *inhumaine* avec l'excès de la polyphonie et l'altération incessante des accords. Je ne suis peut-être plus à la mode avec mes dissonances discrètes et mes chants que je me suis attaché à rendre le plus jolis possible, ce qui paraît à certaines gens le comble du ridicule et de l'inutilité : malgré tout, je ne changerai pas. Je suis musicien français, et tel je resterai. La clarté me paraît précieuse en toute chose, et l'art des sons s'accommode mal de la métaphysique. Je donnerais mille pages de savant contre-point pour un beau chant inspiré par l'imagination et le cœur. »

Ainsi s'exprimait peu de temps avant sa mort, dans une conversation avec M. Oscar Comettant, Victor MASSÉ, le doux mélodiste, le charmant compositeur des *Noces de Jeannette*, de *Galathée*, de *Paul et Virginie*, etc., à qui Lorient, sa ville natale, a élevé une statue le dimanche, 4 septembre 1887. Ce jour-là Lorient a dignement fêté son glorieux enfant.

La statue, œuvre d'Antonin Mercié, est en marbre. Victor Massé est représenté assis sur un rocher, le bras gauche tendu comme pour inviter au silence, la main droite appuyant un crayon sur un cahier de papier, la tête inclinée et comme cherchant à surprendre l'inspiration fugitive. Sur le piédestal en granit de Bretagne le sculpteur a groupé quelques allégories symbolisant les principales œuvres du maître : un oiseau qui chante, une gerbe de blé, un bas-relief antique brisé, une vague et un lotus rappellent au passant les *Noces de Jeannette*, les *Saisons*, *Galathée*, *Paul et Virginie*, *Cléopâtre*. C'est sur *la Bôve*, la plus belle promenade de Lorient, qu'a été élevé ce magnifique monument.

* * *

Né le 7 mars 1822, Félix-Marie-Victor Massé ne resta dans sa v'lle natale que jusqu'à l'âge de douze ans. Il vint à Paris et entra au Conservatoire en 1834. Elève de Zimmermann (1) pour le piano et d'Halévy pour la composition, il remporta rapidement les premiers prix de solfége, de piano, d'harmonie, de contre-point et de fugue. L'Institut lui décerna le grand prix de Rome en 1844. La cantate qui lui valut cette belle récompense est intitulée le *Rénégat de Tanger*.

Après deux ans de séjour en Italie et en Allemagne, Victor Massé revint à Paris. Il écrivit, dit M. Jean Desplas, quelques séries de mélodies sur des poésies de Desportes, Ronsard, Théophile de Viau, Malherbe, Hugo et Musset. Ces compositions réussirent auprès des artistes : et le nom de Massé était déjà connu quand, en 1852, le théâtre de l'Opéra-comique représenta la *Chanteuse voilée*. Ce début était plein de promesses qui se réalisèrent amplement. L'ouverture très-pimpante renferme un très-joli solo de cornet à piston. Un boléro, un duo fort bien venu, un gracieux *cantabile*, une romance d'un tour distingué et un grand air très-réussi déterminèrent le succès de cet ouvrage que l'on a longtemps joué un peu partout et que l'on joue encore.

L'année suivante Victor Massé donna au même théâtre les *Noces de Jeannette*, un petit chef-d'œuvre en un acte, rempli de fraîches mélodies et qui est devenu populaire. En 1854, *Galathée*, pièce en deux actes, remporta une victoire décisive. Il n'y eut qu'un avis sur cette nouvelle partition du jeune compositeur qui s'affirmait comme un mélodiste plein de délicates et fines inspirations, avec beaucoup de verve et un juste sentiment de la scène. Dans Galathée il y a quelque chose de plus encore, il y a de la poésie et de la couleur antique. Tout le

---

(1) *Zimmermann*, né à Paris en 1785 et mort en 1853, était élève de Boïeldieu. Il obtint à quinze ans le premier prix de piano au Conservatoire de Paris, et fut professeur dans cet établissement de 1816 à 1848, puis inspecteur des études musicales. Il a formé une brillante école de piano. On a de lui une *Encyclopédie du pianiste*, qui résume sa méthode, un opéra-comique intitulé l'*Enlèvement*, etc. (*Dexobry et Bachelet.*)

monde connaît les couplets de la *Paresse* chantés par Ganymède et le *brindisi* : « *Ah! verse encore!* » chanté par Galathée.

La *Fiancée du Diable*, en trois actes, représentée en 1855 au Théâtre-Lyrique, n'obtint qu'un médiocre succès. Le livret, d'une conception bizarre, fit tomber la partition.

Un acte, *Miss Fauvette*, succède à la *Fiancée du Diable*. Une romance d'un dessin mélodique distingué et très-ingénieusement harmonisée, de jolis couplets et un chant d'une grâce parfaite justifient l'accueil fait à ce petit ouvrage.

Les *Saisons*, opéra-comique en trois actes, livret de MM. Barbier et Carré, furent représentées en 1856 : c'est l'un des meilleurs ouvrages de Massé, peut-être le meilleur par la richesse des motifs, l'unité de style et le coloris de l'orchestration.

La *Reine Topaze*, trois actes de MM. Lockroy et Léon Battu, fut un éclatant succès. L'air de *l'abeille* avec ses trémolos imitatifs dans le haut de la chanterelle des violons, le boléro, le petit sextuor dont le thème initial est une rare inspiration, sont, avec l'ouverture, les pages les plus saillantes de cette partition pleine de sève, toute de chaleur, et l'une des plus riches du compositeur au point de vue de l'inspiration mélodique (1)...

* * *

Tous les succès que nous venons d'énumérer avaient apporté la gloire au compositeur. Mais, hélas! la gloire ne suffit point pour subvenir aux besoins du ménage. Victor Massé, marié et père de deux charmantes filles, en faisait chaque jour la douloureuse expérience. « Il fallait vivre, au milieu de ses luttes, et faire vivre sa famille, » disait avec

(1) Depuis cette époque, le compositeur a été moins heureux. Après la *Reine Topaze* vint le *Cousin de Marivaux*, un acte représenté à Bade ; la *Chaise à porteurs*, un acte, à l'Opéra-comique; la *Fée Carabosse*, trois actes (1859), au Théâtre-Lyrique ; la *Mule de Pedro*, deux actes au grand Opéra; *Fior d'Aliza*, quatre actes et sept tableaux (1866), à l'Opéra-comique ; le *Fils du brigadier*, (1867), trois actes, à l'Opéra-comique ; *Paul et Virginie*, trois actes, au Théâtre-Lyrique ; enfin, après la mort de l'auteur, *Une nuit de Cléopâtre*, trois actes, à l'Opéra-comique.

émotion M. Jules Simon le jour de l'inauguration de la statue de l'illustre musicien lorientais. « On croit que la gloire apporte avec elle tout le reste. Il n'en est rien. Quand elle ne vous enrichit pas, elle vous ruine sans miséricorde. Vous devenez la providence de tous ceux qui ont besoin d'un appui, et vous ne savez pas refuser, parce que, vous aussi, vous avez souffert. Victor Massé avait été obligé de donner des leçons au cachet, d'être professeur dans un pensionnat. Ce n'est pas un malheur d'enseigner son art, mais, pendant qu'on l'enseigne, on ne le pratique pas. Le maître, en rentrant le soir épuisé par ses leçons, se dit qu'il avait *quelque chose là!*... Il accepta la place de chef des chœurs à l'Opéra (1860) : — une place d'honneur, puisqu'elle a été occupée, avant et après lui, par de très-grands musiciens, — je ne cite que ceux qui sont morts : Hérold et Fromental Halévy, — mais un métier terrible, quand on y apporte la passion que Victor Massé mettait à l'accomplissement de tous ses devoirs. C'est lui qui présida, comme chef des chœurs de l'Opéra, aux études du *Tannhauser*. Il travaillait à la gloire des autres. Il en jouissait, parce qu'il avait l'âme généreuse. Et il en souffrait en même temps, par de cruels retours sur lui-même.

« L'Académie des Beaux-Arts lui donna une grande joie quand elle le choisit pour occuper le fauteuil d'Auber (1872). Il eut le droit de penser que le public tout entier, en y comprenant les musiciens, aurait voté pour lui. Ce grand artiste n'avait que des admirateurs ; cet excellent homme n'avait que des amis. Ce fut son dernier beau jour. Sa santé commença à s'altérer sous le poids d'un travail ingrat et d'inquiétudes croissantes. Pendant plus de six ans il resta cloué sur son lit, le corps paralysé et la tête saine. Il se faisait porter sur le théâtre aux répétitions de *Paul et Virginie*, et là, étendu sur une chaise longue, les jambes ensevelies sous des couvertures, dirigeait tout. A la première représentation on avait le cœur partagé entre l'émotion que ses chants faisaient naître et la pitié qu'on éprouvait pour lui-même.

» On savait que sa maladie était incurable. Il l'a su pendant six ans! En pensant à ses affaires délabrées, à l'avenir de sa femme et de ses deux filles, à son travail interrompu dans le plein développement de son génie, il avait l'âme plus torturée que le corps. Sa femme tomba malade à son tour. Il se passait alors dans cet intérieur si éprouvé des scènes dignes d'admiration, de respect et de pitié. La fille aînée, celle qui était mariée, écartait de lui tous les soucis matériels, en lui cachant, dans sa généreuse et délicate tendresse, les services qu'elle lui rendait : Son autre fille se partageait entre les deux lits, suffisant à tant de travail avec cette force étrange qui prend sa source dans un grand cœur.

» Pourquoi ne le dirais-je pas, au risque de leur déplaire, en ce jour glorieux? Ce n'est pas d'elles que je parle, c'est de lui qui s'était fait tant adorer. Il fut doux envers la mort, quoi qu'elle fût si lente à venir. Il se rattachait à la vie par ses deux grands amours : ses enfants et sa *Cléopâtre*.

» Quand il eut écrit sa dernière note, il regarda ses filles en souriant. — *A présent, tout est prêt*, dit-il; *on peut la jouer sans moi*. Il cachait sa douleur pour ne pas augmenter la douleur de ceux qu'il aimait. Toutes ces âmes d'élite passaient leur temps à se tromper mutuellement. Il est mort entouré de ses enfants, la main sur son manuscrit, qui ne le quittait jamais, et en se disant, dans un suprême élan de tendresse et de légitime orgueil : « *Elles jouiront de ma gloire!* » (5 juillet 1884.) Nous répondons à sa dernière pensée », ajoutait M. Jules Simon, « en les associant aujourd'hui au triomphe qu'avec le concours d'un grand sculpteur lui décerne sa ville natale. »

*　*　*

M. Jules Simon vient de dépeindre avec son talent habituel l'intérieur domestique de Victor Massé. Il fait connaître l'homme au cœur excellent et son affectueuse famille. Ce chapitre ne serait pas complet si nos lecteurs n'y trouvaient point aussi une appréciation autorisée de l'œuvre du maître. C'est à M. Léo Delibes — successeur de Victor Massé à l'Institut, — que nous allons emprunter celle-ci.

« Quelle variété d'invention, » proclamait-il le 4 septembre 1887, « quelle abondance mélodique! Certes, ce titre de mélodiste, nul mieux que Victor Massé ne l'a mérité. Combien en a-t-il prodigué de ces motifs caractéristiques qui captivent la populace tout en charmant les délicats? C'est ce don inné, c'est cette qualité géniale qu'il possédait à un haut point. Je retrouve comme un résumé des faces si variées de son talent quand je porte les yeux sur ce marbre inspiré, où un autre grand artiste français a fidèlement retracé les traits et jusqu'à l'allure du maître.

» Assis sur ce tertre, il semble écouter des bruits lointains : c'est le chœur de *Galathée* qui s'exhale pour lui d'un bas-relief antique; c'est le rossignol des *Noces de Jeannette* qui module sa chanson; ce sont les blés jaunissants qui lui parlent des *Saisons*; c'est le lotus de *Cléopâtre*; et enfin l'âme de *Virginie*, portée par une vague, qui vient mourir à ses pieds : le domaine de l'art s'enrichit de toutes les conquêtes de la pensée.

» Mais si nous devons en respecter les manifestations d'où qu'elles viennent, combien dans le fond de notre cœur devons-nous admirer davantage ceux des nôtres dont la gloire personnelle vient accroître encore la gloire artistique de notre pays! C'est pour cela que nous revendiquons Victor Massé. Il est à nous, bien à nous, et nous sommes fiers de le compter parmi les plus inspirés des compositeurs français.

» La ville de Lorient, que je remercie au nom du gouvernement et au nom de l'Académie des Beaux-Arts, honore en même temps son illustre enfant et l'art français : cet art, toujours triomphant, même à nos heures d'épreuves, et qui brille d'un pur éclat sur notre chère patrie. »

XXXVI. — Offenbach.

Jacques Offenbach naquit à Cologne le 21 juin 1819, suivant certains biographes, ou le 20 juillet 1822, selon d'autres. Dès sa plus tendre enfance, il montra une remarquable précocité musicale. Il apprit à jouer du piano pour ainsi dire en même temps qu'à parler. A cinq ans, il jouait du violon d'une façon fort agréable et, à six, il composait sa première romance. Il est vrai que les dispositions naturelles de l'enfant avaient été cultivées avec soin et intelligence par son père, maître de chapelle distingué. Celui-ci, raconte M. E. de Mirecourt, à qui nous empruntons le charmant récit qui suit, « se consacrait à l'éducation musicale de l'enfant avec une assiduité qui ne connut jamais la fatigue. M. Offenbach savait lui aplanir les obstacles du début, en faisant de chaque leçon une récompense plutôt qu'un devoir. Il l'abandonnait à ses élans et à ses inspirations, excepté toutefois pour l'étude de la basse, instrument qui s'appuie contre la poitrine, et qui, chez le jeune virtuose, pouvait gêner le développement physique.

» Or Jacques avait le goût du fruit défendu. Découvrant une basse abandonnée momentanément par son père, il la porta dans sa chambre, au fond d'une de ces vastes armoires germaniques où plusieurs régiments tiendraient caserne; puis guettant, le lendemain, la sortie de M. Offenbach, il alla tirer de sa cachette l'énorme machine harmonique, s'exerça le long du manche colossal, promena l'archet sur les boyaux-monstres, et finit par jouer seul, en moins de six semaines.

» Le maître de chapelle, ignorant ces exercices mystérieux, emmena Jacques, un soir, chez un de ses amis, où l'on devait exécuter un quatuor d'Haydn. Or le hasard voulut que le musicien chargé de la partie de la basse fît défaut, et l'on se disposait à remettre le concert à un autre jour, quand tout à coup l'enfant se prit à dire :

» — Je jouerai bien cela, moi, si papa le veut.

» — Allons, gamin, pas de ces plaisanteries!

» — C'est tout de bon, père, je te le jure.

» — Voyez-vous ce polisson-là qui demande à tenir la basse? dit M. Offenbach aux deux autres musiciens, en riant et en haussant les épaules.

» — Bah! laissez-le faire.

» — Mais il n'a jamais touché cet instrument de sa vie.

» — Ah! tu crois? Eh bien! tu vas voir!

» Jacques s'empare de l'archet, prélude, et joue cinq ou six mesures avec une fermeté remarquable. Le père ne veut en croire ni ses yeux ni ses oreilles. On achève le morceau sans que l'enfant bronche d'une note, et M. Offenbach le serre dans ses bras en disant :

» — Voyons, explique-toi! Qui donc a été ton maître?

» — Personne. J'ai pris au grenier ta vieille basse, et j'étudiais chaque fois que tu étais sorti.

» Cela semble merveilleux. La nouvelle court la ville entière. Jacques, à l'âge de dix ans, occupe pendant un mois les conversations de tout Cologne. »

**

A treize ans, Jacques Offenbach était considéré dans sa ville natale comme un virtuose de premier ordre. Malgré cette réputation légitimement acquise par l'adolescent, son père ne considérait point comme terminée son éducation musicale. Le judicieux maître de chapelle envoya en France le jeune virtuose, non sans l'avoir muni de plusieurs lettres de recommandation à l'adresse de Cherubini, alors directeur du Conservatoire de Paris. Il désirait que son fils suivît pendant quelques années les cours de cet établissement, afin de se perfectionner dans son art. Mais il avait compté sans le règlement de notre première école lyrique, règlement qui, à cette époque, ne permettait pas l'admission des élèves étrangers.

En arrivant à Paris, la première visite de Jacques Offenbach fut pour Cherubini, et son désappointement fut grand en apprenant qu'il était, de par le règlement, exclu de ces cours qu'il désirait ardemment suivre. Il était sur le point de prendre tristement congé de Cherubini, lorsque celui-ci, ayant remarqué que les lettres de recommandation du jeune musicien l'annonçaient comme de première force sur le violoncelle, manifesta le désir de l'entendre, et lui donna à jouer un morceau très-difficile. L'enfant le déchiffra séance tenante. Cherubini, enthousiasmé, l'applaudit et le félicita chaleureusement.

« — Parbleu! s'écria-t-il en l'embrassant, le règlement aura tort! Je cours chez le ministre, mon petit ami, et tu seras reçu, je t'en donne ma parole. »

Voilà comment une entorse fut, cette fois, donnée au règlement en faveur de Jacques Offenbach, qui passa deux ans au Conservatoire de 1833 à 1834.

Peu de temps après, il obtint au concours une place de violoncelliste à l'Opéra-comique. Son talent sur cet instrument était remarquable; mais le caractère du jeune artiste était loin d'être aussi sérieux que son savoir de virtuose. Son bonheur était de se livrer à ces plaisanteries que l'on nomme des *scies* ou des *charges* dans le monde des artistes. Chaque jour amenait quelque nouveau tour de sa façon. A l'orchestre de l'Opéra-comique, Offenbach était placé au même pupitre que Séligmann, violoncelliste de talent lui aussi et non moins farceur et jeune de caractère. Les deux camarades, nous dit M. E. de Mirecourt, « se rendirent coupables, plusieurs années durant, des charges les plus folles et mirent véritablement le chef d'orchestre aux abois. Une de leurs fantaisies les plus extravagantes était de ne jouer que chacun une note, à tour de rôle, dans la partie qu'ils exécutaient en commun. Jugez des contorsions et des grimaces qu'occasionnait ce jeu de soubresaut. Dans les mouvements vifs, ils ressemblaient à deux possédés sous l'exorcisme. Leur incontestable talent les sauvait toujours, quand on agitait la question de les mettre à la porte; on se bornait à les accabler d'amendes. »

Ces escapades de jeune homme n'empêchèrent cependant point Offenbach de chercher à se faire connaître comme compositeur. Il y parvint en brodant sur plusieurs fables de La Fontaine une musique facile et gaie qui courut bientôt les salons pendant plusieurs hivers consécutifs. *La Cigale et la Fourmi, Maître Corbeau, Le Savetier et le Financier, Perrette et le pot au lait, Le Rat de ville et le Rat des champs*, etc., furent les plus populaires de ces premières inspirations.

Ces petits morceaux de musique étaient rapidement devenus à la mode. Offenbach profita de cette vogue pour se faire connaître comme violoncelliste. Dans les concerts de cette époque, le virtuose remporta de nombreux et enthousiastes succès, dont il profita habilement pour faire entendre en même temps plusieurs de ses compositions musicales. Il habitua ainsi le public de Paris à une musique légère et bouffonne jusqu'alors inconnue en France.

Ces brillantes réunions musicales furent momentanément interrompues par la révolution de Février 1848. Pendant deux ans, Offenbach abandonna la France. Il parcourut l'Allemagne, donnant des concerts dans toutes les villes importantes. Il revint cependant à Paris, sa patrie d'adoption, et fut nommé chef d'orchestre du Théâtre-Français. Ce ne fut que cinq ans plus tard qu'il put faire entendre sa première œuvre dramatique.

En effet, les partitions du musicien novateur étaient refusées par les directeurs de presque toutes nos scènes lyriques. Pour faire représenter ses œuvres, Offenbach dut créer un théâtre spécial. En juin 1855, il réussit à obtenir le privilège d'une nouvelle salle de spectacle qu'il nomma les *Bouffes Parisiens*, et qu'il installa provisoirement pour l'été au milieu des Champs-Elysées. L'hiver suivant, il transporta sa troupe dans l'ancienne salle Comte, au passage Choiseul. C'est là qu'est encore aujourd'hui le théâtre qu'il a baptisé et dont il demeura directeur pendant sept années entières. Ce fut également là qu'il fit représenter, de 1855 à 1862, un nombre considérable de pièces — assez courtes pour la plupart, — qui, sous le nom de *bouffonneries musicales*, établirent solidement sa réputation de compositeur. Si la distinction y fait généralement défaut, en revanche elles sont toutes remplies d'une verve intarissable et parfois échevelée qui a assuré leur continuel succès. Citons entre autres : *Les deux Aveugles, Ba-ta-clan, Tromb-Alcazar, La Rose de Saint-Flour, Le Financier et le Savetier, Crock-Fer, Orphée aux Enfers*, (qui eut plus de trois cents représentations et dont le succès dure encore), *La Chanson de Fortunio, la Demoiselle en loterie*, etc.

Arrivé à la réputation, Offenbach ne s'astreignit plus à faire représenter ses œuvres sur un seul théâtre. Il donna un ballet, le *Papillon*, à l'Opéra, et *Barcouf* à l'Opéra-comique; puis, un peu plus tard, à cette même scène, *Robinson Crusoé* (1867), *Vert-Vert* (1869), etc. Mais ces diverses partitions furent moins favorablement accueillies par le public. Le maëstro n'obtint de réels succès qu'aux Bouffes, aux Variétés, aux Folies-Dramatiques et sur divers théâtres de genre. Là, ses triomphes ne se ralentirent pas un seul instant. *La Belle-Hélène* (1864-65), la *Grande-Duchesse* (1867), la *Périchole* (1868), les *Brigands* (1869), firent la fortune du théâtre des Variétés. Puis, sur les autres scènes, l'heureux et habile compositeur ne cessa de recueillir d'enthousiastes applaudissements avec : l'*Ile de Tulipatan* (1868), le *Roi Carotte* (1870), les *Braconniers* et la *Jolie Parfumeuse* (1873), *Madame l'Archiduc* (1874), la *Fille du Tambour-Major* (1879), etc. Nous n'indiquons bien entendu que les partitions du fécond compositeur qui ont eu et ont encore le plus de vogue.

Au mois de septembre 1873, Offenbach prit la direction du théâtre de la Gaîté, où il fit principalement représenter quelques-unes de ses propres œuvres agrandies pour le cadre où il les replaçait (*Orphée aux Enfers, Geneviève de Brabant*, etc.). Il se retira au mois de juillet 1875, et fit, l'année suivante, en Amérique, une excursion dont la relation a été publiée en 1877 sous le titre de : *Notes d'un musicien en voyage*.

Offenbach était chevalier de la Légion d'honneur depuis le 13 août 1861. Il est mort en 1884

* * *

« Une originalité dont rien n'approche, un entrain merveilleux, une gaité persévérante et une verve à jet continu, voilà sans contredit le caractère du talent musical d'Offenbach. Chez lui l'inspiration folâtre n'exclut pas la sensibilité... »
Ajoutons, comme dernier trait, que le musicien railleur, qui semblait ne pouvoir s'attacher à rien de sérieux dans son art, connaissait et appréciait infiniment toutes les œuvres des maîtres les plus sérieux. C'est M. Maxime Rude qui, dans les *Confidences d'un journaliste*, nous fait connaître cette curieuse particularité. « Savez-vous, dit-il, où j'étais sûr de trouver certains soirs le maëstro Cascadeur des opérettes bouffes?... Dans un salon du Casino (à Nice) où l'on faisait de la musique de chambre et où l'on jouait du Haydn régulièrement. La canne entre ses longues jambes, qui semblent faites pour chevaucher sur un violoncelle, il écoutait avec une religieuse gravité. Et pourtant comme on sentait qu'il connaissait tout cela par cœur le malin Offenbach qui est nourri, ne vous y trompez pas, de la musique des vieux maîtres et des plus sérieux, et en a plus d'une fois fait son profit!... Seulement ce prestidigitateur en son genre arriverait à faire danser un cancan aussi échevelé que celui d'*Orphée aux Enfers* en remaniant la *Marche funèbre* de Beethoven. »

XXXVII. — Richard Wagner.

Richard WAGNER, le grand compositeur allemand contemporain, qui fut de son vivant proclamé le plus grand des compositeurs par plusieurs de ses compatriotes devenus admirateurs fanatiques de son génie, est né à Leipzig le 22 mai 1813. Il fit ses études académiques à Dresde et à l'université de sa ville natale, tout en laissant paraître de bonne heure son goût et ses dispositions extraordinaires pour l'art auquel il se consacra tout entier. Il a lui-même raconté comment se décida sa vocation musicale.

« Malgré une éducation scientifique sérieuse, » écrivait-il en 1860, « j'avais, dès ma première jeunesse, vécu en relations étroites avec le théâtre... Cette partie de ma vie tombe dans les dernières années de Charles-Marie de Weber : il dirigeait alors, en personne, dans la ville que j'habitais, à Dresde, l'exécution de ses opéras. Je reçus de ce maître mes premières impressions musicales. Ses mélodies me remplissaient d'enthousiasme; son caractère et sa nature exerçaient sur moi une véritable fascination. Sa mort, dans un pays éloigné, remplit de désolation mon cœur d'enfant. La mort de Beethoven suivit de près celle de Weber : ce fut la première fois que j'entendis parler de lui, et c'est alors que je fis connaissance avec sa musique, attiré, si je puis dire, par la nouvelle de sa mort.

» Ces impressions sérieuses développaient en moi une inclination de plus en plus énergique pour la musique. Ce ne fut que plus tard, cependant, lorsque mes études m'avaient introduit dans l'antiquité classique, que j'en vins à étudier la musique plus à fond... »

Wagner avait composé une tragédie, et il voulait écrire,

pour cette tragédie, un accompagnement musical; ce fut son premier ouvrage.

On dit que Rossini, ajoute Wagner, « demanda un jour à son professeur si, pour écrire des opéras, il lui était nécessaire d'apprendre le contre-point : et le professeur, qui ne songeait qu'à l'opéra italien moderne, lui ayant répondu que non, l'écolier s'abstint. Eh bien! mon professeur, après m'avoir enseigné les procédés les plus difficiles du contre-point, me dit : — *Il est probable que vous n'aurez jamais à écrire une fugue, mais sachez l'écrire, et vous serez indépendant dans votre art.* »

* * *

Une place de maître de chapelle à Magdebourg fut, en 1836, le début de Wagner dans la carrière artistique. Puis, pendant quatre ans, il séjourna dans diverses villes, à Kœnigsberg, à Dresde, à Riga (où il fut aussi maître de chapelle), s'attachant aux orchestres de théâtre et poursuivant ses études de composition. En 1841, après avoir fait un court séjour à Londres, Richard Wagner était à Paris. Là, au milieu d'embarras et de privations, il acheva son premier opéra, *Rienzi*, qu'il avait commencé à Riga. Ce fut également à Paris qu'il écrivit le *Vaisseau fantôme*. *Rienzi*, représenté à Dresde en 1843, lui valut la place de maître de chapelle dans cette ville. Deux ans plus tard, en 1845, parut son œuvre la plus remarquable, le *Tanhaeuser* ou le *Tournoi poétique de Wartbourg*, opéra, dit M. G. Vapereau, « qui fut exécuté sur la plupart des scènes de l'Allemagne et qui est resté comme l'expression la plus complète de la révolution musicale tentée par le maëstro allemand. Il lui donna pour pendant l'opéra de Lohengrin, qu'il écrivit et fit représenter en Suisse, en 1852. Il avait été obligé de se réfugier dans ce pays, à la suite des événements qui éclatèrent à Dresde, au mois de mai 1849 et auxquels il avait été activement mêlé. Accueilli avec empressement à Zurich, il y prit la double direction du cercle musical et de l'orchestre du théâtre. Il écrivit dans cette ville deux nouveaux opéras : *Tristan et Yseult* et *les Niebelungen* (1855).

« La musique de Richard Wagner, *musique de l'avenir* (ainsi que l'ont imprudemment appelée ses partisans), était depuis longtemps présentée par lui-même et par tous les critiques allemands comme essentiellement révolutionnaire, que la France restait assez étrangère aux grands débats de l'esthétique allemande sur la prétendue nouvelle ère ouverte à l'art musical. Ce ne fut guère qu'à la suite de l'entrevue des deux empereurs à Stuttgart, où *Tanhaeuser* fut joué devant deux empereurs (1857), que les journalistes français, historiographes du voyage impérial, entretinrent le public, avec quelque détail, de la nouvelle réformation musicale. Dès lors, certains fragments de Wagner circulèrent dans les concerts de Paris. Dans l'hiver de 1860, l'artiste vint faire exécuter lui-même, à notre Théâtre-Italien, plusieurs parties de son œuvre; et à la fin de l'année il obtint que son *Tanhaeuser* fut mis en répétition à l'Opéra. A cette occasion il publia, à Paris même, un recueil de ses quatre principaux librettos, avec une *Lettre sur la musique* pour leur servir d'instruction (1860). Cette œuvre fameuse fut enfin représentée très-solennellement chez nous le 18 mars 1861, mais elle n'y eut aucun succès et fut retirée de l'Opéra après trois représentations très-orageuses. Depuis, la musique de Richard Wagner n'a cessé d'avoir des sectateurs passionnés en Allemagne, et, en France, quelques timides défenseurs. Un partisan plus zélé, M. Pasdeloup, essaya de la faire accepter : les morceaux qu'il fit exécuter dans ses concerts populaires y excitèrent des orages, et l'opéra de *Rienzi*, qu'il monta au Théâtre-Lyrique, acheva de ruiner son administration.

» En Allemagne, les anciens opéras de Wagner ont été plusieurs fois repris; en 1864, on joua avec éclat son *Rienzi* à Cologne et son *Vaisseau-fantôme* à Munich. A la suite de cette dernière représentation, le jeune roi de Bavière attacha le compositeur à sa cour, lui fit une pension de quatre mille florins et mit le théâtre de sa capitale à sa discrétion. Richard Wagner fut nommé, en 1869, membre étranger de l'Académie des Beaux-Arts de Berlin. Il épousa vers cette époque Mme Hans de Bulow, fille de l'abbé Liszt, séparée de son mari par divorce. Le célèbre abbé était un des fervents admirateurs de la musique wagnérienne. »

Deux nouveaux opéras de Wagner, les *Maîtres chanteurs* et le *Rheingold* (or du Rhin), furent représentés en Allemagne en 1868 et 1869. Le second souleva à Munich même de vives contestations. Puis, l'auteur du *Tanhaeuser*, de plus en plus gonflé de vanité et d'orgueil par les adulations de ses partisans, eut l'idée de faire construire un théâtre consacré à la représentation exclusive de ses œuvres. Dans ce but, il fit, en 1872, appel à une société d'actionnaires et le théâtre en question fut construit à Bayreuth. Il fut inauguré en avril 1876 par une « tétralogie » intitulée l'*Anneau des Niebelungen* et comprenant quatre suites : le *Rheingold*, la *Walkyrie*, *Siegfried* et le *Crépuscule des dieux*. Malgré tout le renfort de la réclame nationale, dit M. G. Vapereau, « le succès fut très-douteux. La même année, M. Pasdeloup essaya de faire entendre aux Concerts populaires une *Marche funèbre* tirée du dernier de ces quatre opéras; il dut céder, pour le moment, devant les dispositions hostiles du public. Wagner, qui n'avait jamais été populaire parmi nous, venait d'insulter grossièrement la France, en publiant une prétendue « Comédie à la manière antique, » intitulée : *Une capitulation*, et où l'ancien hôte de notre capitale tournait en ridicule les souffrances des Parisiens assiégés. » La traduction de cette œuvre peu généreuse avait tout récemment été publiée, en novembre 1876, par l'un des journaux de Paris. La répulsion du public français pour un homme qui, quelque soit son génie, montrait de la sorte aussi peu de tact que de générosité et de cœur, s'explique donc aisément.

Pour compléter le cycle de ses opéras héroïques du moyen âge allemand qu'il avait entrepris d'écrire pour son théâtre de Bayreuth, Wagner a publié le texte de *Parcival*, un nouveau drame lyrique dont il avait préparé la partition : celle-ci est demeurée inachevée par suite de la mort du maëstro au mois de février 1883.

.*.

Poète et critique, Richard Wagner écrivait lui-même les librettos de ses opéras et en même temps exposait et défendait parfois ses théories personnelles dans des écrits « où se mêlent l'art, la métaphysique et la politique. »

Il mourut à Venise, pendant un séjour qu'il faisait dans cette ville, après avoir assisté, on peut le dire, à sa propre apothéose. Certes, Wagner fut un grand compositeur et il laisse des œuvres remarquables. Mais, si son talent était immense, sa vanité l'était malheureusement aussi. Du reste, ainsi qu'on l'a dit fort justement au moment de sa mort, cette vanité chez lui « était encouragée par les étranges adulations des Allemands qui le traitaient comme un dieu. Sans doute cet homme fut un *Titan musical*, suivant l'expression de M. Léon Kerst : mais nous ne saurions oublier pour notre part, nous Français, la haine bête que Wagner avait vouée à la France, et nous devons dire que ce musicien surprenant fut un personnage que la colère aveugla au point de lui faire écrire de grossières inepties. »

Longtemps avant sa mort, Wagner avait fait construire son tombeau — consistant en une grande dalle de marbre gris — au milieu d'un petit bois touffu qu'il affectionnait dans sa demeure de Wahnfried, mot qui veut dire *illusion de la paix*. C'est là qu'ont été transportés ses restes mortels.

Wagner a eu des admirateurs si passionnés qu'ils ont parfois singulièrement dépassé la mesure, écrivait en 1883 un chroniqueur français à qui nous empruntons l'anecdote suivante :

Il paraît qu'un de ses fanatiques avait fait et publié un petit calendrier — éphéméride, imprimé à Leipzig, qui était intitulé : *Calendrier Wagner*.

Les trois cent soixante-cinq feuilles correspondant aux

jours de l'année rappelaient, au-dessous de la date, un anniversaire de la vie de Wagner. Il y en avait d'étranges; car enfin — fût-on Wagner — il y a des semaines où l'on n'a pas étonné le monde. Mais l'éditeur ne s'était pas arrêté à cette difficulté : de la part de Wagner, il n'y avait pas d'actes indifférents, — et il avait enregistré gravement les jours où le maître avait acheté une ramette de papier à musique ou avait eu la migraine !

XXXVIII. — Les Virtuoses.

Depuis l'époque où PHRYNIS, ce poète et musicien grec qui vivait environ 450 ans avant notre ère, ajouta deux cordes à la Cithare, jusqu'à nos jours, les musiciens ont été tellement nombreux que, seulement pour esquisser la vie de ceux qui ont acquis quelque célébrité, plusieurs volumes comme celui-ci ne suffiraient pas. Nous avons donc été contraint de faire un choix parmi les plus célèbres ou ceux qui ont le plus travaillé pour la scène française. Mais, à côté de ces artistes ayant écrit des œuvres de génie qui leur assurent l'immortalité, il a existé bien d'autres musiciens — simples virtuoses ou virtuoses et compositeurs en même temps, — dont il serait injuste de ne point parler aussi. Plusieurs d'entr'eux se sont, durant leur vie, fait un nom illustre, et il est équitable de leur consacrer quelques lignes.

Toutefois, les virtuoses forment une légion presque aussi nombreuse que celle des compositeurs; et nous approchons de la fin du présent volume. Nous ne pourrons donc parler très-succinctement que de quelques-uns; en nous étendant pourtant un peu plus sur des personnalités telles que Paganini, Thalberg, Liszt, etc. Et encore ne nous occuperons-nous que des organistes, des pianistes et des violonistes, c'est-à-dire des virtuoses ayant excellé dans le jeu des instruments les plus expressifs ou les plus usités.

Mentionnons cependant :

Le flûtiste Jean-Joachim Quantz, né à Oberschaden, dans le Hanovre, en 1697, mort à Postdam auprès de Berlin en 1773, qui perfectionna la flûte en y ajoutant une deuxième clef, et l'améliora par l'invention de la pompe d'allonge pour la pièce supérieure. Quantz, dont presque toutes les compositions sont demeurées manuscrites, fut attaché aux Cours de Dresde et de Berlin, et donna des leçons au roi de Prusse Frédéric-le-Grand.

Le clarinettiste Joseph Beer, né à Grünwald, en Bohême, en 1744, mort à Berlin en 1811, qui ajouta la cinquième clef à la clarinette et qui était parvenu au plus haut degré de talent sur cet instrument ;

Le violoncelliste Nicolas-Joseph Platel, né à Versailles en 1777, mort en 1835, qui fonda au Conservatoire de musique de Bruxelles l'excellente école de basse d'où sont sortis Servais, Batta, Demunck et plusieurs autres brillants élèves ;

Enfin les harpistes Martin-Pierre d'Alvimare et François-Théodore Labarre.

D'Alvimare qui, à quelques années d'intervalle, enseigna la harpe à Marie-Antoinette et à la reine Hortense, eut une existence des plus mouvementées. Né à Dreux en 1772, il entra fort jeune dans les gardes du Corps et prit part à la défense des Tuileries au 10 août 1792, ce qui l'obligea à se cacher pendant la Terreur. Puis, il fit partie de l'orchestre de l'Opéra et de la musique du Premier-Consul. Auteur de nombreuses romances, qui furent très-populaires, on lui attribua une large part dans les compositions que publia la reine Hortense, son élève. Il mourut en 1839.

Quant à Labarre, né à Paris en 1805, il montra de bonne heure de telles dispositions pour la musique que sa famille dut le laisser entrer au Conservatoire, où il étudia la composition sous Dourlen, Eler, Fétis et Boïeldieu. Il avait déjà reçu des leçons de harpe de Cousineau et de Bochsa, artiste d'un mérite hors ligne. Aussi, en 1820, Labarre était-il le premier harpiste de Paris. A dix-neuf ans, en 1823, il remporta au Conservatoire le second grand prix de composition avec la cantate *Pyrame et Thisbé*. « La harpe eut entre ses mains une variété d'effets et une énergie qu'on ne lui connaissait point auparavant. »

Après ses succès parisiens, qui furent éclatants, dit M. Amédée Méreaux, « Labarre voulut en aller chercher d'autres en Angleterre. De tout temps, l'Angleterre fut la terre classique de la harpe. Cet instrument est populaire dans le pays de Galles, et les bardes Gallois existent encore aujourd'hui. De plus, pendant la Révolution, un émigré français, le chevalier de Marin, avait tiré parti à Londres de son magnifique talent sur la harpe. C'était un virtuose et un compositeur d'élite, et bien qu'il ne fût qu'amateur, il n'y avait guère d'artiste qui pût lui être comparé. Se présenter aux dilettantes anglais pour lesquels rien n'était égal à la renommée qu'avait laissée le chevalier de Marin, et qui, depuis, avaient dans leur pays un autre Français, ce même Bochsa, dont Labarre avait été l'élève, c'était hardi, sans doute, mais Labarre n'avait rien à craindre des souvenirs du chevalier de Marin. Il avait entendu ce prodigieux harpiste et se l'était proposé pour modèle, s'appropriant ce que son jeu et ses compositions avaient de remarquable; car c'est en effet à de fréquentes auditions de M. Marin que Labarre dut le cachet grandiose de son talent. Lui-même disait souvent que son véritable maître était le chevalier Marin... Le succès de Labarre fut prodigieux dès la première année; tous les ans il venait donner des concerts à Londres et dans les principales villes d'Angleterre. L'Irlande et l'Ecosse furent témoins de ses triomphes. Il fit plusieurs visites à tous ces pays, en société de Bériot, avec lequel il a composé beaucoup de duos concertants...

« Labarre a écrit plus de cent œuvres pour la harpe, seule ou avec violon, cor ou piano. Il laisse une *Méthode* pour cet instrument, et c'est, sans contredit, la meilleure, la mieux raisonnée et la plus complète. Elève de Fétis et savant harmoniste lui-même, il a, dans cet enseignement scientifique, formé d'excellents élèves. »

Labarre passa une grande partie de sa vie en Angleterre. Il fut chef d'orchestre de l'Opéra-comique de Paris, de 1847 à 1849. Ce furent des romances (*Le Contrebandier, La Jeune fille aux yeux noirs, La Pauvre Négresse, La Tartane*, etc.), qui commencèrent sa réputation comme compositeur de musique vocale. Ses opéras, écrits sur de médiocres livrets, eurent moins de succès (*Les Deux Familles, L'Aspirant de marine, Le Ménétrier*). Ses ballets réussirent mieux (*La Révolte au Sérail, Les Boucaniers, La Fonti*). Labarre est mort en 1870.

* * *

Nous avons déjà incidemment parlé dans le cours de cet ouvrage des plus grands organistes des deux derniers siècles (FROHBERGER, BUXTEHUDE, MARCHAND, DAQUIN, HUMMEL, etc.). Sans vouloir remonter jusqu'à BERNARD-LE-TEUTONIQUE, l'habile organiste de l'église Saint-Marc de Venise, au xve siècle, qui inventa (1), dit-on, les pédales de l'orgue, nous citerons encore :

Jérôme FRESCOBALDI, né à Florence vers 1588, attaché à l'église de Saint-Pierre du Vatican, dont les compositions attestent une profonde connaissance de l'harmonie et une féconde imagination.

Henri DUMONT, né à Liége en 1610, mort à Paris en 1684, qui fut maître de la musique de Louis XIV et qui a laissé cinq *Messes royales* en plain-chant, dont une est toujours chantée dans les églises.

François COUPERIN, surnommé le GRAND, à cause de sa supériorité sur tous les organistes français, qui naquit à Paris en 1668 et mourut en 1733. Il obtint l'orgue de Saint-Gervais

---

(1) On cite cependant un Brabançon, Louis VANVALBEKE, qui, au xive siècle aurait imaginé de jouer d'un instrument avec les pieds.

à Paris, en 1696, et celui de la chapelle du roi en 1701. Les pièces de clavecin de Couperin, dit un de ses biographes, tiennent du prodige au milieu du mauvais goût et de l'ignorance de l'époque.

Félix SALIMBENI, né à Milan vers 1712 et mort à Laybach en 1751, élève de Porpora, et aussi célèbre comme chanteur que comme organiste : il fut un des chanteurs les plus parfaits de l'Italie.

Enfin le chevalier Sigismond NEUKOMM, né en 1778, à Saltzbourg, en Autriche, « le dernier élève de la grande école d'Haydn, dont il fut le disciple fidèle, le fervent apôtre et l'incontestable propagateur. » Dès l'âge de six ans, Neukomm avait montré de grandes dispositions pour la musique : sans vouloir les contrarier, puisqu'il lui fit donner les premières leçons par l'organiste Weissauer, son père, professeur à l'école normale de Saltzbourg, ne lui permit de se livrer entièrement aux études musicales qu'après avoir terminé ses études classiques. Toutefois le jeune homme mena assez bien les deux de front, puisque, à 15 ans, il fut nommé organiste de l'Université et commença à travailler l'harmonie et le contre-point avec Michel Haydn. L'année suivante, il fut appelé aux fonctions de répétiteur adjoint de l'Opéra de Saltzbourg.

Sigismond quitta sa ville natale en 1798. Il avait vingt ans et venait de terminer ses cours de philosophie et de mathématiques. Libre alors de suivre entièrement sa vocation, il se rendit à Vienne auprès de Joseph Haydn — le grand Haydn, — qui l'accueillit comme élève et bientôt le traita comme son fils. Sigismond étudia pendant huit ans sous la direction de cet illustre maître.

A partir de l'époque où il eut terminé ses études musicales avec Joseph Haydn jusqu'en 1840, Neukomm mena une existence fort nomade. Après avoir été directeur de la musique de l'Opéra allemand de Saint-Pétersbourg, il devint pianiste de la maison du prince de Talleyrand, puis, pendant les Cent-Jours, accompagna à Rio-Janeiro le duc de Luxembourg, notre ambassadeur extraordinaire au Brésil.

A son retour d'Amérique, Neukomm vécut tour à tour en France, en Italie, en Belgique, en Hollande, en Angleterre, en Ecosse, en Afrique, etc., remportant partout de nombreux et légitimes succès. Il revint habiter Paris en 1840 et y demeura presque constamment jusqu'à sa mort, en 1858.

Neukomm est considéré comme un des meilleurs organistes de la première moitié du xix° siècle. A peu près à l'époque où il revint définitivement habiter Paris, raconte M. Amédée Méreaux qui a beaucoup connu l'illustre organiste, « le chevalier Neukomm sentit ses yeux s'affaiblir graduellement, et il fut presque réduit à une cécité complète. A force de soins et grâce à une opération miraculeusement réussie, il recouvra l'usage d'un œil, mais ne voulut pas faire sur l'autre la même tentative.

» — Un seul œil me suffit à mon âge, disait-il, puisqu'il me permet encore de travailler dix heures par jour.

» Voilà la vie de travail qu'avait toujours menée le chevalier Neukomm : aussi, d'après le catalogue thématique des ouvrages qu'il avait écrits depuis l'âge de vingt-cinq ans, catalogue exact qu'il envoya en 1837 à M. Fétis, le nombre de ses œuvres vocales, messes, oratorios, chœurs, psaumes, cantates, etc., se monte au chiffre de 524, et ses œuvres instrumentales au chiffre de 219, ce qui forme un ensemble de 743 ouvrages. Mais, depuis 1837, que d'ouvrages encore n'a-t-il pas écrits dans tous les genres, sans compter les nombreuses transcriptions qu'il a faites, telles que les trios de Mozart, le septuor d'Hummel, la quintette de Beethoven, etc., pour piano et orgue expressif.

» Non seulement la carrière du chevalier Sigismond Neukomm a eu tout le caractère d'une mission artistique religieusement accomplie, mais encore elle offre le plus bel exemple d'une vie entièrement consacrée au travail, à l'amour de l'art et à la culture de l'intelligence. Nous ne pouvons pas enregistrer ici la liste de ses nombreux ouvrages, dont une grande partie a été publiée en France, en Allemagne et en Angleterre, et dont une notable quantité est restée en manuscrit. Nous citerons seulement comme appartenant à l'école française, puisqu'elle a été composée sur les vers harmonieux de notre grand poète Lamartine, l'*Hymne à la nuit*, œuvre de la plus haute importance, et qui est aussi conçue dans des conditions d'effet et de succès général. Si nous avons réservé une mention particulière à l'*Hymne à la nuit*, c'est que cette belle union de la poésie française et de la musique allemande nous rattache par un lien de plus au souvenir de Sigismond Neukomm, qui, comme tant d'autres artistes étrangers, s'est fait Français pour nous léguer son chef-d'œuvre. »

* * *

Chaque instrument de musique a eu ses virtuoses. Mais nul n'en a eu autant d'illustres ou de célèbres que le piano. Ladislas Dusseck, qui, le premier, introduisit avec avantage cet instrument dans les concerts, nous semble, pour ce motif, devoir être cité en tête des pianistes. Né en 1761 à Czaslau, en Bohême, Ladislas jouait du piano à cinq ans et accompagnait sur l'orgue à neuf ans. Il composa une messe dès l'âge de treize ans. Après avoir reçu quelques conseils d'Emmanuel Bach, il fut attaché pendant plusieurs années au Stathouder de Hollande. Puis, il vint à Paris où il donna des leçons à la reine Marie-Antoinette et où il eut pour protecteur le prince de Talleyrand. Son style, dit M. Th. Bachelet, « était large et sage, son jeu net et brillant, ses mélodies heureuses et soutenues par une riche harmonie. On a de lui soixante-dix sonates, fantaisies, concertos, duos et symphonies, un oratorio de la *Résurrection* et une bonne *Méthode de piano*. » Dusseck mourut à Saint-Germain en 1812.

Beaucoup de pianistes furent en même temps organistes, entre autres Clementi, le premier maître de piano de Meyerbeer dont nous avons déjà entretenu nos lecteurs dans le chapitre consacré à l'auteur de l'*Africaine*. Nous nous bornerons seulement, puisque son nom revient sous notre plume, à signaler ici sa remarquable précocité musicale. Clementi solfiait dès l'âge de six ans, et, à neuf ans, il subit l'épreuve d'un concours pour une place d'organiste et l'emporta sur ses concurrents. Rappelons également qu'il eut pour élèves Cramer, Field et Kalkbrenner.

John Field, né à Dublin en 1782 et mort en 1837, accompagna Clementi dans ses voyages sur le continent et excita partout un enthousiasme général. Puis, John Field séjourna en Russie pendant près de trente ans. Son jeu se distinguait par la grâce, l'élégance, la netteté, le fini.

Jean-Baptiste Cramer, né à Manheim en 1771 et mort en 1856, « se distingua par l'élégante simplicité, la merveilleuse souplesse et la pureté de son jeu. Il est le créateur d'une grande école de piano, et son style a servi de modèle à de nombreux pianistes, Kalkbrenner, Moschelès, Bertini, Chopin, etc... On a de lui des sonates, des rondos, des concertos et quatre-vingt-quatre *Etudes* qui sont des chefs-d'œuvre. »

Frédéric Kalkbrenner était fils du compositeur de musique Christian Kalkbrenner (né à Munden (Hanovre) en 1755 et mort en 1806), qui, après avoir été attaché à la reine de Prusse, avait, en 1799, obtenu la place de chef de chant à l'Opéra de Paris, où il avait fait représenter quelques opéras, la *Veuve du Malabar*, *Saül*, etc... — Frédéric, né à Berlin en 1784, eut pour maîtres Catel, Haydn et Clementi. « Il se livra à l'enseignement en Angleterre et en France : Son école est le dernier développement de celle de Clementi. Il interdit tout effort musculaire des bras, et se renferme dans l'action libre et indépendante des doigts. Mme Pleyel est son élève. Kalkbrenner a publié cent quatre-vingt-sept ouvrages pour le piano. » Sa *Méthode de piano* et son *Traité de composition pour les pianistes* sont fort estimés. Il a été enlevé par le choléra à Paris en 1849. Stamaty est un de ses élèves.

Ni la naissance de Marie-Camille STAMATY, « un des apôtres du professorat », dit M. Amédée Méreaux, « ni son éducation première ne pouvaient faire pressentir qu'il serait appelé à jouer un grand rôle dans la profession de la musique. Ses parents n'étaient pas artistes et n'avaient même aucune intention de destiner leur fils à la carrière des arts. Son père était Consul de France à Civita-Vecchia, et c'est en 1811, à Rome, que Stamaty a vu le jour. Sa mère était musicienne-amateur ; elle chantait fort bien les nobles et graves mélodies de Mozart, de Marcello et des maîtres classiques. Cette première impression d'enfance a dû avoir quelque influence sur l'organisation, et plus tard sur la vocation de son fils. Toutefois, Stamaty perdit son père en 1818 : Sa mère, rentrée en France et retirée à Dijon, lui fit commencer dans cette ville son éducation littéraire, sans qu'il fut nullement question d'instruction musicale. On le destinait à la carrière des consulats, ce qui, du reste, n'était pas dans ses goûts, qui l'attiraient plutôt vers l'étude des mathématiques. Cependant, il ne fut ni consul, ni mathématicien, ni même bureaucrate, comme on aurait pu le croire, lorsqu'il devint, en 1822, employé au cabinet particulier du préfet de la Seine.

» On échappe rarement à l'influence des premières impressions de la vie. Enfant, il était sensible à la musique que sa mère lui faisait si bien comprendre ; jeune homme, il l'aima, et, malgré tout, il fut musicien. Son premier maître de piano fut Fessy, excellent musicien et très-habile accompagnateur. Stamaty, bien qu'il eût commencé un peu tard (à dix-sept ans), acquit promptement un certain talent. Il eut d'abord des succès de salon, comme amateur ; mais, en 1830, il se fit entendre à Kalkbrenner, qui l'encouragea beaucoup et lui proposa de lui donner des leçons, témoignant ainsi la conviction qu'il avait de pouvoir faire de lui un élève.

» Stamaty quitta les bureaux de la préfecture de la Seine,

et non seulement il se mit à suivre assidûment les leçons de Kalkbrenner, mais il finit par s'installer chez son célèbre professeur. En 1835, il était un artiste très-distingué tel qu'il se montra dans un concert où il joua un concerto de sa composition. Il avait suivi avec soin les conseils du dernier et digne représentant de l'école de Clementi, et son talent pur, correct, élégant, avait toutes les qualités de cette grande école. »

Stamaty avait également fait quelques études de composition à Leipzig avec Mendelssohn : il se livra surtout à l'enseignement. Il a publié des études, des sonates, des fantaisies sur des thèmes d'opéra, des transcriptions, etc. Il a eu pour élèves Gottschalk — le pianiste américain, — et Saint-Saëns, notre savant organiste. Stamaty est mort en 1870.

Ignace Mochelès est né à Prague en 1794. « Ses premières études musicales furent dirigées par des musiciens médiocres. Mais à l'âge de dix ans, il fut confié par son père, négociant israélite, aux soins de Denis Weber, savant musicien et directeur du Conservatoire de Prague. Cet habile professeur le mit à l'étude exclusive des œuvres de Mozart, puis de celles de Haendel et de Sébastien Bach. Les sonates de Clementi formèrent le complément de son éducation primaire. Le jeune élève, par ce travail fécond et raisonné, acquit bientôt un talent remarquable, qui lui permit de figurer avec succès dans les concerts à l'âge de douze ans. C'est, du reste, à cette base solide de sa première instruction musicale, qu'il faut attribuer le caractère sérieux et large de son talent.

» A cette époque, il fut conduit par son père à Vienne pour prendre des leçons de contre-point d'Albrechtsberger. Il reçut aussi des conseils du célèbre Salieri pour la composition idéale. Son jeune talent avait nativement le cachet de la distinction et de l'originalité. A seize ans, il pouvait être classé parmi les pianistes compositeurs de premier ordre. Ses œuvres se faisaient remarquer par des recherches de mécanisme d'un très-grand effet, et son jeu en tirait un merveilleux parti. En 1818, il commença à voyager en Allemagne, et partout il excita l'étonnement et l'enthousiasme. Tel est l'impression qu'il produisit à Paris en 1820. On peut dire qu'il y fit une révolution dans l'art du piano. Il possédait la faculté d'improviser avec un art infini. Il était, dans ce genre, le seul rival à opposer à Hummel. Ses improvisations sur des thèmes qui étaient donnés, terminaient triomphalement tous ses concerts. » (Amédée Méreaux.)

En 1821, à l'apogée de sa réputation, Moschelès se fixa à Londres : il devint bientôt professeur au Conservatoire de cette ville, où il eut Litolff pour élève. En 1846, il accepta une place de professeur de piano au conservatoire de Leipsick. C'est là qu'il a passé le reste de sa vie et où il est mort en 1870.

Moschelès, tout en ayant reçu les traditions des écoles de Clementi et de Mozart, les modifia progressivement : il peut être considéré à son tour comme le chef d'une autre école de piano. « Son jeu ne se distinguait pas seulement par le brillant et l'élégance, mais il produisait des effets nouveaux en variant les accents et les qualités du son par le tact... La musique qu'il a publiée était trop sérieuse pour l'époque et ne fut pas populaire ; mais la facture en est excellente, et les idées y sont neuves. » Citons parmi ses œuvres les concertos en *sol mineur* et en *mi*, le *concerto pathétique*, la *Marche d'Alexandre*, les variations sur le *Clair de la Lune*, etc.

Le pianiste et compositeur anglais William STERNDALE-BENNETT, né à Sheffield en 1816, avait commencé ses premières études musicales dans sa ville natale. Après avoir suivi les cours de l'Université de Cambridge, il se rendit à Londres où il suivit ceux de l'Académie royale de musique et reçut des leçons de Moschelès. Puis, il accompagna Mendelssohn en Allemagne et compléta sous sa direction ses études de composition. Revenu en Angleterre en 1838, il se livra avec succès à l'enseignement et devint, en 1858, professeur à

Cambridge. Bennett est mort en 1875. Auteur de plusieurs concertos et autres pièces pour le piano, de beaucoup de mélodies et de chansons, de nombreux morceaux de musique religieuse, il a aussi fait représenter un ballet intitulé les *Naïades*, et divers opéras : la *Nymphe de la forêt*, *Parisina*, les *Joyeuses commères de Windsor*, etc., etc.

Avec le pianiste polonais CHOPIN, qui mérita le surnom de *poète du piano*, l'influence de la grande école de Clementi n'est presque plus sensible. Depuis la fin du XVIIIe siècle les méthodes d'enseignement se sont transformées. A mesure que la musique devenait plus savante, les virtuoses ont acquis plus de raffinement et une plus grande habileté. Les ressources de l'exécution se sont accrues en même temps que celles de la musique. L'école moderne du piano grandit en s'attachant de plus en plus au mouvement et à l'expression.

Frédéric-François CHOPIN, né aux environs de Varsovie en 1810, étudia de bonne heure la musique avec Elsner, qui lui fit travailler le piano avec acharnement. En 1831, époque où la Pologne fut opprimée par les Russes, le jeune pianiste, contraint de s'éloigner de son pays, vint se fixer à Paris, où il conquit la réputation. Il y est mort en 1849. Ses succès comme virtuose et comme compositeur ont été fort nombreux : il a laissé plusieurs élèves distingués. « Ses compositions sont pleines de force et de légèreté, de grâce et de rêverie : il y réunit le culte des traditions classiques aux innovations les plus hardies. » On a de Chopin deux concertos de piano, un grand nombre d'études, de nocturnes et de mazurkas, — genre de composition de son pays qu'il a introduit en France.

Emile PRUDENT, mort à quarante-six ans, emporté par une angine couënneuse alors qu'il était dans tout l'éclat de son incomparable talent, était Français, et nous devons lui faire une place des plus honorables parmi nos gloires nationales. Né à Angoulême en 1817, Emile fut dès son enfance adopté par le capitaine Prudent à qui il avait été confié tout jeune. Le brave et honnête soldat fut sévère pour l'enfant. L'affection qu'il lui portait se traduisait le plus souvent par une discipline toute militaire imposée à Emile qui, sous une pareille direction, travaillait avec un continuel acharnement. Le résultat fut digne des efforts. Admis au Conservatoire de Paris, Emile Prudent devint un des meilleurs élèves de ZIMMERMANN, l'excellent professeur qui a formé une des plus brillantes écoles modernes de piano et dont nous avons déjà entretenu nos lecteurs. (Voir le chapitre de Victor Massé.)

En peu de temps, Prudent remporta à Paris de nombreux et légitimes succès. Son nom devenait célèbre. La gloire commençait pour lui : elle ne lui fit cependant point oublier sa ville natale ni ses camarades d'enfance. Appelé par ceux-ci, il vint se faire entendre à Angoulême dans un concert organisé au théâtre. Beaucoup de ses compatriotes s'y rendirent sans avoir pu s'habituer encore à l'idée que celui qu'ils avaient vu grandir au milieu d'eux pouvait être devenu un grand artiste. Mais, à l'audition du jeu si brillant de Prudent, la salle fut tout entière enthousiasmée par sa manière entraînante de rendre toutes les impressions, même les plus légères et les plus délicates, et les applaudissements éclatèrent, unanimes, faisant une magnifique ovation au jeune virtuose, dont la gloire ne faisait que commencer.

Prudent, en effet, « s'est placé à la tête des exécutants français pour la science du mécanisme et de la sonorité. Il réunissait aux formes pures des anciens maîtres le mouvement et l'expression de l'école moderne. » Auteur d'un concerto d'une grande richesse intitulé *la Prairie*, Prudent a laissé en outre beaucoup d'œuvres pour piano seul ou avec orchestre, entre autres une *Fantaisie sur Lucie*, l'*Hirondelle*, la *Ronde de nuit*, la *Danse des Fées*, les *Naïades*, etc... Il est mort à Paris en 1863.

*
* *

Le célèbre professeur de piano autrichien Czerny a eu la gloire de former des élèves tels que Thalberg et Liszt dont nous allons parler tout à l'heure. Né à Vienne en 1791, Charles Czerny s'était formé par l'étude des œuvres de Jean-Sébastien Bach, Mozart, Clementi, Beethoven et Albrechtsberger. Malgré les soins et les soucis du professorat, auquel il consacrait consciencieusement une très-grande partie de son temps, Czerny put écrire plus de mille compositions (symphonies, ouvertures, morceaux de piano, concertos, messes, motets, etc.), qui se distinguent par une élégante facilité. Il mourut en 1857.

Sigismond Thalberg était lui aussi de nationalité autrichienne bien qu'il soit né à Genève en 1812. En effet, son père était un comte autrichien. Sa mère, après avoir commencé elle-même son éducation musicale, le conduisit fort jeune à Vienne pour prendre des leçons d'Hummel, le célèbre maître de chapelle qui, dès l'âge de sept ans, était déjà habile virtuose sur le piano et que Mozart avait tenu à avoir pour élève. Ce fut seulement un peu plus tard que Thalberg travailla sous la direction de Czerny, qui fut son véritable maître. « A peine âgé de seize ans, il se montra avec succès dans les concerts, et publia quelques morceaux pour le piano, dans lesquels, du reste, on ne trouve guère le germe des procédés d'exécution qui, développés dans tous ses ouvrages ultérieurs, ont fait son prestige et sa renommée. » En 1834, il fut nommé pianiste de la cour d'Autriche.

Comme virtuose, dit M. Amédée Méreaux qui apprécie d'une remarquable et consciencieuse façon le talent du musicien autrichien, Thalberg « a rempli un grand rôle dans l'école moderne du piano, et, à ce titre, il a droit à une belle place dans l'estime et dans le souvenir des pianistes, auxquels, en mourant, il lègue de précieux modèles au point de vue du mécanisme instrumental. Son arrivée à Paris, en 1835, et la sensation de surprise et d'enthousiasme qui excita son talent, firent une véritable révolution dans le monde musical.

Et pourtant, ce qui, dans sa manière, parut si nouveau, ne lui appartenait pas entièrement, et la fascination de son jeu tenait plutôt à la grande largeur de son style et à une irréprochable pureté, qu'à la valeur musicale ou au mérite d'invention des morceaux avec lesquels il passionnait la foule qui se portait à ses concerts.

» Le procédé de mécanisme dont Thalberg a fait un si brillant usage consiste à placer le chant dans la partie la plus chantante du piano, le *médium*, et à entourer ce chant de traits ingénieusement dessinés. C'est un des plus beaux effets qu'on puisse tirer de l'instrument, mais l'honneur en revient à Mendelssohn, qui l'a créé et employé dans presque tous ses ouvrages, notamment dans ses *romances sans paroles*, dans ses *concertos*, dans le second surtout, dans ses *sérénades* avec orchestre. Thalberg s'est emparé de cette combinaison; il l'a développée avec beaucoup d'art et en pianiste-virtuose connaissant à fond les ressources essentielles du piano. Il en a fait un système dont, malheureusement, il s'est servi trop exclusivement. Il en est résulté dans ses *fantaisies* une certaine monotonie qui en a usé l'effet.

» De plus, ces formules d'exécution, qui, grâce à la magie de sa splendide exécution, parurent tout d'abord d'une extrême difficulté, furent, à l'examen, reconnues abordables, et tous les pianistes-virtuoses se les approprièrent. Thalberg fut dépossédé du monopole de son système, et tout le monde fit du Thalberg, moins pur, moins distingué que le vrai Thalberg; mais le public n'y regarde pas de si près, et, pour les amateurs, les plagiaires l'emportèrent sur leur modèle : leur imitation était plus facile à exécuter. Aussi, bientôt le faux Thalberg eut la vogue.

» Il n'en reste pas moins à Thalberg l'honneur d'avoir vulgarisé l'invention de Mendelssohn. Ce qui lui a surtout nui et l'a empêché de s'assurer une haute position dans l'art musical, c'est qu'il ne jouait que sa musique, et que, n'ayant jamais approfondi les œuvres des maîtres, il ne pouvait en être le fidèle interprète. Il se borna presque à écrire des fantaisies mondaines sur des motifs d'emprunt, toujours revêtus de ses formules systématiques, et il n'a pu se faire réellement compositeur. Ce n'est que par des œuvres vraiment musicales qu'on s'affirme compositeur, et qu'on acquiert une réputation qui défie les caprices de la mode. »

Comme exécution, dit un autre de ses biographes, Thalberg eut un style large et une irréprochable pureté : moins original, moins éclatant que Liszt, il avait plus de dégoût et de perfection. On peut citer ses fantaisies sur *Moïse*, sur la sérénade et le menuet de *Don Juan*, sur *les Huguenots*, sur le finale de *Lucie*, ses deux *Caprices*, ses douze *Etudes*, son *Etude en la mineur* et son *Art du chant* appliqué au piano. Thalberg fit, en 1851, jouer sans succès à Londres un opéra intitulé : *Florenda*. Il est mort en 1871.

* * *

François Liszt était Hongrois. Il naquit à Raeding le 22 octobre 1809 ou 1811 et montra de très-précoces dispositions pour la musique. Son père, désireux d'en tirer parti, le mit au piano dès l'âge de six ans. « Mais dès lors se manifesta chez l'enfant cette sensibilité maladive qui a influé sur son caractère et sur toute sa vie. La lecture passionnée de *René* (le roman de Châteaubriand) en fut le premier symptôme et lui fournit un nouvel aliment. » Toutefois, cette sensibilité n'avait point empêché Liszt de se livrer sérieusement à ses études musicales. Car il était à peine âgé de neuf ans lorsqu'il donna à Adenbourg son premier concert et exécuta en public un concerto qui commença sa réputation : à la suite de ce premier succès, ses parents se mirent à le promener en Allemagne.

A leur passage à Presbourg, deux grands seigneurs furent tellement enthousiasmés par le précoce talent du jeune virtuose qu'ils lui assurèrent, pendant six ans, une pension de six cents florins afin de lui permettre de continuer ses études. Liszt en profita pour aller à Vienne prendre pendant dix-huit

FRANÇOIS LISZT. (P. 263.)

mois des leçons de Czerny, sous la direction duquel il fit des progrès miraculeux. « Dès l'abord, il dédaigna comme trop facile la musique de Clementi, et ne trouva bientôt plus de difficultés dans Hummel et Beethoven. »

Après un brillant concert à Vienne, ses parents l'emmenèrent à Paris en 1823. « Mais le jeune étranger ne put entrer au Conservatoire, malgré les recommandations de M. de Metternich. Il s'en consola en donnant des concerts à l'Opéra, et, quelques mois après, on ne parlait plus que du *petit Liszt*. Cependant il travaillait sans cesse et la sévérité assez despotique de son père le condamnait à jouer tous les jours douze fugues de Bach, et à les transposer dans tous les tons. »

De 1824 à 1825, Liszt partagea son temps entre Londres et Paris et il obtint de véritables triomphes dans ces deux capitales. C'est en 1825 qu'il composa son opéra, *Don Sanche*, « que la jeunesse et la célébrité de l'auteur firent écouter avec indulgence. » Déjà élève de Czerny et de Salieri, à Vienne, et de Paër, à Paris, Liszt en outre prit encore dans cette dernière ville, dit Vapereau, « des leçons de composition de Reicha : mais elles furent interrompues tout à coup par un accès de dévotion mystique, que des voyages guérirent, mais qui ne fut pas le dernier. Après la mort de son père, qui lui rendit l'indépendance, il travailla pendant six mois dans la retraite, et reparut avec plus d'éclat. Une maladie, dont la convalescence dura deux années, le replongea dans la plus austère dévotion. En juillet 1830, il écrivit une *Symphonie révolutionnaire* qui resta inédite. Puis, tout à coup, il reprit les allures du monde, et redevint le brillant pianiste d'autrefois. Toute l'Europe admira sous ses doigts les œuvres de Bach, de Haendel, de Beethoven et de Weber. Nommé maître de chapelle à Weimar, en 1848, il conduisit son orchestre avec la passion et la chaleur qui le caractérisaient comme virtuose. Depuis, Liszt, vivant dans la retraite, a fait de longs séjours à Rome et quelques voyages en France. »

Liszt a toujours fait preuve d'une grande délicatesse et d'une fière indépendance de caractère, aussi bien en ce qui touche les questions d'argent qu'en toute autre circonstance. Dans le cours du volume que Mᵐᵉ Janka Wohl a consacré à son illustre compatriote, nous en trouvons plusieurs exemples. « Dès l'âge de quinze ans, dit-elle, son père étant mort subitement à Boulogne-sur-mer, l'enfant, désespéré, habitué jusque-là à ne connaître de la vie que la surface riante, se trouva tout d'un coup seul, sans appui, en face d'engagements nombreux, contractés durant la maladie de son père et pour ses funérailles. Au lieu d'attaquer les quelques milliers de florins déposés pour sa mère chez le prince Esterhazy, ou de faire un emprunt chez ses nombreux amis, il vendit son précieux Erard à bas prix, afin de suffire immédiatement aux exigences. Dès ce moment, au milieu même de son désespoir, il se sentit responsable du bonheur de sa mère. Il la fit venir à Paris, où il s'établit avec elle, se constituant son protecteur, son soutien, et l'entourant d'égards chevaleresques et d'une tendresse dont le trait suivant donnera la mesure. S'il lui arrivait de rentrer tard, à des heures indues, sachant que sa mère dormait déjà, il s'installait sur les escaliers, où on le retrouvait le matin engourdi, fatigué, mais heureux de ne pas avoir troublé le sommeil de sa mère adorée. »

Pendant le long séjour que Liszt fit à la cour de Saxe-Weimar, le Grand-Duc avait pris en grande amitié le virtuose compositeur, pour qui il avait d'ailleurs toujours éprouvé la plus profonde estime. Aussi, vers la fin de sa vie, le musicien, à qui le Grand-Duc avait, en 1861, attribué les fonctions de chambellan auprès de sa personne, était-il fier des paroles suivantes que le vieux prince avait prononcées à son sujet :

— « Il y a à peu près quarante ans que je connais Liszt, mais je puis affirmer que, durant tout ce temps, Liszt ne m'a donné ni un mauvais conseil ni un conseil intéressé ! »

Liszt était en effet fort peu courtisan et conservait son franc parler avec tous les souverains. Peu de temps après l'avénement de Louis-Philippe au trône de France, pendant un concert aux Tuileries où le pianiste s'était fait entendre, le Roi-Citoyen s'avança vers lui :

— Vous rappelez-vous le temps, lui dit-il, où vous avez joué chez moi, comme petit garçon, alors que j'étais encore duc d'Orléans? Les choses ont changé depuis!

— Oui, sire, mais pas pour le mieux! répliqua Liszt sèchement.

La réponse coûta momentanément au pianiste la croix de chevalier de la Légion d'honneur, que le roi avait l'intention de lui accorder dès cette époque. Toutefois, Louis-Philippe eut le bon esprit de ne pas garder au musicien trop longtemps rancune de sa boutade : il le décora en effet le 27 avril 1845. En 1861, Liszt fut promu commandeur sans avoir passé par le grade d'officier.

Une autre fois, à Saint-Pétersbourg, durant une soirée à la cour, où le pianiste était très-bien vu, il arriva que le Czar Nicolas, qui n'aimait guère la musique, se mit à causer avec une dame, pendant que Liszt jouait un morceau, et à parler assez haut. Tout d'un coup Liszt s'arrête net et quitte le piano. Le Czar, intrigué, s'approche du maëstro et lui dit :

— Pourquoi avez-vous interrompu votre jeu?

— Quand l'empereur parle, on doit se taire, fut la réponse machiavélique de l'artiste froissé.

En 1864, le bruit ayant couru que Liszt allait entrer dans un couvent, celui-ci écrivit de Rome une lettre pour le démentir. Mais, dit M. Vapereau, « l'année suivante, il entra positivement dans les ordres ecclésiastiques et, le 25 avril, la tonsure ecclésiastique lui fut conférée par Monseigneur de Hohenlohe, son ami, dans la chapelle du Vatican. Sans renoncer à l'art, l'abbé Liszt s'est plus spécialement enfermé depuis dans la musique religieuse... Liszt a été regardé comme le plus habile et le plus original des pianistes. Les difficultés n'étaient rien pour lui, et son exécution n'était souvent qu'une suite de tours de force. On l'a appelé le *Paganini du piano*. Il savait pourtant se livrer aussi à des improvisations ravissantes, et couvrir un thème connu de brillantes broderies. Mais, avec plus de fougue que de grâce, plus de puissance que de goût, il ne préservait pas toujours son talent de l'inégalité, de la bizarrerie. »

Liszt a eu des admirateurs fanatiques de son grand talent. Durant sa longue carrière artistique, (il est mort en 1886), il eut l'occasion de remporter bien des triomphes éclatants, de recevoir de nombreuses ovations. La plus belle de toutes est celle dont il fut l'objet lors du couronnement de l'empereur d'Autriche, François-Joseph II, en qualité de roi de Hongrie. « J'ai eu bien des fois, » dit à ce sujet Mme Janka Wohl, « l'occasion de voir Liszt acclamé par un auditoire fanatisé, le couvrant de fleurs et de lauriers ; mais tout pâlit devant l'ovation, sans précédent dans les annales du fétichisme de l'art, dont il fut l'objet en 1867 à Budapesth, lors du couronnement de notre roi actuel, auquel j'assistais comme jeune fille... Liszt fut chargé de composer la messe du couronnement... Le maître vint tout exprès diriger personnellement l'exécution de son œuvre formidable. Pour comprendre la scène inoubliable qui s'ensuivit, il faut se faire une idée de son théâtre. Il faut avoir devant les yeux le fleuve majestueux — le Danube aux ondes bleues, — le pont suspendu, ce trait d'union entre Bude et Pesth, — la forteresse de Bude avec la résidence royale, entourée de jardins échelonnés sur la montagne ; tout ce paysage pittoresque et riant qui s'étend sur la rive droite, faisant face aux longues rangées de palais de la rive gauche, le tout enguirlandé, en habit de fête, et baigné d'un soleil de printemps. C'est là qu'une multitude immense, avide d'émotions, attendait sur des tribunes aux fenêtres, sur les toits, et dans les bateaux pavoisés, le cortége royal qui passerait bientôt le pont. L'empereur d'Autriche, après avoir été couronné roi de Hongrie à l'église Saint-Mathias, devait, de la forteresse, aller prêter le serment traditionnel sur un monticule placé vis-à-vis du pont, sur la rive gauche, et formé d'un amas de terre apportée des différents Comitats de Hongrie.

» A ce moment d'attente fiévreuse, sur la route large et blanche qui descend du fort vers le Danube, laissée libre pour le cortége royal, on vit apparaître la haute figure d'un prêtre, en longue soutane noire chamarrée d'innombrables décorations, la chevelure blanche soulevée par la brise, les traits comme moulés dans l'airain, le chapeau à la main. A son aspect un murmure s'éleva, grossissant à mesure que la figure avançait et était reconnue. Le nom de Liszt courut comme un éclair de rang en rang, de bouche en bouche. Bientôt cent mille hommes l'acclamèrent frénétiquement, se grisant de l'enthousiasme qui tonnait dans cet ouragan de voix. Le public de la rive gauche croyait naturellement que c'était le roi qui approchait, salué par l'émotion spontanée d'un peuple réconcilié.

» Ce n'était pas le roi, mais bien un roi, auquel s'adressaient ces sympathies de la nation reconnaissante, fière de posséder un tel fils. »

Outre l'opéra déjà cité au cours de ce chapitre, Liszt, d'après M. Vapereau, a écrit des compositions pour le piano, des *Fantaisies* sur les opéras des maîtres, sur la *Clochette* de Paganini, etc. : elles n'étaient abordables qu'à leur auteur. Comme œuvres plus considérables, il faut citer, à partir de 1855, douze partitions d'orchestre, sous le titre de Poëmes symphoniques (Mazeppa, Préludes, etc.); les grandes symphonies de *Faust*, de la *Divine Comédie*, et, depuis son entrée dans les ordres, de grandes *Messes*, solennellement exécutées dans les églises de Hongrie, d'Allemagne ou de France, notamment à Saint-Eustache, en mars 1866. Ces compositions sont plus voisines de la manière bruyante de Wagner que du sentiment religieux des anciens maîtres. Liszt s'est aussi distingué comme critique et a publié plusieurs brochures relatives à des questions musicales.

Liszt a eu deux filles, dont l'une a épousé Richard Wagner, le maëstro allemand à qui nous avons consacré un chapitre. Nos lecteurs savent déjà que Liszt était un des plus fervents admirateurs de l'auteur du *Tanhaeuser*.

* * *

Nombreux, très-nombreux sont également les violonistes. Comme pour les autres virtuoses, nous ne pouvons ici leur consacrer qu'une toute petite place. Aussi, après avoir rappelé à nos lecteurs les noms d'Arcangelo CORELLI (XVII° siècle), le chef de toutes les bonnes écoles de violon, et de Jean-Baptiste VIOTTI (XVIII° siècle), celui de l'école des violonistes modernes, dont nous les avons déjà incidemment entretenus à propos de Haendel et de Cherubini, nous allons mentionner rapidement la plupart des virtuoses qui ont acquis et mérité une juste célébrité depuis deux cents ans.

En Italie, avant d'arriver à PAGANINI, auquel nous réservons la fin de ce chapitre, nous devons citer François-Marie VERACINI, né à Florence en 1685 et mort à Pise en 1750, auteur de deux recueils de douze sonates chaque, qui, d'après les *Mémoires* de l'époque, fit la plus vive sensation à Londres et en Allemagne; — Pietro NARDINI, né à Livourne en 1725 et mort en 1796, élève de Tartini, qui a laissé plusieurs œuvres de musique instrumentale et fut successivement attaché aux cours de Wurtemberg et de Toscane ; — Gaëtan PUGNANI, né à Turin en 1727 et mort en 1803, chef d'école et professeur de Viotti; — enfin TARTINI, né en 1692 à Pirano dans l'Istrie et mort à Padoue en 1770, le plus célèbre de tous les prédécesseurs de Paganini. Après avoir renoncé à la théologie et au droit pour la musique, il dirigea la musique de l'église Saint-Antoine à Padoue depuis 1721 jusqu'à sa mort. « Il a contribué aux progrès de l'art autant par ses compositions que par l'école de violon qu'il a formée. La variété des idées, l'élévation du style, la pureté de l'harmonie, distinguent ses concertos et ses sonates. On cite surtout la sonate qu'il écrivit dans un songe et appelée la *Sonate du Diable*. Sa gloire est d'avoir établi les principes fondamentaux du maniement de l'archet, qui ont servi de base à toutes les écoles d'Italie et de France. »

Avant d'arriver aux violonistes français, mentionnons rapidement encore en tête des autres virtuoses étrangers Frédéric

Ernest FESCA, né à Magdebourg en 1789 et mort en 1826, successivement attaché à la chapelle du duc d'Oldenbourg, à la cour du roi de Westphalie et à celle du Grand-Duc de Bade, qui a laissé deux opéras, des symphonies, des ouvertures, des chansons allemandes, et dont les quatuors, où l'on reconnaît l'imitation de Mozart et d'Haydn, sont surtout estimés; — et André ROBBERECHTS, né à Bruxelles en 1797 et mort en 1860, élève d'abord du Conservatoire de Paris, puis de Viotti, qui a beaucoup écrit pour violon et piano, fut attaché à la musique du roi Guillaume Ier de 1820 à 1830, et vint se fixer à Paris après avoir perdu cet emploi.

Puis, deux autres artistes méritent encore une mention particulière :

André ROMBERG, né aux environs d'Osnabruck en 1767 et mort en 1821, devint, d'après M. Th. Bachelet, « habile exécutant sur le violon, voyagea pour compléter ses études, vint à Paris en 1784, y reçut les leçons et les conseils de Viotti, se fixa à Hambourg en 1802, et fut nommé maître de chapelle du duc de Saxe-Gotha en 1815. On a de lui beaucoup de musique instrumentale, des opéras, des cantates et autres morceaux de chant, diverses œuvres de musique d'église. Le caractère de sa musique est la pureté, la grâce, l'élégance et l'harmonie, » — Son cousin, Bernard ROMBERG, chef d'une école violoncelle en Allemagne, « n'a point été égalé pour l'énergie et la puissance de l'exécution. »

Louis SPOHR, né à Brunswick en 1784 et mort en 1859, exécuta à la cour ducale, à l'âge de douze ans, un concerto de violon de sa composition, ce qui lui valut d'être attaché deux ans après à la chapelle du duc de Brunswick. Il ne conserva point longtemps cette situation, car il accompagna son maître François Eck en Russie, et, depuis 1804, se fit entendre seul, avec le plus grand succès, en Allemagne, en France et en Italie. Après avoir séjourné dans diverses capitales, il se fixa à Cassel, en 1822, en qualité de maître de chapelle. Auteur de plusieurs opéras (entre autres *Zémire et Azor* en 1818), de nombreux oratorios et d'une grande quantité de musique instrumentale, « Spohr est un grand harmoniste : le sentiment élégiaque domine dans ses compositions. »

Rodolphe KREUTZER, fils d'un musicien allemand de la chapelle de Louis XV, né à Versailles en 1766, nous servira de trait d'union entre les virtuoses étrangers et les artistes français. En effet, toute sa carrière musicale s'est écoulée dans notre pays. Protégé par la reine Marie-Antoinette, il devint premier violon au Théâtre-Italien en 1790 et se mit à écrire de la musique sans connaître l'harmonie. Il avait d'ailleurs été d'une grande précocité : il était déjà musicien à cinq ans, et un concerto qu'il composa à treize ans avait eu un éclatant succès.

Kreutzer « fit représenter (en 1790) un opéra de *Jeanne d'Arc à Orléans,* dont le succès fut éclipsé, l'année suivante, par *Paul et Virginie,* ouvrage plein de grâce, de fraîcheur et de couleur locale. La romance de *Lodoïska,* et surtout l'introduction, suivie de la marche des Tartares, sont devenues populaires. Nommé professeur de violon au Conservatoire de musique de Paris, Kreutzer étudia sérieusement la composition. En 1797, il fut chargé d'aller recueillir en Italie les chefs-d'œuvre des maîtres; puis il voyagea en Allemagne et en Hollande, obtenant partout des triomphes, grâce à son jeu noble, grave, sévère, et néanmoins plein de brillant et de verve. Attaché à l'Opéra en 1801, à la chapelle du Premier-Consul en 1802, il écrivit *Astyanax,* dont les chœurs sont remarquables, *Aristippe* (1808), son meilleur ouvrage pour la scène, et la *Mort d'Abel* (1810). » (Th. Bachelet.) Kreutzer occupa, de 1817 à 1825, l'emploi de chef d'orchestre de l'Académie royale de musique et remplit les fonctions d'inspecteur général de ce théâtre de 1825 à 1827. Il mourut à Genève en 1831.

Deux des plus célèbres violonistes français sont nés à Bordeaux, Pierre GAVINIÈS en 1826 et Pierre RODE en 1762.

Gaviniès, que Viotti appelait le *Tartini français*, a laissé divers morceaux pour violon et un opéra intitulé *le Prétendu*. Il a été professeur au Conservatoire de Paris et est considéré comme le chef et le fondateur de l'école française du violon. Il est mort à Paris en 1800.

Rode était élève de Viotti et fut le rival de Baillot, avec qui il écrivit une *Méthode de violon* pour le Conservatoire, où il avait été nommé professeur de violon dès la création de cet établissement. Rode « occupe une place distinguée comme compositeur de concertos et de quatuors. Il eut le jeu le plus pur et le plus gracieux que l'on ait jamais entendu. » Il fit tour à tour partie, comme premier violon, de la musique du Premier-Consul en France, puis, en 1803, de celle de l'Empereur de Russie. Il mourut en 1830.

Un des élèves de Rode, Charles-Philippe Lafond, né à Paris en 1776 et mort en 1839, mérita le surnom de *violoniste des dames* que lui firent attribuer son exécution facile et son talent élégant et gracieux. Il manquait toutefois de verve, de force et de brillant. Lafond s'est fait entendre dans les principales villes de l'Europe où son talent était accueilli avec la plus grande faveur.

Antoine François Habeneck, le fondateur des concerts du Conservatoire de Paris, était né à Mézières en 1781. Après avoir remporté, en 1804, le premier prix de violon au Conservatoire, il fit d'abord partie de l'orchestre de l'Opéra, où il remplaça Kreutzer; puis devint pendant trois ans directeur de notre grande scène lyrique, et enfin en demeura le chef d'orchestre de 1824 à 1846. On a de lui diverses compositions pour violon et quelques morceaux de l'opéra de Bonincori, la *Lampe merveilleuse*, laissé inachevé par ce compositeur. Habeneck est mort en 1849.

Nicolo Paganini, que tous les biographes s'accordent à qualifier de *violoniste extraordinaire*, est né à Gênes en 1784. Son père, marchand et amateur de musique, lui fit tout jeune étudier le violon et, dès l'âge de neuf ans, il se faisait entendre dans les concerts.

Après avoir reçu les leçons de Costa, de Ralla et de Paër, Paganini fut engagé comme premier violon à Lucques, où il produisit un effet prodigieux. La princesse de Lucques, Elisa, sœur de Napoléon Ier, dans le désir de le retenir auprès de sa personne, lui accorda ses entrées à sa cour. Mais tout d'un coup le violoniste disparut et, pendant cinq ans, de 1808 à 1813, on n'a jamais su ce qu'il était devenu. Paganini ayant toujours plus tard refusé de rien dire à cet égard, une foule de légendes coururent sur son compte. Une entre autres prétend que, dans un de ces accès de colère et d'emportement dont il était coutumier, Paganini s'était rendu coupable d'un assassinat. Détenu pour ce fait quatre ou cinq ans en prison, « il avait obtenu de garder son violon pour charmer sa captivité : seulement, le geôlier, de peur qu'il ne se pendît, ne lui avait laissé prudemment que la quatrième corde. » Le virtuose eut beau protester énergiquement contre cette histoire, la légende s'établit et se perpétua.

Paganini se laissait aisément dominer par ses passions. La colère chez lui allait jusqu'à la fureur, comme nous aurons encore l'occasion de le voir. Il était joueur enragé, et aurait joué *jusqu'à sa chemise*, suivant l'expression populaire. Or, à Livourne, un jour, il perdit jusqu'à son violon, ce qui le mit dans un cruel embarras, car il devait le soir même se faire entendre dans un concert. Fort heureusement, on lui indiqua un négociant français, grand amateur de musique, qui possédait un excellent *guarnerius*, et Paganini, recourant à l'obligeance du propriétaire de cet instrument, obtint de le lui emprunter pour la soirée. « Après le concert, où il avait brillé par les effets les plus surprenants, Paganini reporta le *guarnerius* à son propriétaire qui s'écria :

« — Je me garderai bien de profaner des cordes que vos

doigts ont touchées ; c'est à vous maintenant que le violon appartient.

» C'est ce même violon sur lequel Paganini s'est fait entendre toute sa vie et qui passait pour avoir quelque chose de diabolique. »

En 1813, Paganini reparut à Milan, où il donna des concerts à la suite desquels il fut qualifié de *premier violon du monde;* puis, jusqu'en 1828, il passa son temps à se faire entendre à tour de rôle dans les principales villes de l'Italie. Il se rendit à Vienne en 1828, y obtint de grands succès, et se mit à parcourir l'Europe en donnant des concerts. Partout il excitait un étonnement universel « par la force et l'adresse de son exécution, par l'habileté avec laquelle il triomphait des difficultés plutôt que par la pureté et l'expression. »

Les succès de Paganini étaient très-lucratifs. On disait de lui . « Il gagne beaucoup par *son jeu,* mais il perd aussi vite par *le jeu.* » Il ne perdit cependant point sur le tapis vert le montant de tous ses gains de virtuose, puisqu'en mourant il laissa une fortune de plus de quatre millions de francs. On prétendait aussi que Paganini était avare : la façon dont il se conduisit avec Berlioz (*Voir le chapitre de Berlioz*) semblerait indiquer le contraire.

Paganini vint pour la première fois à Paris vers 1829. Il y excita un grand enthousiasme. Le célèbre virtuose avait alors quarante-sept ans et paraissait bien plus vieux, nous dit un de ses biographes. « Long et maigre, d'une pâleur cadavéreuse, avec de longs cheveux noirs battant le collet de l'habit, des bras et des doigts démesurés, sa haute taille déviée par un déhanchement qui résultait de sa pose habituelle dès qu'il avait le violon à la main, la bouche profondément rentrée et sarcastique, des joues creuses où se dessinaient profondément deux longues rides semblables aux S de son violon, tout cet ensemble lui constituait une physionomie peu commune et en rapport jusqu'à un certain point avec l'originalité de son génie. *Son poignet tenait à son bras par des articulations si souples,* disait Castil-Blaze, *qu'on ne saurait mieux le com-*

parer qu'à un mouchoir placé au bout d'un bâton et flottant de tous côtés.....

« Chaque fois qu'il donnait un concert, ce grand artiste était inquiet, nerveux, agité, comme s'il se fût agi de son premier début. C'est à peine s'il pouvait maîtriser son émotion : ses mains tremblaient; ses joues se couvraient d'une pâleur livide. Dans la matinée, il ne bougeait pas; il se tenait étendu sur une chaise longue ou assis dans son fauteuil. Il repassait ses morceaux dans sa tête... quand on lui demandait par quelle méthode et par quels exercices il était parvenu à cette habileté merveilleuse, il répondait en souriant :

» — *C'est mon secret; je le publierai.*

» Le secret, c'était son génie, et il l'a emporté dans la tombe. »

Le même biographe raconte encore qu'un soir Mme Malibran, au sortir d'un concert où Paganini s'était fait entendre, avait dit à un ami du virtuose :

— Cela est merveilleux d'habileté, mais en vérité Paganini ne sait pas chanter.

Le propos fut rapporté au virtuose qui joua au concert suivant cette étonnante variation sur la quatrième corde dont il était l'auteur et que lui seul pouvait exécuter; et prouva ainsi qu'il savait faire chanter son instrument avec autant d'âme que de passion. Il proposa ensuite à la Malibran d'exécuter le même morceau, elle avec sa belle voix, et lui sur son violon; mais elle n'accepta point ce défi.

En 1834, Paganini se retira en Italie dans une magnifique villa dont il avait fait l'acquisition auprès de Parme. Il mourut à Nice en 1840. On a gravé de lui, en France, douze sonates et des *Etudes* pour le violon.

Nous avons promis plus haut de citer encore quelque autre accès de fureur de Paganini. En voici un bien typique que raconte M. Escudier dans son livre intitulé : *Mes Souvenirs.*

Paganini, dit-il, avait perdu de bonne heure toutes ses dents. Il avait beaucoup de peine à manger, ce qui le contrariait vivement, surtout quand on lui servait à déjeuner une côtelette ou un bœfsteack. Ses amis l'engagèrent à s'adresser à M. D..., qui lui ferait un râtelier plus beau que nature. L'artiste suivit cet excellent conseil, mais il négligea de s'informer du prix qui s'élevait, croyons-nous, à mille francs. Il lui avait demandé le prix d'artiste. Et, hâtons-nous de le reconnaître, le travail était superbe.

Non, tant que nous vivrons, nous n'oublierons jamais la scène qui eut lieu en notre présence, le jour que le commis de M. D... se présenta chez Paganini la facture à la main.

Paganini sortait du bain ; enveloppé dans un drap, il finissait de s'essuyer. Il prend la facture des mains du malencontreux commis, dit le chiffre, écarquille les yeux, chiffonne d'un mouvement nerveux le papier et le jette par terre. Puis il se livre à un concert de jurons, d'invectives, de cris de rage, de sons inarticulés. Le mot *voleur* brochait sur le tout; c'était le thème initial de sa fantaisie. Le pauvre commis, ahuri d'abord, bientôt blessé au vif par les apostrophes plus qu'outrageantes du violoniste, s'avise de protester. Paganini, déjà colère, devient furieux; il lui saute à la gorge, qu'il serre entre ses doigts osseux. L'artiste est blême; le commis passe du rouge au violet. Nous accourons pour lui arracher des mains le malheureux commis, qui croit avoir affaire à un fou échappé de Bicêtre : mais Paganini résiste; il crie toujours, il se grise de sa propre colère, si bien qu'à force de vociférer, de crier, de grimacer, il reste comme pétrifié. Un flot de sang s'échappe de sa bouche béante, et qui ne peut plus se fermer. Le commis profite de ce moment de trêve pour se sauver à toutes jambes. Paganini veut parler, et ne le peut pas. Il nous montre sa bouche; nous croyons à une attaque d'apoplexie. On l'aurait cru à moins. Heureusement, il n'en était rien. Le râtelier s'était détraqué; le ressort cassé, il venait de se retourner dans la bouche de Paganini! Et quelques efforts qu'il fit, il ne réussissait pas à s'en rendre maître.

Qu'on se figure cette scène. Paganini, la bouche ensanglantée, se démenant, agitant les bras comme ceux d'un télégraphe, et essayant de nous faire comprendre ce que nous ne pouvions certes pas deviner. Ce ne fut qu'après bien des efforts que nous réussissons enfin à lui enlever le terrible râtelier, devenu, par sa faute, une espèce de poire d'angoisse, et à mettre au lit Paganini.

Le lendemain l'artiste fit assigner M. D... Inutile d'ajouter qu'il fut condamné à payer et les mille francs et les frais, ce qu'il fit de la meilleure grâce du monde et en priant M. D... d'accepter ses excuses. Nous croyons même qu'il fit un assez joli cadeau au commis, pour qu'il pardonnât ce qu'il appelait *un moment de vivacité.*

XXXIX. — HŒRTER, un grand musicien inconnu.

Nous venons, dans le cours de ce volume, de faire connaissance avec de nombreuses illustrations musicales. Nous sommes loin cependant d'avoir épuisé la liste des musiciens de talent qui mériteraient encore d'être connus de nos lecteurs. Sous peine d'augmenter à l'infini les dimensions de ce travail, nous avons dû nous borner et faire un choix parmi les maîtres les plus célèbres. Toutefois, avant d'écrire le mot *fin*, nous ne pouvons résister au désir de mentionner ici un modeste musicien alsacien, bien connu là-bas, dans ce pays où battent toujours des cœurs français, mais parfaitement inconnu du grand public. Nous retrouvons la trace de la vie de ce maître ignoré dans les *Souvenirs d'Allemagne* que M. Ernest Reyer a publiés en 1864 et nous transcrivons textuellement les quelques lignes émues que le savant et consciencieux critique — qui est en même temps un musicien de grand talent, — a consacrées à HŒRTER, le maître alsacien.

S'il est vrai, dit M. Ernest Reyer, comme on l'a dit souvent, que la plupart de nos célébrités sont venues de la province, il faut croire qu'il reste encore en province une certaine quantité d'individus exceptionnellement doués, mais qui, par des motifs d'intérêt, de famille ou de position, ne peuvent pas ou ne veulent pas venir se mettre au tourbillon parisien. J'en ai connu de ceux-là, et j'en connais encore qui sont des gens de talent, de beaucoup de talent..... Il y a quelques mois j'assistais à Strasbourg à une touchante solennité, à un pieux hommage rendu par ses compatriotes à la mémoire d'un enfant de l'Alsace qui vécut pauvre, inconnu, et qui fut cependant un grand musicien. On célébrait l'anniversaire de la naissance de Hœrter et on inaugurait son buste sculpté par le ciseau habile de Friedrich, une autre gloire de clocher, à qui l'on doit la statue d'Erwin (l'architecte de la cathédrale de Strasbourg) à Steinbach, le monument de Turenne à Saalzbach, le *Fossoyeur* du cimetière de Bade, la statue du grand-duc Léopold à Achern, celle de Franz Deack, le Christophe Colomb de la pomme de terre, à Offenbourg, et bien d'autres monuments devant lesquels se sont arrêtés ceux qui ont parcouru en touristes l'Alsace et la Forêt-Noire.

Qu'est-ce que Hœrter et où sont ses œuvres? Son nom se révélait à moi pour la première fois lorsque je fus conduit par un ami à la fête artistique donnée par l'*Union musicale*, et voici ce que j'appris en écoutant la chaude allocution prononcée par le président de cette société : Hœrter naquit à Strasbourg le 30 août 1795, et il fut tour à tour tailleur, soldat et prisonnier de guerre après la capitulation de Dantzig, brocanteur et contre-bassiste. Les dix années qu'il passa à l'orchestre de Strasbourg développèrent ses aptitudes musicales, et, grâce à un travail obstiné, il pénétra les secrets les plus difficiles de la science dont il voulait se rendre maître. Placé à la tête de deux importantes institutions, le gymnase et le séminaire, il dirigea aussi la *Société chorale*, présida aux travaux de l'*académie de chant*, et donna l'impulsion à toutes les manifestations artistiques de sa ville natale. « Voilà donc, ajouta M. Prost, le spirituel biographe de Hœrter, voilà donc le modeste trafiquant de la rue des Tanneurs, sans maître, sans conseil, le guide de tous ceux qui demandaient à s'initier aux secrets de son art. » Hœrter écrivit plus de cent compositions, tant dans le genre sacré que dans le genre profane : des oratorios, des psaumes, des chœurs et des cantates dont la plus remarquable est celle qui est dédiée à Gutenberg. Mais, par une bizarrerie inexplicable chez un musicien, il avait entassé dans une des salles au-dessus du cloître dépendant du gymnase une nombreuse collection de partitions qui, selon son désir, ne devaient être produites qu'après sa mort. Le 29 juin 1860, lors de l'incendie du gymnase, tout devint la proie des flammes. Voilà où sont les œuvres de Hœrter — à l'exception de quelques-unes qui nous sont restées pour témoigner de la science, de l'inspiration et, je dirai même, du génie du compositeur. Parmi celle-ci, l'*Alleluia,* que j'ai entendu exécuter par l'*Union musicale* et par un orchestre presque exclusivement composé d'amateurs, est une composition que ne dédaigneraient pas de signer nos plus grands maîtres.

L'incendie qui engloutissait en quelques heures le travail de trente années fut pour Hœrter un coup terrible. « Spectateur de cet affreux sinistre, nous dit M. Prost en finissant sa notice biographique, le vieillard versa de chaudes larmes, et la perte irréparable qu'il subissait, au moment de toucher au terme de sa carrière, lui courba la tête et le plongea dans un abattement dont il ne put se relever. Il mourut le 6 novembre 1863. »

Quand l'orateur, ému, posa sur le marbre animé par le ciseau du sculpteur une couronne de laurier d'or, des applaudissements éclatèrent dans toute la salle. Et quelques-uns de ceux qui applaudissaient sont, eux aussi, des artistes d'un grand mérite; ils avaient connu Hœrter, et ils avaient bien souvent déploré son abnégation et l'isolement dans lequel il avait vécu; mais cette popularité qu'ils auraient voulue pour leur compatriote et qu'ils voudraient aussi pour eux-mêmes, ils désespéreraient de l'atteindre, si leurs efforts incessants ne devaient être quelque jour plus sérieusement encouragés.

En assistant, à Strasbourg, conclut M. Ernest Reyer, à l'apothéose d'un grand musicien inconnu dont je voyais l'image sculptée par la main habile d'un artiste presque aussi inconnu que lui, je me disais que les réputations de clocher sont bien peu de chose, même quand c'est à l'ombre du clocher d'une gigantesque cathédrale qu'elles s'abritent. Et voilà pourquoi j'ai écrit les quelques réflexions qui précèdent, sans autre prétention que celle d'avoir touché fort discrètement et d'une manière tout à fait superficielle à l'une des questions les plus intéressantes de notre époque : la décentralisation artistique.

FIN.

NICOLO PICCINI

TABLE

I.	La musique en France.	5
II.	Palestrina; Roland de Lassus et Michel de Lalande.	11
III.	Lulli.	15
IV.	Jean-Sébastien Bach.	21
V.	Haendel.	28
VI.	Rameau.	34
VII.	Glück et Piccini.	39
VIII.	Grétry.	47
IX.	Haydn.	55
X.	Pergolèse et Monsigny.	63
XI.	Mozart.	72
XII.	Salieri.	84
XIII.	Dalayrac.	87
XIV.	Chérubini.	91
XV.	Méhul.	96
XVI.	Spontini.	101
XVII.	Carafa.	104
XVIII.	Beethoven.	107
XIX.	Weber.	120
XX.	F. A. Boïeldieu.	130
XXI.	Auber.	136

TABLE.

XXII.	— Fétis.	112
XXIII.	— Meyerbeer.	117
XXIV.	— Rossini.	157
XXV.	— Hérold.	169
XXVI.	— Donizetti.	173
XXVII.	— F. Halévy	179
XXVIII.	— Adolphe Adam.	185
XXIX.	— Berlioz.	190
XXX.	— Bellini.	199
XXXI.	— Mendelssohn.	205
XXXII.	— Robert Schumann.	210
XXXIII.	— Verdi.	217
XXXIV.	— Félicien David.	224
XXXV.	— Victor Massé.	229
XXXVI.	— Offenbach.	236
XXXVII.	— Richard Wagner.	242
XXXVIII.	— Les Virtuoses.	247
XXXIX.	— HŒRTER, — un grand musicien inconnu.	276

FIN DE LA TABLE.

Limoges. — Imp. EUGÈNE ARDANT ET Cⁱᵉ.

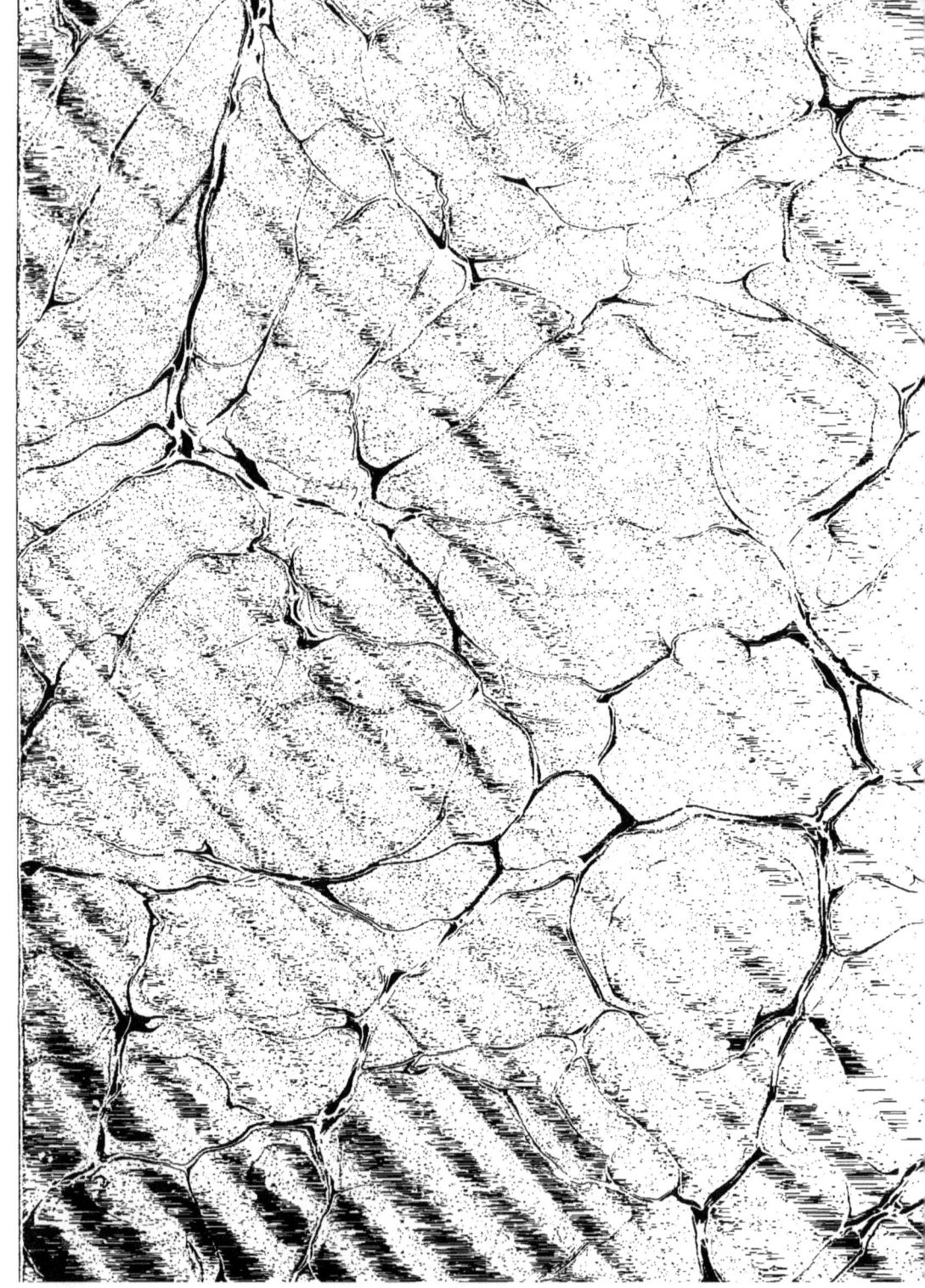

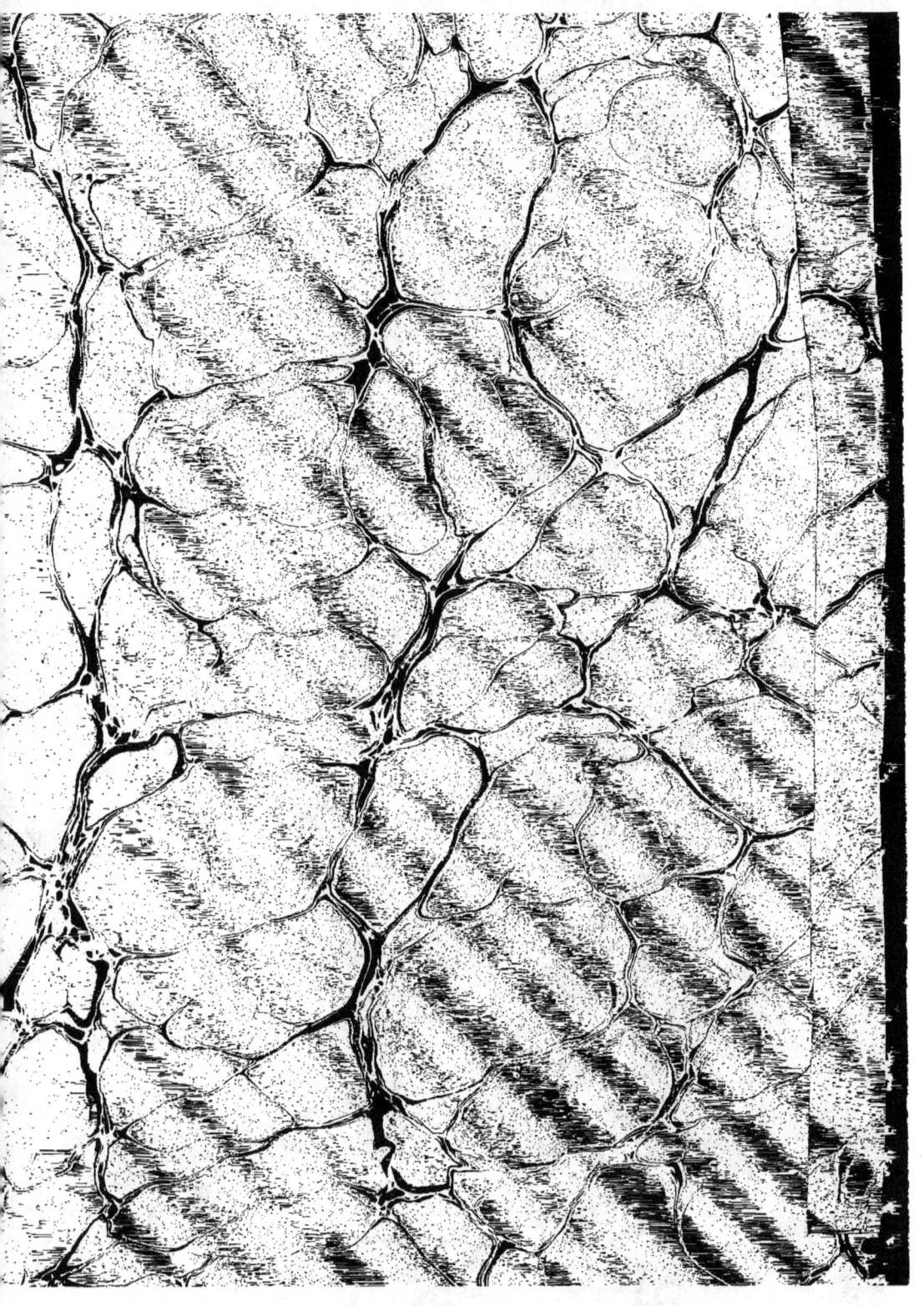

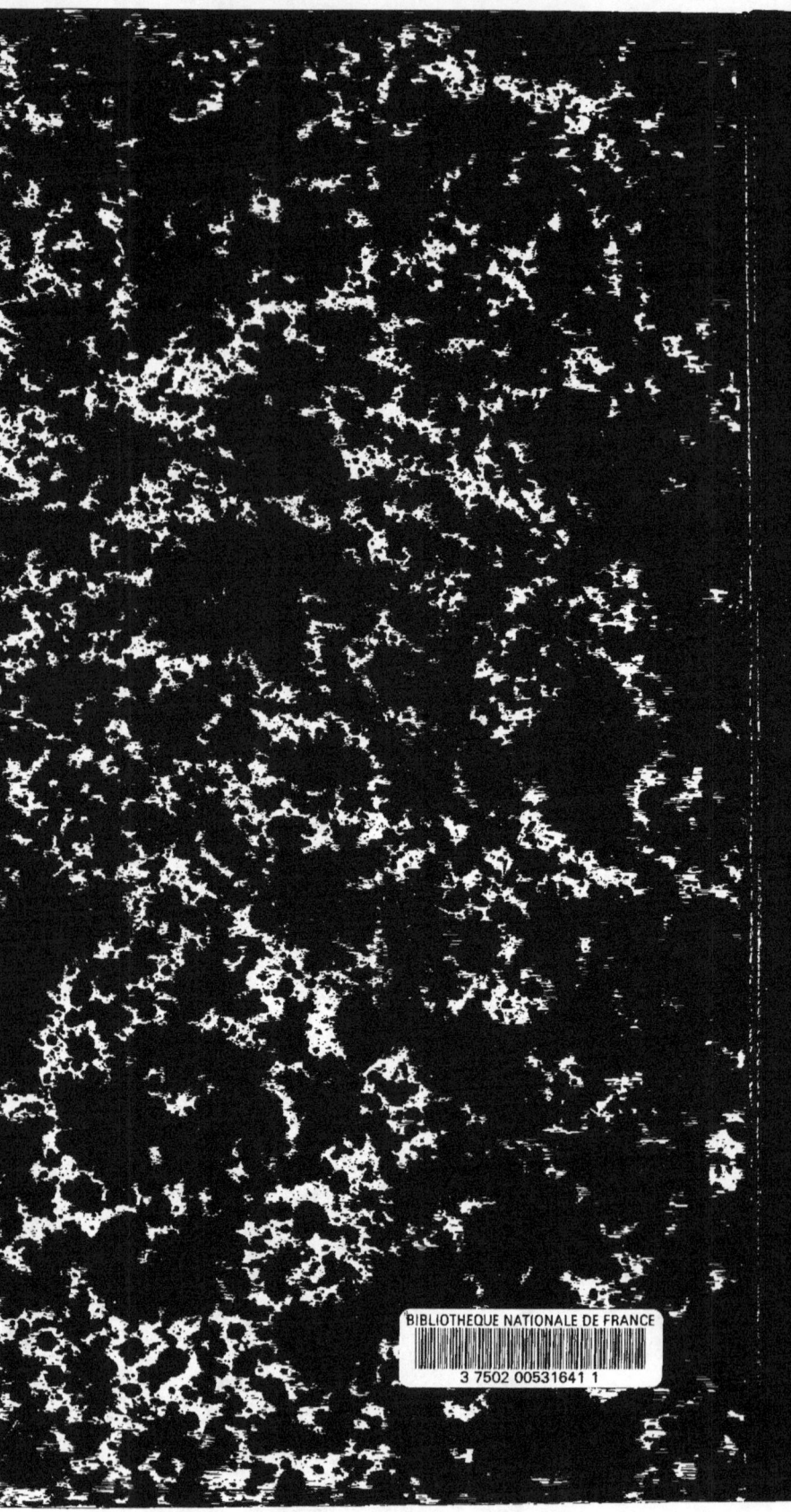

www.ingramcontent.com/pod-product-compliance
Lightning Source LLC
Chambersburg PA
CBHW070619160426
43194CB00009B/1311